U0518823

知识产权代理教程

李　健　主编

知识产权出版社

全国百佳图书出版单位

图书在版编目（CIP）数据

知识产权代理教程/李健主编 . —北京：知识产权出版社，2015.7

ISBN 978-7-5130-2589-8

Ⅰ.①知… Ⅱ.①李… Ⅲ.①知识产权—代理（法律）—教材 Ⅳ.①D913.04

中国版本图书馆 CIP 数据核字（2014）第 026793 号

内容提要

本书主要包括知识产权代理总论，商标代理概论，商标注册业务中的代理，商标异议和商标异议复审中的代理，注册商标争议程序中的代理，商标国际注册中的代理，商标转让、许可和质押中的代理，商标诉讼中的代理，专利代理概论，专利申请文件的撰写，专利申请审查程序中的代理，专利复审、无效宣告程序中的代理，专利转让、许可中的代理，专利诉讼的代理，版权代理概述，版权转让、许可中的代理，版权诉讼及其代理。本书以知识产权领域的最新法律法规为基础，突出实用性和可操作性，对每个问题在阐述基本理论和法律依据的同时，精选了实用性较强的实例，帮助读者获得对法律法规的深入领悟。本书既可以作为高校知识产权专业学生的基础教学用书，也可以作为知识产权权利人的参考用书。

责任编辑：唐学贵　　　　　　　　　**执行编辑：于晓菲　吕冬娟**

知识产权代理教程

ZHISHI CHANQUAN DAILI JIAOCHENG

李　健　主编

出版发行：**知识产权出版社** 有限责任公司		网　　址：http：//www.ipph.cn	
电　　话：010-82004826		http：//www.laichushu.com	
社　　址：北京市海淀区马甸南村 1 号		邮　　编：100088	
责编电话：010-82000860 转 8363		责编邮箱：yuxiaofei@ cnipr.com	
发行电话：010-82000860 转 8101/8029		发行传真：010-82000893/82003279	
印　　刷：北京中献拓方科技发展有限公司		经　　销：各大网上书店、新华书店及相关专业书店	
开　　本：720mm×1000mm　1/16		印　　张：22	
版　　次：2015 年 7 月第 1 版		印　　次：2015 年 7 月第 1 次印刷	
字　　数：367 千字		定　　价：58.00 元	

ISBN 978-7-5130-2589-8

出版权专有　侵权必究

如有印装质量问题，本社负责调换。

目　录

第一章　知识产权代理总论

第一节　知识产权代理概述

一、知识产权代理的概念和特征

（一）知识产权代理的概念

代理是指代理人在代理权限范围内，以被代理人的名义同第三人实施的，行为的后果由被代理人承担的民事法律行为。

知识产权代理是指代理人根据知识产权权利人的委托，以其名义，在代理权限内办理专利、商标、著作权等知识产权权利的咨询、申请、诉讼、转让等有关知识产权事务的民事法律行为。

在知识产权代理法律关系中，知识产权权利人为被代理人，代理知识产权权利人从事知识产权代理事务的人称为代理人，与代理人实施民事法律行为的人称为第三人。

知识产权代理关系由三种法律关系构成。包括被代理人与代理人之间的内部关系及被代理人与第三人、代理人与第三人之间的外部关系：

一是被代理人与代理人之间的内部关系。这种关系，既可以根据被代理人（知识产权权利人）的授权产生，也可以基于法律的直接规定和人民法院、其他有关机关的指定产生。

二是代理人与第三人之间的外部关系。即代理人以被代理人（知识产权权利人）的名义在代理权限范围内与第三人实施民事法律行为时，可以独立地为意思表示。

三是被代理人与第三人之间的外部关系。即代理人以被代理人（知识产权权利人）的名义与第三人实施的民事法律行为的法律后果由被代理人承担。由此形成的权利义务归属于被代理人。

（二）知识产权代理的特征

1. 知识产权代理行为是民事法律行为

知识产权代理的行为，必须具有一定的法律意义。如代为申请专利权，代理进行转让注册商标、签订商标使用许可合同等。即知识产权代理行为必须以意思表示为核心，能够在被代理人与第三人之间设立、变更和终止民事权利和民事义务，能够产生法律后果，这是构成知识产权代理的前提条件。

2. 知识产权代理人须以被代理人的名义为民事法律行为

因为代理的法律效果并非归属代理人自身，而是由被代理人承受。故法律要求知识产权代理人的活动必须以被代理人的名义进行有关申请并进行取得知识产权和维护知识产权等法律活动，而这种活动的法律后果直接由被代理人承担。是否以被代理人名义实施行为，是区别知识产权代理行为与一般民事法律行为的标准。如果知识产权代理人以自己的名义从事活动，就不能称之为代理。比如当知识产权权利人委托代理人以自己的名义向商标局申请商标注册等各种知识产权事项时，就构成知识产权代理；相反，如果代理人以自己的名义直接向商标局申请商标注册，就不成其为知识产权代理了。

3. 知识产权代理人是在代理权限内独立地向第三人为意思表示

知识产权代理活动本身就是一种民事法律行为，意思表示又是民事法律行为的核心因素。这就决定了知识产权代理人在代理关系中享有独立的地位，在实施代理行为时应在被代理人的授权范围内独立思考、自主地意思表示，因此，当知识产权代理人所为的意思表示不真实时，其代理行为可无效或被撤销。

4. 知识产权代理人所为的知识产权代理活动的法律效果归属于被代理人

《中华人民共和国民法通则》（以下简称《民法通则》）第六十三条规定："公民、法人可以通过代理人实施民事法律行为。代理人在代理权限内，以被代理人的名义实施民事法律行为。被代理人对代理人的代理行为，承担民事责任。"

在代理活动中，虽然知识产权代理活动发生于代理人与第三人之间，但代理人并不因其所实施的民事法律行为而直接取得任何个人利益，知识产权代理人以被代理人的名义在被代理人授权范围内进行的法律活动应视为被代理人自己进行知识产权法律活动，由此产生的权利和义务应由被代理人本人承受。所以，我们说，由知识产权代理活动产生的一切法律后果都应该由被代理人享有或者承担。

二、知识产权代理的适用范围

我国《民法通则》第六十三条规定，公民、法人可以通过代理人实施民事法律行为。知识产权代理的事项包括办理专利、商标专用权、著作权等知识产权权利的申请、咨询、诉讼、转让或者其他知识产权事务。

具体来说，知识产权代理的适用范围主要包括以下几个方面：

第一，提供著作权、商标专用权、专利权等知识产权的法律咨询检索。当一项智力成果创造出来后，知识产权权利人以什么方式对知识产权进行保护，是否可以获得专利、商标专用权等相应的知识产权权利，怎样实施、转让这些知识产权，这些问题可以向知识产权代理人咨询。

第二，代理签订著作权、商标专用权、专利权等知识产权转让或授权使用合同；当取得知识产权以后，知识产权代理人为权利人利益可以从事知识产权贸易合同的中介、代理、协商等业务。

第三，接受聘请，担任知识产权法律顾问。

第四，代理收取版税、专利使用费、商标使用许可费等使用权利人的知识产权权利后依法应支付的报酬。

第五，代理商标专用权、专利等知识产权权利的申请、变更、续展、转让、异议、撤销、评审等有关事项。

第六，接受委托，代理解决著作权、商标专用权、专利等知识产权侵权纠纷。如在知识产权权利保护有效期内，发现有人侵权，知识产权代理人可为知识产权权利人代理起诉、出庭等诉讼业务。

第七，代理其他有关涉外的知识产权侵权纠纷事务及涉外知识产权争议中的有关诉讼代理业务。

知识产权代理活动是民事法律行为，但是并非一切知识产权行为均可代理。下列行为不得适用知识产权代理：

第一，具有强烈人身属性的行为（如约稿等行为）不得代理。

第二，双方当事人约定应当由知识产权权利人亲自实施的行为不得代理。

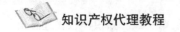

三、知识产权代理的种类

由于知识产权所涉及的范围和领域太广,目前国内外对知识产权代理并没有一个统一的分类,因此,可以根据不同的划分标准进行分类:

(一) 强制代理和任意代理

按法律规定,知识产权权利人是否一定要通过代理人进行知识产权活动的不同分为强制代理和任意代理。法律规定必须委托代理人方可进行知识产权活动的代理是强制代理。凡法律规定知识产权权利人可以自主选择是否委托代理人进行知识产权相关活动的代理是任意代理。

知识产权代理最常见的是委托代理。根据民法原理,委托代理应当遵循自愿原则,即知识产权权利人是否委托他人代理知识产权活动、委托谁代理及当事人是否接受代理,应当根据当事人的自愿,任何组织和个人不得强制。原则上,我国单位或者个人在国内办理知识产权事务,是否委托代理人,完全由其自主决定。但是,在我国知识产权代理中也存在强制代理,如《中华人民共和国专利法》(以下简称《专利法》)第十九条规定:"在中国没有经常居所或者营业所的外国人、外国企业或者外国其他组织在中国申请专利和办理其他专利事务的,应当委托依法设立的专利代理机构办理。"这就是一种强制代理。即在中国没有经常居所或者营业所的外国人、外国企业或者外国其他组织在中国申请专利和办理其他专利事务的,必须委托国家知识产权局指定的专利代理机构,即涉外代理机构办理。

(二) 广义的知识产权代理和狭义的知识产权代理

按代理机构划分,我国知识产权代理分为广义的知识产权代理和狭义的知识产权代理。狭义的知识产权代理主要是指必须是正规成立的服务机构,如商标代理机构、专利代理机构、律师事务所等进行的知识产权事务的代理,本书后几章所阐述的就是此类代理。如《商标代理管理办法》(国家工商行政管理总局令第 50 号)所称商标代理是指商标代理机构接受委托人的委托,以委托人的名义办理商标注册申请及其他有关商标事宜。《专利代理条例》(国务院令第 76 号)所称专利代理是指专利代理机构以委托人的名义,在代理权限范围内,办理专利申请或者办理其他专利事务。

广义的知识产权代理是指知识产权权利人委托其他的自然人、法人，从事知识产权事务的代理。

（三）著作权代理、商标专用权代理和专利代理

按种类划分，知识产权主要分为著作权、商标专用权和专利权，与之对应的就有著作权代理、商标专用权代理和专利代理三种。专利又分为发明专利、实用新型专利和外观设计专利三种，因此，专利代理又分为发明专利代理、实用新型专利代理及外观设计专利代理。

著作权代理是指对文学、艺术和科学作品授予著作权，以及与著作权有关的权益进行保护而进行的知识产权活动的代理。商标专用权代理是指为了加强商标管理，保护商标专用权而进行的知识产权活动的代理。发明专利代理主要是对产品的结构、组成、配方、比例和产品的生产工艺及产品制造方法进行专利保护的代理申请。实用新型专利代理是对产品的形状、构造或者其结合所提出的适用于实用的新的技术方案进行专利保护的代理申请。外观设计，顾名思义是对产品的外观，包括形状、图案、色彩或者其结合所作出的富有美感并适于工业上应用的新设计进行的专利代理申请。

三类知识产权代理由不同的行政法规、部门规章管理。专利代理受《专利代理条例》（国务院令第 76 号）、《专利代理惩戒规则（试行）》（国家知识产权局局长令第 25 号）、《专利代理管理办法》（国家知识产权局令第 61 号）调整；商标代理由《商标代理管理办法》（国家工商行政管理总局令第 50 号）调整；而著作权代理则尚未出台相应的法律法规，只针对涉外的著作权代理机构发布了《著作权涉外代理机构管理暂行办法》。专利代理活动的主管审批机关是国家知识产权局；商标代理活动的主管机关是国家工商行政管理总局；版权代理活动的主管机关是国家版权局。

（四）国内知识产权代理和涉外知识产权代理

根据代理的知识产权事项是否有涉外因素，可以将知识产权代理分为国内知识产权代理和涉外知识产权代理。国内知识产权代理是指接受本国自然人、法人或者其他组织的委托，从事国内知识产权事务的代理。涉外知识产权代理是指承接我国自然人、法人或者其他组织向国外办理知识产权事宜或接受外国人、外国企业或者外国其他组织在中国办理涉外知识产权咨询；办理涉外知识产权申

请；解决涉外知识产权归属纠纷及其他有关涉外知识产权事宜的代理。

（五）　为法人或者其他组织进行的知识产权代理和为自然人进行的知识产权代理

按知识产权权利人性质划分，可以将知识产权代理划分为为法人或者其他组织进行的知识产权代理和为自然人进行的知识产权代理。为法人或者其他组织代理知识产权事务又可分为为以下几种：高等院校代理知识产权事务的属于院校知识产权代理，为科研单位代理知识产权事务的属于科研单位知识产权代理，为工矿企业代理知识产权事务的属于企业知识产权代理，为机关团体代理知识产权事务的属于机关知识产权代理。目前，我国企业知识产权代理量是最大的。

（六）　一般代理和特别代理

根据代理人的权限不同，可以将知识产权代理分为一般代理和特别代理。一般代理是指对知识产权代理权限没有特别限定的代理。它属于一种概括授权。特别代理是指代理人的代理权限仅限定于完成某一知识产权代理事务的代理。在委托代理中授予代理人知识产权代理权限时应当注明是一般代理还是特别代理，如是一般代理，可以在授权委托书中采用"全权代理""全权委托"的字样，如是特别代理，应当明确地说明代理的具体事项。

四、知识产权代理的特点

知识产权是"人们可以就其智力创造的成果所依法享有的专有权利"。1994年4月缔结的世界贸易组织的《与贸易有关的知识产权协议》的第一部分第一条指出，知识产权的范围包括①版权与邻接权；②商标专用权；③地理标志权；④工业品外观设计权；⑤专利权；⑥集成电路布图设计权；⑦未披露的信息专有权。在我国，我们一般认为知识产权包括著作权、商标专用权和专利权。因此，我们可以认为，知识产权包括一切在文学、商标使用、专利等领域的智力创造活动所产生的权利。知识产权代理是指代理人以知识产权权利人的名义，在代理权限内办理专利、商标、著作权等知识产权事务的民事法律行为。

知识产权代理具有以下特点：

1. 被代理人的特定性

知识产权代理法律关系的被代理人即知识产权权利人（包括知识产权的原始主体和知识产权的继受主体）。在著作权中，原始主体是指作品创作完成后依法直接自动获得著作权的人，如作者。除了作者及被视为作者的人外，著作权法还规定了一些公民、法人及其他组织可以通过继承、遗赠、转让、委托关系成为著作权的主体，这就是著作权的继受主体。如《中华人民共和国著作权法》（以下简称《著作权法》）第十九条规定：著作权属于公民的，公民死亡后，复制权、发行权、出租权、展览权、表演权、放映权、广播权、信息网络传播权、摄制权、改编权、翻译权、汇编权等权利在《著作权法》规定的保护期内，依照《中华人民共和国继承法》（以下简称《继承法》）的规定转移。著作权属于法人或者其他组织的，法人或者其他组织变更、终止后，以上的权利由承受其权利义务的法人或者其他组织享有；没有承受其权利义务的法人或者其他组织的，由国家享有。《著作权法》第二十五条规定：著作财产权可以依法单项或全部转让。这样，一些自然人、法人和其他组织，特定情形下还包括国家，就可以通过继承、受赠或者转让等合法方式从原始主体处取得全部或者部分著作权，成为著作权的继受主体。

在商标权中，商标权的主体，是指依法享有商标权的人。我国只有经过法定程序取得商标专用权的人才能成为商标权的原始主体。《中华人民共和国商标法》（以下简称《商标法》）第四条规定：自然人、法人或者其他组织对其生产、制造、加工、拣选或者经销的商品，需要取得商标专用权的，应当向商标局申请商品商标注册。这就是我国关于商标权原始主体的规定，即只要是从事生产、制造、加工、拣选或者经销商品的自然人、法人或者其他组织，均可以向商标局申请商标注册，取得商标专用权，成为商标权的原始主体。注册商标依合同或继承程序转移后，受让人或继承人就成为商标权的继受主体。

在专利权中，发明人和设计人为专利权的原始主体。专利权作为财产权利，根据《继承法》和《专利法》的规定，是可以转让的，也可以被继承的。这样，一些非发明人、设计人，亦非发明人、设计人所属单位的其他个人或者单位，同样可以通过专利权的转让或继承取得专利权，成为专利权的继受主体。

除此之外，对知识产权不享有权利的人不能成为知识产权代理法律关系的被代理人。

2. 技术专业性

从知识产权的概念和授予知识产权的基本要求可以看出，知识产权代理人具有一定专业技术基础，有利于帮助知识产权权利人克服在处理专业技术强的事务时因自己知识和能力受到限制的困难。特别是我国加入世界贸易组织后，知识产权涉外因素越来越多，这就需要知识产权代理人不仅对本专业的基本知识有一定的了解，还要对本专业领域的国际技术前沿和发展动态有一定的认识。这不仅能够满足权利人的要求，而且能够保证这类民事活动顺利进行。

3. 时间上的延续性

根据我国《商标法》第二十七条、第三十条，关于商标注册的审查和核准的有关规定，从申请注册到审查完毕予以核准注册，商标注册申请人取得商标专用权的时间至少需要三个月。但是在商标已经注册后，还有可能使商标专用权处于不稳定的情况。比如《商标法》规定对商标所有人或者利害关系人认为已经注册的商标违反《商标法》相应规定的，自商标注册之日起五年内，可以请求商标评审委员会裁定撤销该注册商标。对恶意注册的，驰名商标所有人不受五年的时间限制。对已经注册的商标有争议的，可以自该商标经核准注册之日起五年内，向商标评审委员会申请裁定。如果当事人对商标评审委员会的裁定不服的，可以自收到通知之日起三十日内向人民法院起诉。人民法院经过两审判决后，商标专用权最终确定下来还需要一段很长的时间。

同样地，一件专利自申请到授权乃至最终的权利确定，需要一个更加漫长的时间。一项发明专利自申请到审查完毕授予专利权的时间一般是 2~3 年。实用新型和外观设计的专利从申请到获得授权的时间一般是 1 年左右。因此，知识产权申请或者说知识产权代理合同的履行也是一个比较漫长的过程。

五、知识产权代理制度的意义

随着知识经济的发展，知识产权已经成为 21 世纪创造新的物质财富的基础和最有价值的财产形式之一，加强知识产权保护成为人们日益关注和重视的话题。加强知识产权保护不仅要求权利人掌握专业知识，而且要熟知《著作权法》《商标法》《专利法》《合同法》等相关的知识产权法律。实行知识产权代理制度，有利于帮助知识产权权利人在处理专业技术性强的事务中突破专业水平、法律知识的限制，有效地实施和保护自己的知识产权。

第一，实行知识产权代理制度，有利于科学技术的进步，加速智力成果的转化、应用和推广。知识产权客体的复杂性；决定了要保护知识产权，权利人必须具备科学技术、经济、法律相关的知识，在取得知识产权后，还要对其予以保护和维持，并且履行相应的义务。仅仅由具备一定专业知识的知识产权权利人来完成这些工作，往往难度较大，而由知识产权代理人来承办知识产权咨询，代写知识产权申请文件，办理知识产权申请，解决知识产权归属纠纷等事务，由专门人才来为知识产权权利人提供各种知识产权代理服务，有利于知识产权权利人有效地保护和实施自己的权利，促进科技发展。

第二，知识产权代理制度能够促进知识产权交易和科技市场的发育。知识产权的客体是人类的智力创造成果，一项知识产权权利如商标专用权、专利权要转让出去，并让受让方受益，是一种手续复杂、专业性强的法律行为。从双方谈判磋商，到签订合同，以及合同的履行和智力成果的推广实用等，中间要经过复杂的法律程序。这就要求交易双方具备一定的市场经营能力和敏锐的市场洞察力，才能避免在交易过程中出现商业纠纷。由知识产权代理人进行交易，有利于知识产权权利人顺利地进行知识产权贸易，促进知识产权贸易良性发展。

第三，我国加入 WTO，全面履行《与贸易有关的知识产权协议》（TRIPS）后，涉外的知识产权诉讼越来越多，加上知识产权的地域性特点，知识产权在域外要得到他国的保护，必须履行相应的申请程序并得到批准。世界各个国家因法律制度不同，取得、保护知识产权的具体规定都不同。知识产权权利人所拥有的知识产权要在国外获得有利保护，就必须熟悉有关国家法律法规、国际条例及国际惯例，了解和掌握各国知识产权法律的具体规定。而实行知识产权代理人制度就可以应对市场竞争国际化的趋势，加强知识产权保护，保护权利人的利益。

第二节 知识产权代理权

一、知识产权代理权的产生

我国《民法通则》第六十四条第一款规定："代理包括委托代理、法定代理和指定代理。"委托代理是指基于被代理人授权的意思表示而发生的代理，法定代理是指法律根据一定的社会关系（如婚姻关系、血缘关系）的存在而设立的代理。按照人民法院或者有关单位的指定而产生的代理，为指定代理。所以，代理权的产生要基于一定的事实根据。知识产权代理权产生的根据包括：法律的直接规定，知识产权权利人的授权委托，人民法院或者有关单位的指定行为。

1. 法定代理

法定代理权的产生原因是依照法律的直接规定而当然产生。法定代理是为了保护无民事行为能力人和限制民事行为能力人的合法权益而设定的代理。代理人的代理权来源于法律的直接规定，一般不需要取得被代理人的同意，无须当事人作出意思表示。由于知识产权是人类智力成果的产物，很多无民事行为能力人和限制民事行为能力人也可能成为知识产权的权利人，而无民事行为能力人和限制民事行为能力人在办理专利申请、商标注册申请、版权转让等知识产权事务时又欠缺相应的民事行为能力，需要由他人代理这些事务，其又不能委托代理人，因此法律直接规定了法定代理人。

以知识产权权利人为未成年人和精神病人为对象，知识产权法定代理人可分为两大类。未成年人的法定代理人主要有：一是父母。我国《民法通则》第十六条规定："未成年人的父母是未成年人的监护人。"因此，未成年人的父母是未成年的知识产权权利人的法定代理人。二是祖父母、外祖父母。当未成年人父母去世或者父母丧失监护能力时，未成年人的祖父母、外祖父母可成为法定代理人。三是具有完全民事行为能力的兄、姐。精神病人的法定代理人主要有：一是配偶。二是父母。三是具有完全民事行为能力的成年子女。四是其他近亲属。以上法定代理人有顺序之分，但同一顺序的法定代理人并无人数限制，一人或数人均可。

2. 指定代理

指定代理权的产生原因，是人民法院或者有关单位的指定行为。

人民法院或有关单位（即未成年人父母生前所在单位或未成年人住所地的居民委员会、村民委员会）指定。未成年人父母之外的近亲属担任代理人，可能会发生争当或推诿担任代理人的情形。在此情形下，有关近亲属可以协议解决；协议不成，可由有关组织指定。人民法院和有关单位的指定之间的关系，前者是后者的必经程序；否则，人民法院不予受理。

3. 委托代理

委托代理在知识产权代理中是适用最广泛的代理形式。本书所阐述的著作权代理、商标代理、专利代理就是此类代理。它产生的根据，是被代理人的委托授权行为。知识产权代理人接受委托，代办知识产权事务，应当有委托人的授权委托书。授权委托书是产生委托代理授权的基本原因。

在委托代理中比较特殊的一类代理是知识产权有关主管部门的指定，这种指定当事人不得擅自变更。如《著作权涉外代理机构管理暂行办法》中规定了须经国家版权局负责审批成立的著作权涉外代理机构才有资格从事著作权涉外代理业务。《专利法》第十九条规定：在中国没有经常居所或者营业所的外国人、外国企业或者外国其他组织在中国申请专利和办理其他专利事务的，应当委托依法设立的专利代理机构办理。此类代理仍然是委托代理，虽然由关主管部门的指定，但仍需有委托人的授权委托书。

二、代理权产生的凭证

《民法通则》第六十五条规定："民事法律行为的委托代理，可以用书面形式，也可以用口头形式。法律规定用书面形式的，应当用书面形式。书面委托代理的授权委托书应当载明代理人的姓名或者名称、代理事项、权限和期间，并由委托人签名或盖章。"

在知识产权委托代理中，书面的委托形式是授权委托书，它是证明代理人有代理权的书面文件。授权委托书应当载明代理人的姓名或名称、代理事务、代理期限，并由被代理人签名或盖章。如在商标代理中，按《中华人民共和国商标法实施细则》（以下简称《商标法实施细则》）第十四条规定："申请人委托商标代理组织申请办理商标注册或者办理其他商标事宜，应当交送代理人委托书一份。代理人委托书应当载明代理内容及权限，外国人或者外国企业的代理人委托书还应当载明委托人的国籍。"同时，还在该条中指明："外国人或者外国企业申请商标注册或者办理其他商标事宜，应当使用中文。代理人委托书和有关证明的公证、认证手续，按照对等原则办理。外文书件应当附中文译本。"

《专利代理条例》规定了专利代理机构接受委托，承办业务，应当有委托人具名的书面委托书，写明委托事项和委托权限。

三、知识产权代理权的行使

1. 代理人的义务

第一，为维护知识产权权利人的利益实施代理行为的义务。知识产权代理制度是为维护知识产权权利人利益而设定的制度，代理人与被代理人之间的委托关系是在一定的法律关系上产生的。知识产权代理人接受知识产权权利人的委托后以其名义进行代理活动。在代理行为中以自己的意志在代理权限范围内积极为被代理人利益进行活动，按照被代理人的委托办理知识产权申请或者其他知识产权事务，忠实维护被代理人的利益，不得从事任何损害被代理人利益的行为。这是对知识产权代理人的基本要求。

第二，亲自代理的义务。知识产权代理服务是指代理人以自己的技术和法律上的知识来满足他人（发明人、申请人、专利权人或其他委托人）在办理有关知识产权事务方面的特殊需要。拥有专业知识与相关的法律能力是知识产权权利人选择代理人最基本的要求，也是知识产权代理人区别于其他代理人的重要因素。因而代理人必须亲自实施代理行为才符合被代理人的要求。除经被代理人同意或者有特殊事由发生，不得将代理事务转委托给他人代理。

第三，在代理权限内行使代理权的义务。知识产权代理是代理人在代理权限范围内为被代理人设定权利义务，代理知识产权事务的行为。被代理人只对代理人在代理权限内的代理行为承担责任。知识产权代理人超越代理权的行为只有经过被代理人追认，才能对被代理人发生法律效力，否则由代理人自行承担行为的法律后果。如《商标法》第十五条规定："未经授权，代理人或者代表人以自己的名义将被代理人或者被代表人的商标进行注册，被代理人或者被代表人提出异议的，不予注册并禁止使用。"

第四，报告的义务。代理人对于代理事项和所知悉的信息，应就其所知，及时地报告给被代理人。在从事代理行为时应如实向被代理人报告代理行为的相关情况，不弄虚作假。

第五，保密的义务。由于知识产权是凝聚着人类智慧创造的劳动成果，知识产权客体有着创新性、可复制性等特点，因而知识产权代理人在代理知识产权事务过程中知悉的技术秘密、信息不得擅自披露或者利用这些秘密、信息与被代理人进行不正当竞争。知识产权代理人不仅在知识产权权利人获权以前应当遵守保密义务，在知识产权获权后也应当遵守。如《商标代理管理办法》第十一条规定："商标代理人应当为委托人保守商业秘密，未经委托人同意，不得把未经公开的代理事项泄露给其他机构和个人。"《专利代理条例》第二十条和第二十三条分别规定："专利代理人在从事专利代理业务期间和脱离知识产权代理业务后一年内，不得申请专利。""专利代理人对其在代理业务活动中了解的发明创造的内容，除专利申请已经公布或者公告的以外，负有保守秘密的责任。"

第六，诚实的义务。要求代理人在进行知识产权代理行为时要实事求是，严格履行自己承担的义务。主观上不能存有损人利己的心理，并且要以应有的注意程度防止损害被代理人的利益，对被代理人以诚相待，不得为欺诈行为。

2. 被代理人的义务

第一，支付报酬的义务。在知识产权代理活动中，如果代理人认真、全面地履行了代理义务，被代理人应按事先约定的方式、数额支付报酬。

第二，支付必要代理活动费用的义务。知识产权代理人在办理知识产权事务的过程中，如代理商标注册申请、办理专利申请、专利权的转让及专利许可的有关事务时，必定要支出一定的申请、手续费用，这些费用应当由被代理人支付，双方另有约定除外。

3. 代理权的限制

第一，自己代理的禁止。发生在知识产权代理行为中的自己代理是指代理人以知识产权权利人的名义与自己从事知识产权法律行为。作为代理人，应当为被代理人利益而从事代理，而在自己代理中就存在知识产权权利人利益与代理人自身利益发生冲突的情形，就可能发生代理人为了谋求自身利益最大化而损害被代理人的利益，因而在知识产权代理行为中，除非知识产权权利人事先授权或事后追认自己代理，否则法律不承认这类行为的法律效力。

第二，双方代理的禁止。双方代理是指知识产权代理人同时担任双方当事人代理人的情形。由于知识产权交易行为双方当事人的利益总是相互冲突的，由同一个代理人代表双方进行同一项知识产权事务的交易，不可能同时维护双方的利益，同样地，除非事先得到被代理人的授权或者事后得到追认，否则法律不承认双方代理的效力。专利代理机构接受委托后，不得就同一内容的专利事务接受有利害关系的其他委托人的委托。专利代理人不得同时在两个以上专利代理机构从事专利代理业务。专利代理人调离专利代理机构前，必须妥善处理尚未办理的专利代理案件。《商标代理管理办法》也规定了商标代理机构不

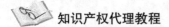

得接受同一商标案件中双方当事人的委托。商标代理人不得同时在两个以上的商标代理机构执业。

第三，与第三人串通损害被代理人利益的禁止。我国《民法通则》第六十六条第三款规定："代理人和第三人串通，损害被代理人的利益，由代理人和第三人负连带责任。"

四、知识产权代理权的消灭

代理权发生的根据不同，因而引起代理关系终止的原因也不同。代理权消灭后代理人的代理资格就丧失了。

（一）委托代理消灭的原因

1. 代理期限届满或者代理事务完成

知识产权受保护的期限非常长。如著作权中作者的署名权、修改权、保护作品完整权的保护期不受限制。公民的作品，其发表权、复制权、发行权、出租权、展览权、表演权、放映权、广播权、信息网络传播权、摄制权、改编权、翻译权、汇编权等权利的保护期为作者终生及其死亡后五十年，截止于作者死亡后第五十年的十二月三十一日；如果是合作作品，截止于最后死亡的作者死亡后第五十年的十二月三十一日。发明专利权的期限自申请日起计算为二十年，实用新型专利权和外观设计专利权的期限为十年。所以知识产权权利人在委托代理人代理知识产权事务时，应在委托书中明确代理的期限或者代理事务的范围，代理人只能在该期限内或代理该代理事务时才享有代理权。超过该代理期限或在代理事务完成以后，如果知识产权权利人没有继续授权，则代理人不应当再行使代理权。在实践中存在授权委托书没有明确代理人的代理期限的情况，一般认为，代理制度是为了维护被代理人利益而设立的法律制度。在这种情况下，被代理人有权随时以单方意思表示来加以确定。❶ 即被代理人可以以自己的意思来明确代理人的代理期限，无须征得代理人的同意。如果代理事务不明确，被代理人也可以随时终止代理关系。

2. 被代理人取消委托或者代理人辞去委托

代理关系的确立是基于代理人和知识产权权利人的相互信任。一旦双方基于

---

❶ 佟柔. 中国民法[M]. 北京:法律出版社,1990:216.

平等自愿的原则不愿再进行合作，应当允许双方解除委托关系，即被代理人有权取消委托，代理人也有权辞去委托，代理人和被代理人都享有解除委托的权利。

3. 代理人死亡

在知识产权委托代理中，知识产权权利人选择代理人是看重他的从事知识产权专业事务的技术背景和相关的知识产权法律知识水平能力，因此代理权必须由代理人亲自行使，代理人死亡后，这种权限不能转让或继承，代理关系自然终止。代理是为完成被代理人的事项而进行的活动，被代理人死亡后，代理关系也应终止。但为了保护交易的顺利进行，保障当事人的合法权利，我国民法并没有规定被代理人死亡后，代理关系必然终止。根据最高人民法院关于贯彻执行《中华人民共和国民法通则》若干问题的意见（试行）（以下简称《民通意见》）第八十二条的规定："被代理人死亡后有下列情况之一的，委托代理人实施的代理行为有效：（1）代理人不知道被代理人死亡的；（2）被代理人的继承人均予承认的；（3）被代理人与代理人约定到代理事项完成时代理权终止的；（4）在被代理人死亡前已经进行、而在被代理人死亡后为了被代理人的继承人的利益继续完成的。"

4. 代理人丧失民事行为能力

知识产权代理活动是一种民事法律行为，代理人在代理权限内要以被代理人的名义独立作出或接受意思表示。这就要求行为人必须具备相应的行为能力。如果行为人是无民事行为能力人或限制民事行为能力人，欠缺相应的民事行为能力，则被代理人的利益得不到保障，所以代理人一旦丧失民事行为能力，则代理关系终止。

5. 作为被代理人或者代理人的法人终止

如果法人因为被人民法院或主管机关解散或撤销、自行解散、破产等原因消灭，就丧失了民事主体资格，代理关系因为缺乏被代理人，也不应当继续存在。

（二）法定代理或者指定代理消灭的原因

有下列情形之一的，法定代理或者指定代理终止：

1. 被代理人取得或者恢复民事行为能力

法定代理和指定代理产生的一个重要原因是为了弥补无民事行为能力人和限制民事行为能力人因为年龄和智力、精神状态的原因而带来的民事行为能力的欠缺，为了保护他们的人身和财产权益而设立的法律制度。因而如果被代理人取得或恢复民事行为能力，如精神病人的精神状况恢复正常，未成年人已满18周岁或满16周岁，以自己的劳动收入取得为主要生活来源时，法定代理或者指定代理应消灭。须注意，精神病人取得或者恢复民事行为能力时须经人民法院宣告。

2. 被代理人或者代理人死亡

与委托代理不同的是，我国民法没有规定被代理人死亡作为委托代理关系必然终止的一个原因。而在法定代理和指定代理中明确了如果被代理人死亡，代理人则丧失代理权。但本书认为，如果代理人不知道被代理人死亡而继续进行代理活动，依照《民通意见》第八十二条的精神，代理行为应当有效。

3. 代理人丧失民事行为能力

代理人由于患有精神病或痴呆等疾病导致判断能力和控制能力受到影响，无法预知行为后果，丧失民事行为能力。

4. 指定代理的人民法院或者有关机关取消指定

知识产权指定代理权的发生根据是来源于人民法院或者有关机关的指定，如果上述机关依法取消指定，则指定代理终止。

五、知识产权复代理权

复代理是指代理人为了被代理人的利益将其享有的代理权转托给他人而产生的代理。复代理权区别于由被代理人自己选任或者根据法律规定、人民法院、有关机关的指定而产生的代理。其中，代理人选任复代理人的权利称为复任权。

关于知识产权复代理权的产生，应当区分法定代理和委托代理。在委托代理中，知识产权权利人选择代理人的主要依据是看重他的专业知识和法律知识背景。这点在专利代理当中更是得到充分的体现。《专利代理条例》第十五条规定拥护中华人民共和国宪法，并具备下列条件的中国公民，可以申请专利代理人资格："（一）十八周岁以上，具有完全的民事行为能力；（二）高等院校理工科专业毕业（或者具有同等学历），并掌握一门外语；（三）熟悉专利法和有关的法律知识；（四）从事过两年以上的科学技术工作或者法律工作。"所以执业的专利代理人都具有一定的技术专业知识和知识产权法律知识。因而知识产权代理人的知识产权专业知识及其法律素养一直被认为是知识产权代理人的必备素质。同时，知识产权代理人还应具备相应的申请文件的撰写技巧。知识产权代理人应该熟知审查指南对申请专利等知识产权文件撰写的相关要求，熟知相应的程序化的要求，以便可以高效率地完成代理事项。这些专业化的知识和技巧突出了该行业专业化的特点，

　　所以，在一般的知识产权委托代理中，由于代理是基于对知识产权代理人专业知识、法律素质和技能的信任而进行的，这也是知识产权代理制度存在和发展的基础，因此不得由代理人转让给他人行使。如知识产权权利人委托办理知识产权权利申请或者其他知识产权事务的服务机构（如专利代理机构、商标代理机构、律师事务所等），在该机构可以自由选择知识产权代理人。因此，在知识产权委托代理中，委托代理人原则上无复任权，但代理人因为种种原因，不能够亲自执行代理事务，完成预定的代理任务时，如不转托他人代理将损害被代理人的利益，因而为了维护被代理人的合法利益，法律规定了几种例外情形。我国《民法通则》第六十八条规定："委托代理人为被代理人的利益需要转托他人代理的，应当事先取得被代理人的同意。事先没有取得被代理人同意的，应当在事后及时告诉被代理人，如果被代理人不同意，由代理人对自己所转托的人的行为负民事责任，但在紧急情况下，为了保护被代理人的利益而转托他人代理的除外。"由此可见，复代理仅限于以下几种情形：第一，被代理人事前授权的；第二，事前被代理人同意的；第三，事后被代理人追认的；第四；紧急情况下（指由于急病、通信联络中断等特殊原因，委托代理人自己不能办理代理事项，又不能与被代理人及时取得联系，如不及时转托他人代理，会给被代理人的利益造成损失或者扩大损失的情况），为被代理人的利益的。其中，前三种情形皆取决于被代理人意志，但第四种情形下不取决于被代理人意志，由法律强制规定。在转委托关系发生后，复代理人仍是被代理人的代理人，仍然要签订委托代理的授权委托书，并载明代理人的姓名或者名称、代理事项、权限和期间，并由被代理人签名或盖章。因委托代理人转托不明，给第三人造成损失的，第三人可以直接要求被代理人赔偿损失；被代理人承担民事责任后，可以要求委托代理人赔偿损失，转托代理人有过错的，应当负连带责任。

　　关于知识产权法定代理人是否享有复任权，法律并无明确规定。由于法定代理人的代理权来源于法律的直接规定，多是基于血缘、婚姻关系的存在而取得代理权，而知识产权作为一种智力成果所有权，有着特殊性，为了保护所有

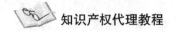

人的利益，法定知识产权代理人应享有复任权。

第三节　知识产权代理的法律责任

知识产权代理的法律责任，是指在知识产权代理法律行为中，由于代理人违反法定义务或者约定义务应承担的法律后果。根据法律责任的性质可以把知识产权代理法律责任分为民事责任、行政责任、刑事责任。知识产权代理最常见的是委托代理，主要承担的是民事责任。同时针对知识产权代理的特殊性，《著作权涉外代理机构管理暂行办法》《商标代理管理方法》《专利代理条例》《专利代理惩戒规则（试行）》等又分别规定了知识产权代理机构和知识产权代理人承担的行政责任。

一、民事责任

民事责任按照发生的因由不同分为违反合同的责任和侵权的民事责任。因此，知识产权代理民事责任按照发生的因由不同可分为违反知识产权代理合同的民事责任和侵犯被代理人知识产权权利的民事责任。

（一）知识产权代理的违约责任

知识产权代理的违约责任又称为违反知识产权代理合同的民事责任，是指知识产权代理合同当事人违反合同约定的义务所承担的法律责任。知识产权代理违约责任的产生前提是知识产权代理合同的有效存在，知识产权代理合同一旦签订生效后，代理人应按照代理合同的约定全面地履行代理义务，保护知识产权权利人的利益。可见，知识产权代理违约责任具有以下特点：

1. 知识产权代理违约责任以知识产权代理合同的存在为前提

知识产权代理违约责任是以代理合同确定的民事义务的存在为前提，违约责任是合同当事人不履行合同义务所产生的责任。如果当事人违反的不是合同确定的民事义务，而是法律规定的其他义务，则应负其他责任。

2. 知识产权代理违约责任主要是财产赔偿责任

我国《民法通则》第一百三十四条规定了承担民事责任的十种方式：即停止侵害，排除妨碍，消除危险，返还财产，恢复原状、修理、重作、更换，赔偿损失，支付违约金，消除影响，恢复名誉，赔礼道歉。可以针对知识产权代理违约责任造成的损害选择一种方式单独适用，也可以合并适用。

我国知识产权具有人身权利和财产权利的内容。在知识产权代理违约责任中，责任人主要承担的是财产赔偿责任，但同时还可以使用其他的非财产民事责任，如赔礼道歉、恢复名誉等，从而更好地保护权利人的利益。

3. 知识产权代理违约责任以恢复被侵害的民事权益为目的

违约责任主要是弥补当事人因对方违约行为造成的损失，从而使双方的利益状况趋向平衡。因而这种损失的计算不应仅限于代理人退赔知识产权代理费用，而应补偿知识产权被代理人损失为目的，包括直接损失和间接损失。知识产权代理违约责任的赔偿数额，应该在遵循公平、等价的原则基础上确定赔偿数额。

4. 知识产权代理违约责任是一种独立的法律责任，可以由双方当事人协商解决

《中华人民共和国合同法》（以下简称《合同法》）第一百一十四条第一款规定："当事人可以约定一方违约时应当根据违约情况向对方支付一定数额的违约金，也可以约定因违约产生的损害赔偿额的计算方法。"当事人可以在法律规定的范围内，对知识产权代理人的违约责任作出事先的安排。

（二）知识产权代理的侵权责任

知识产权代理的侵权责任是指代理人侵害知识产权权利人的合法权益依法应承担的民事责任。按照我国民法的规定，民事权利一般包括物权、债权、知识产权、人格权、身份权、继承权等。发生在知识产权代理违约责任中，主要涉及的是侵犯被代理人的知识产权的情况。由于知识产权的客体是智力成果这种特定的信息，具有可复制性、创新性、无形性等特点，这些特点使得知识产权代理人在代理过程中比其他人更容易知悉权利人的技术信息、商业秘密，而知识产权代理人特别是长期专业从事知识产权代理的行为人由于执业经验所累积的专业能力，对于该项知识产权权利所带来的价值和商业利益存在着更为准确的判断，巨大的经济利益很大程度上成为代理人侵犯被代理人的知识产权的直接诱惑，所以也容易发生侵犯智力成果所有人的知识产权的情况。此时的侵权行为可能发生在知识产权权利人获权以前，也可能发生在知识产权权利人获权以后。

具体来说，知识产权代理侵权责任就是代理人由于过错，违反法律规定的义务，以作为或者不作为的方式，侵犯被代理人的著作权、商标专用权、专利权等知识产权权利，依法应当承担法律后果的行为。其特征是：

1. 有违法行为的存在

知识产权代理的侵权责任产生前提是行为人实施了违法行为。违法行为包括作为和不作为两种形式。作为的违法，是指代理人以积极的方式对知识产权权利人的著作权、专利权、商标专用权、发现权、发明权等知识产权权利实施了剽窃、篡改、假冒等侵害行为。不作为的违法，是指代理人应承担法律赋予其报告、认真全面地执行代理事务等义务而未履行这些义务的行为。

2. 违法行为给知识产权权利人造成了损害事实

所谓损害，是指由一定的行为或事件造成人身或财产上的不利益。并非一切被认为是不利益的后果或状态都能得到法律补救。所以存在着事实上的损害与法律上的损害之分。法律上的损害是指那些根据法律规定被认为有予以补救的价值和必要，从而为立法或判例确认的损害。

损害又分为直接损害和间接损害两类。第一类是代理人未经权利人许可将自己在代理过程中所知悉的智力成果信息擅自使用，并获取经济利益，这直接造成了知识产权权利人既得利益的丧失，即现有财产的减损。第二类是代理人违反积极为被代理人获得知识产权权利的法定义务，由于不履行该义务，剥夺了智力成果所有人就该智力成果实现利益的可能性，从而造成了知识产权权利人可得利益的丧失，即未来财产的减损。

3. 违法行为与损害后果之间有因果关系

一个行为或事件，只有在它构成损害发生的原因的情况下，才可能使该行为人或者依法应对该行为或事件负责的人承担民事责任。知识产权代理的侵权行为，通常可以分为直接侵权和间接侵权。直接侵权是指代理人利用在代理过程中知悉的智力成果信息直接实施妨害、破坏知识产权权利人实现其自身利益的侵权行为。间接侵权最常见的是协助侵权，在知识产权代理侵权行为中，罕有自己亲自实施侵权行为，大多数时候，代理人更多是提供方便、促成或实质性地帮助直接侵权行为的发生。这种侵权行为虽然没有直接侵权，但仍应承担侵权责任。

4. 代理人主观上有过错

代理人主观上存在过错，它是民事责任赖以确定的重要事实因素。过错按不同的意志状态，可分为故意和过失。过失按程度可分为重大过失和一般过失。如智力成果所有人基于特殊需求选择的代理人，代理人负有较高标准的注意义务的，如果他连一般人的较高标准的注意都没有尽到，即构成重大过失；如果他尽到了这种注意，但没有尽到其特定的较高标准的注意，则构成一般过失。

在一般情况下，在知识产权代理侵权责任中，应实行过错责任原则，加害人只有在其行为的主观方面有过错的情况下才承担民事责任。在实践中经常会出现违约责任和侵权责任的竞合问题。按照司法操作实践，侵权责任和违约责任竞合时，为了保护权利人的合法权益，允许权利人选择请求权。

二、行政责任

追究知识产权代理人行政责任的依据或者基础必须是行政规章、部门规章的相关规定。由于许多知识产权权利的取得、丧失、转让须经过行政审批程序，因此知识产权与行政机关的联系非常密切。如我国规定：自然人、法人或者其他组织对其生产、制造、加工、拣选或者经销的商品，需要取得商标专用权的，应当向商标局申请商品商标注册。商标专用权利人想转让注册商标的，除和受让人签订转让协议外，还需要共同向商标局提出申请，经过审查、核准、登记、公告等行政程序后才能获得商标专用权。同时，行政权力还广泛地介入知识产权代理事务中。如《商标代理管理办法》规定：未经国家工商行政管理局批准，任何机构不得开展商标代理业务。《专利代理条理》第六条规定："申请成立办理国内专利事务的专利代理机构，或者律师事务所申请开办专利代理业务的，应当经过其主管机关同意后，报请省、自治区、直辖市专利管理机关审查；没有主管机关的，可以直接报请省、自治区、直辖市专利管理机关审查。审查同意的，由审查机关报中国专利局审批。"

作为行业管理的依据，我国知识产权代理行业管理方面的法律文件主要有国家版权局发布的《著作权涉外代理机构管理暂行办法》，国家工商行政管理总局发布的《商标代理管理办法》，中国专利局发布《专利代理条例》，国家知识产权局发布的《专利代理惩戒规则》《专利代理管理办法》等几个部门规章，它们规定了知识产权代理机构和知识产权代理人在行政管理方面的行政义务及相应的承担责任形式。

（一）知识产权代理机构和知识产权代理人违反行业规范应当承担的行政责任

1. 《著作权涉外代理机构管理暂行办法》规定

著作权涉外代理机构有下列行为之一的，国家版权局和工商行政管理机关将按各自的职责，依法给予行政处罚：（1）申请开办著作权涉外代理业务时，隐瞒真实情况，弄虚作假的；（2）涉外代理机构管理不善，不能开展正常著作权涉外代理活动的；（3）涉外代理机构工作失误，给委托人造成重大损失的；（4）涉外代理机构与第三人串通，损害委托人合法权益的；（5）从事其他非法活动的。

2. 《商标代理管理办法》规定

商标代理机构有下列行为之一的，由其所在地省级工商行政管理局予以警告或者处以一万元以下罚款；有违法所得的，处以违法所得额三倍以下，但最高不超过三万元罚款：

（1）未取得商标代理机构证书即从事商标代理活动的，或者向国家工商行政管理局申请开办业务时，隐瞒真实情况，弄虚作假的；（2）与第三方串通，损害委托人合法权益的；（3）损害国家和社会公共利益或者其他代理机构合法权益的；（4）未经国家工商行政管理局批准，私自设立分支机构的；（5）商标代理机构委托了其他单位和个人从事商标代办活动，商标代理机构接受没有商标代理资格的其他单位或者个人以该商标代理机构的名义从事商标代理活动，并为从事这些活动提供了便利；（6）商标代理机构变更名称、地址或者法定代表人（或者负责人）的，没有在办理变更登记后一个月内到国家工商行政管理局商标局（以下简称商标局）备案；（7）商标代理机构接受同一商标案件中双方当事人的委托等。

《商标代理管理办法》还规定商标代理人的义务，如商标代理人有下列行为之一的，由其所在地省级工商行政管理局予以警告或者处一万元以下罚款：（1）私自接受委托，向委托人收取费用，收受委托人财物的；（2）隐瞒事实，提供虚假证据，或者威胁、诱导他人隐瞒事实，提供虚假证据的；（3）违反本办法第二十三条第一款、第二十四条、第二十五条、第二十六条规定的；（4）有其他违法行为的。同时规定了商标代理人提供虚假证明材料取得执业资格的，由商标局取消其执业资格。

《商标代理管理办法》还规定未经工商行政管理机关核准登记即从事商标代理活动或者用欺骗手段取得登记的机构，由所在地省级工商行政管理局依照有关企业登记管理的法律、法规处罚。

3.《专利代理惩戒规则（试行）》规定

专利代理机构有下列情形之一的，应当责令其改正，并给予相应的惩戒：

（1）申请设立时隐瞒真实情况，弄虚作假的；（2）擅自改变主要登记事项的；（3）擅自设立分支机构的；（4）年检逾期又不主动补报的；（5）以不正当手段招揽业务的；（6）接受委托后，无正当理由拒绝进行代理的；（7）就同一专利申请或者专利案件接受有利害关系的其他委托人的委托的；（8）因过错给当事人造成重大损失的；（9）从事其他违法业务活动或者违反国务院有关规定的。

《专利代理惩戒规则》同时规定了专利代理人有下列情形之一的，应当责令其改正，并给予相应的惩戒：（1）同时在两个以上专利代理机构执业的；（2）诋毁其他专利代理人、专利代理机构的，或者以不正当方式损害其利益的；（3）私自接受委托、私自向委托人收取费用、收受委托人财物、利用提供专利代理服务的便利牟取当事人争议的权益或者接受对方当事人财物的；（4）妨碍、阻扰对方当事人合法取得证据的；（5）干扰专利审查工作或者专利行政执法工作的正常进行的；（6）专利行政部门的工作人员退休、离职后从事专利代理业务，对本人审查、处理过的专利申请案件或专利案件进行代理的；（7）泄露委托人的商业秘密或者个人隐私的；（8）因过错给当事人造成重大损失的；（9）从事其他违法业务活动的。

《专利代理惩戒规则（试行）》还规定有：（1）违反《专利法》第十九条的规定，泄露委托人发明创造的内容的；（2）剽窃委托人的发明创造的；（3）向专利行政部门的工作人员行贿的，或者指使、诱导当事人行贿的；（4）提供虚假证据、隐瞒重要事实的，或者指使、引诱他人提供虚假证据、隐瞒重要事实的；（5）受刑事处罚的（过失犯罪除外）；（6）从事其他违法业务活动后果严重的等情形之一的，应当给予直接责任人和其所在专利代理机构相应的惩戒：同时还规定，具有专利代理人资格、但没有取得专利代理人执业证书的人员为牟取经济利益而接受专利代理委托，从事专利代理业务的，应当责令其停止非法执业活动。

（二） 知识产权代理中行政处罚的具体形式

在《著作权涉外代理机构管理暂行办法》《商标代理管理办法》《专利代理条例》《专利代理管理办法》及《专利代理惩戒规则（试行）》中都有对知识产权代理人和知识产权代理机构的行政责任追究的条款，明确了知识产权代理中对知识产权代理机构和知识产权代理人的行政处罚的具体形式。

对知识产权代理机构的行政处罚形式主要包括：①警告；②罚款；③通报批评；④停止承接新代理业务3至6个月；⑤撤销知识产权代理机构。

对知识产权代理人的惩戒分为：①警告；②罚款；③通报批评；④收回知识产权代理人执业证书；⑤吊销知识产权代理人资格。

从上述可以看出，我国知识产权代理制度中行政责任规定了从警告到丧失执业权利的比较全面的追究责任者责任的形式，体现出我国对知识产权代理中介市场的严格管理。

第二章 商标代理概论

第一节 商标代理概述

一、商标代理的概念及特征

（一）商标代理的概念

商标代理（Trademark Representation）是指商标代理机构或商标代理人接受商标注册申请人或商标权人的委托，以其名义办理商标注册申请及其他有关商标事宜的法律行为。商标代理有广义和狭义之分。狭义上的商标代理主要是指商标代理机构或商标代理人以商标事务当事人的名义，在授权范围内，办理各项商标事务的行为，如代理进行商标注册申请、商标变更申请、商标续展申请、商标使用许可备案、商标诉讼等。广义上的商标代理，还包括为客户提供商标法律咨询、商标策划、商标顾问等服务，以及为客户起草相关法律文书、参与谈判等。其中，商标注册申请人或商标权人为被代理人，代理人为商标代理机构或商标代理人。商标代理应当采用书面委托的形式，并载明代理人的姓名或者名称、代理事项、代理权限和期限等。

许多国家商标法规定，对外国人或者外国企业，申请商标注册和办理其他事宜的，应当由注册国内有住所的代理人代为办理，以便联系和传递文件；对国内企业申请商标注册的，可以自己决定是否委托代理人。有的国家规定由律师代理，有的国家规定由指定的组织代理。我国为遵循国际惯例和贯彻对外开放政策，方便外国人或者外国企业在我国注册商标，《商标法》规定应当委托依法设立的商标代理机构办理。随着经济的发展，国内企业、事业单位、社会团体、个体工商业者申请商标注册事宜越来越多，为在这方面提供法律帮助，有商标代理能力的商标代理机构或商标代理人可以为商标代理人，办理商标代理工作。代理人的权限根据被代理人授权而成立。代理人在被代理人授权范围内进行活动，不得超越其代理权限。商标等有关事宜办理之后，对被代理人产生法律效力。

（二）商标代理的特征

商标代理具有以下两个特征：

1. 商标代理是一种特殊的委托代理

商标代理是一种特殊的委托代理，代理人在代理权限内，以被代理人的名义向商标主管机关申请商标注册，或者办理其他有关商标方面的事务，商标代理人行为的民事法律后果直接归属于被代理人。被代理人是需要办理商标事务的商标注册申请人或商标权人。代理人是商标代理机构或商标代理人，商标代理机构是具备商标代理能力而从事商标代理业务的法人组织，它负责接受被代理人办理商标事务的委托；商标代理人作为从事商标代理业务的专业人员，隶属于一个商标代理机构，他无权私自接受被代理人的委托，无权私自收案收费，而必须接受商标代理机构的指定，在委托人委托授权的范围内以被代理人的名义从事办理商标事务的具体活动，其法律后果直接归属于被代理人。第三人是商标主管机关，而不是一般的公民和法人。而代理人所从事的代理活动涉及的也不是一般的法律行为，而是代为向商标主管机关办理商标注册申请、转让注册申请、续展注册申请、商标注册人名义或者地址变更申请，以及补发商标注册证申请等有关商标事务。作为委托代理，商标代理发生的根据仍然是被代理人的委托授权行为。委托授权行为应当采用书面形式，由被代理人填写委托书，写明商标代理机构、商标代理人姓名、代理的具体商标事务、授权范围、有效期限、委托日期，并有被代理人签名盖章。

2. 商标代理具有极强的专业性

首先，商标权并非依法自然产生，只能通过法律规定的特殊程序进行申请确权。代理申请人进行商标注册确权正是商标代理工作的主要的、实质性的内容。取得商标权的法定程序非常复杂，包括商标申请注册、转让注册、续展注册、变更注册、使用许可合同备案、异议和评审事宜等，时间长，环节多，连续性强。商标代理人需要非常熟悉商标注册的各个程序。其次，相当一部分商标代理业务属于非法律性的专业事务，商标代理人需要准确把握商品和服务的分类，透彻掌握商标审查准则。仅以商品分类为例，按照《商标注册用商品和服务国际分类尼斯协定》（以下简称《尼斯协定》），共有 42 个大类，涉及几万种商品，我国又将其分为 485 个类似群，体系庞杂，内容琐细，且还不断更新变化，对商品类别和类似群的判断，需要专门知识和长期实践经验才能准确地把握和判别。而企业由于缺少对于商标知识全面了解的人才，很难靠自身力量完成以上任务。商标代理人可以凭借其较丰富的商标法律专业知识，高质量、高效率地为企业办理商标事宜，帮助企业注册商标，维护企业商标专用权，同时又有助于商标管理机关提高工作效率，发挥联系企业与国家商标主管机关的桥梁和纽带的作用。随着我国社会主义市场经济的深入发展，以及中国与外国的贸易交流活动越来越广泛，商标在企业生产经营活动中的作用日益凸现，商标代理人的作用也日益重要。

二、商标代理的种类

（一）强制代理与任意代理

商标代理依据不同的标准可作不同的分类，按照法律对商标代理的规定或要求的不同而分为强制代理和任意代理。

1. 强制代理

凡法律规定必须委托代理人方可办理商标事务的代理是强制代理。强制代理不是民法所称的法定代理，强制代理的实际产生仍需基于被代理人的委托或授权，仍是一种委托代理。在各国商标法中，强制代理一般适用于在本国没有住所或营业所的当事人，法律要求其商标事务必须委托依法设立的商标代理机构办理。在这种强制代理制度下，凡在本国没有住所或营业所的外国自然人或外国法人办理商标事务必须委托本国的代理人，至于其委托哪一位代理人则由被代理人自由选择。

2. 任意代理

凡法律规定当事人可以委托代理人，也可以亲自办理其商标事务，而因此产生的商标代理是任意代理。任意代理的意义在于当事人可以根据自己的意愿决定是否委托代理人，这种代理在各国商标法中一般适用于在本国境内有住所或营业所的当事人办理商标事务。

强制代理和任意代理所称的"住所"或"营业所"依从本国民法的规定。依强制代理和任意代理的划分标准，在我国具有本国国籍并在中国境内有住所的公民或法人，办理异议、争议、撤销注册不当的商标和对商标局的有关决定不服而依法要求商标评审委员会进行复审等商标事务可适用任意代理。

（二）国内代理与涉外代理

商标代理因其是否具有涉外因素而分为国内代理和涉外代理。我国商标法对有关商标代理事宜的规定，主要基于这种代理的分类。

1. 国内代理

国内代理是指国内当事人为在我国商标局办理商标事务而委托的代理。国内代理的委托人是在中国境内依中国法律而设立的企业、其他经济组织和有商标注册申请权的个人。中外合资经营企业、中外合作经营企业属中国企业，其为办理商标事务而委托的代理是国内代理，但外方经营者或合作者为商标权出资而以自己的名义办理商标事务的，其委托的代理是涉外代理。外国独资企业亦是在中国境内依中国法律而设立的国内企业，亦适用国内代理，但其投资者以其自己的名义办理商标事务时适用涉外代理。

2. 涉外代理

涉外代理是指代理的商标事务中具有涉外因素的代理，包括外国公民、法人和其他组织向我国商标局办理商标事务而产生的代理和中国公民、法人和其他组织在境外办理商标事务而产生的代理两类。从我国商标立法的角度而言，这里的涉外代理主要是指外国公民、法人和其他组织在中国办理商标事务而产生的代理。

我国《商标法》第十八条第二款规定："外国人或者外国企业在中国申请商标注册和办理其他商标事宜的，应当委托依法设立的商标代理机构代理。"外国人或外国企业在中国办理商标事务适用强制代理，依法律规定委托代理人须向商标局交送代理人委托书、被代理人身份证明等，并办理公证、认证手续。其公证、认证手续按照对等原则办理，外文书件应当附中文译本。

中国国民（包括自然人和法人）到境外办理商标事务的，一般可直接委托所在国的有代理资格的代理人代理，或委托有资信的外国客户（如代理商等）转委托该国律师代理。我国商标法对中国公民、法人和其他组织到境外办理商标事务是否适用强制代理没有作出明确规定，但我国参加了《商标国际注册马德里协定》，凡需通过商标局向世界知识产权组织国际局办理马德里联盟其他成员国商标国际注册，需委托代理的，则应依《商标法》和《国家工商行政管理总局关于申请马德里商标国际注册办法》的规定办理。

（三）出口商品的商标代理和进口商品的商标代理

根据代理商标事宜的产品是出口产品还是进口产品，商标代理可分为出口商品的商标代理和进口商品的商标代理。

1. 出口商品的商标代理

目前，国际市场商品竞争非常激烈。商标是进行国际商品贸易的重要工具，是参与商品竞争的有力手段。在国际市场上，历来把商标作为"商战利器"，用牌子进行商品竞争。我国对外开放以来，国内商品越来越多地进入国际市场，国际商品交换日益增多。为有利于商品竞争，在主要销售市场的国家和地区申请注册商标，获得商标权和商标信誉，决定着出口商品在竞争中的地位和前途，关系到国家的经济利益。作为商品生产者和经营者都希望自己的商品能打入国际市场并长期立足，但要实现这一目标，除要求商品价廉物美外，还必须在有关国家和地区有效地发挥该商品商标的作用，并寻找当地商标法的保护。但商品生产者、经营者往往并不了解各国的商标制度，因而需要有一种熟悉各国商标法律的专业性机构代理商标事务。

2. 进口商品的商标代理

我国是发展中国家，亟须与发达国家的经济与技术合作；同时，我国又是一个拥有13亿人口的大国，有非常广阔的市场，160多个国家和地区都与我国建立了经济技术的贸易关系。为了巩固和发展这些关系，保护我国消费者的权益，促进国际经济技术的交流，加快我国社会主义经济建设，发展和完善我国进口商品商标的委托代理制度，就有着很重要的意义。根据《商标法》第十八条第二款，外国人或者外国企业在中国申请商标注册和办理其他商标事宜的，应当委托依法设立的商标代理机构代理。

三、商标代理制度的意义

商标代理制度是随着我国商标事业的不断发展而产生的，它适应了我国商标法制建设和商标管理工作的需要。实行商标代理制度，对促进社会主义商品经济的发展、完善商标法制建设有着重要的意义。

（一） 商标代理制度的实施能够使工商行政管理部门更好地行使管理职能

工商行政管理部门是商标的行政管理机关，过去实行商标核转制，工商行政管理部门既从事商标管理，又从事商标服务，集行政管理者和商标代理人双重身份于一体，不能很好地行使其商标管理职能。商标代理制度的实施，使工商行政管理部门从日常烦琐的商标核转事务中解脱出来，有效地保证了其商标管理行政职能的运行与发挥。

（二） 商标代理制度的实施可以使商标代理在商标制度中发挥重要的作用

商标权作为一种重要的工业产权，是一项民事权利。这种权利的取得和实施，需要经过严格的法律程序，并遵守严格的法律规定。作为商标当事人不可能对这门学科进行系统的研究，也无法对所有的商标事务都亲自办理，有必要通过专门的代理人来代替自己取得和行使这种民事权利。而商标代理的最大优点是为商品生产者或经营者使用其商标或保护其商标专用权提供服务。它可以弥补商标当事人在商标知识方面的欠缺和精力的不足，扩展其活动空间，提高其办事效率，节省大量人力、物力和财力。正因为如此，商标代理制度被世界上许多国家所采纳，并且也是商标法律制度的一个重要组成部分。

（三） 商标代理制度的实施是商标制度国际化的必然要求

商标代理制度在国际上普遍实行，在国外，商标注册和诉讼等事宜，均是通过商标代理人来完成的。我国确立商标代理制度，使我国商标制度更符合国际惯例，有利于扩大商标的对外交流范围。实行商标代理，也理顺了法律关系，改变了实行"商标注册核转制"所造成的行政行为与民事行为界限不清的状况、有利于保护商标所有人的权利，也有利于商标管理部门搞好商标管理工作。

商标代理在我国实行的时间不长，但发展很快。加强商标代理尤其是商标代理机构的管理，对我国商标代理制度的健康发展和不断完善，无疑具有重要的现实意义。

四、我国商标代理制度的发展历程

（一）商标核转制度

中华人民共和国成立以后，由于长期实行计划经济体制，商标被作为各级政府监控产品质量和管理经济运行秩序的手段。在 1991 年以前，国内商标的申请注册必须经各级工商行政管理机关的核转，这种方式被称为"商标注册核转制"，一直沿用了近 40 年。在核转制下，申请人申请注册商标，都必须经过其所在地区、县工商局，转市、地工商局，再转省、自治区、直辖市工商局，最后报呈国家工商行政管理局商标局。因此从本质上说，核转制实际上也是一种代理制，是一种非民事委托的、由各级政府工商行政管理机关进行的强制代理行为。商标注册核转制的实行具有历史的必然性。在我国实行计划经济时期，核转制有力地指导了企业的商标工作，同时培育了新中国一代商标法律人才，发挥了重要的历史作用。

（二）由核转制向代理制的转换

1978 年以后，我国实行改革开放的政策，政治、社会、经济等方面均发生了翻天覆地的变化。特别是 1987 年以后，我国开始建立社会主义市场经济体制，实行多年的核转制已不再适应经济体制发展的要求。一是不符合《民法通则》的规定；二是政府行政管理机关既是管理者又从事代理行为，其双重角色不符合行政机构改革的要求；三是与国际惯例相违背，不利于日益频繁的商标领域国际合作的需要。为了适应形势的发展，1988 年修改的《商标法实施细则》对商标代理作出了明确的规定。国家工商行政管理局于 1990 年 5月 22 日发布了《关于试点建立商标事务所，推行商标代理制的通知》，随即在沿海经济发达地区上海、江苏等地试点建立了商标事务所。实践证明可行之后，经国家工商行政管理局批准在全国许多城市设立了商标事务所。1994 年 6月 29 日，国家工商行政管理局发布了《商标代理组织管理暂行办法》，就商标代理人资格的取得、职业道德及商标代理组织的设立条件、业务范围、审批程序及代理人和代理组织的违规行为的处罚等方面作了比较全面的规范。该办法的颁布，标志着我国商标代理制的正式确立。截至 1995 年底，我国已有商标代理组织 100 家，商标代理人约 600 名；商标代理机构分布于全国七十余座城市及香港特别行政区，形成了比较完整的、基本满足企业商标法律事务需要的商标代理服务体系。

（三） 商标代理体制向社会开放

1998 年以前，绝大部分商标代理机构都是隶属于各地工商行政管理机关的事业单位。由于历史原因，这些机构没有真正脱离工商行政管理机关，在人、财、物方面缺少自主权，经营机制相对僵化，部分商标代理人的素质不够高，不能充分满足企业商标工作的需求。另一方面，社会上相当一部分有能力从事商标代理业务的高素质人才和工商系统外的一些单位不能从事商标代理业务，从而在一定程度上影响了人力资源配置的效率，制约了我国商标代理事业的发展。

为改变这种局面，国家工商行政管理局根据党的十五大报告中提出的"培育和发展社会中介组织"的精神，经过大量缜密的调查研究，于 1999 年 12 月制定并颁布了《商标代理管理办法》。该办法的颁布实施，为 21 世纪我国商标代理行业的发展指明了方向，提供了法律保障。与原暂行办法相比，《商标代理管理办法》有两个突出的特点，一是全面开放，二是严格管理。《商标代理管理办法》于 2000 年 1 月 1 日起实施以后，我国商标代理行业已向社会全面开放。国家工商行政管理局陆续批准了一批社会上的商标代理机构，截至 2000 年 8 月，我国商标代理机构的总数达到 151 家，其中工商系统外的机构 61 家。第一次面向社会的商标代理人资格考试也于 2000 年 9 月举行，2003 年国家工商行政管理局取消了商标代理人资格考试。2010 年 7 月 12 日国家工商行政管理总局公布实施了新的《商标代理管理办法》，至此，一个统一的、开放的、高效的、充满生机活力并与国际惯例接轨的、有中国特色的商标代理体制已基本形成。据统计，通过商标代理机构代理的商标申请件已占到每年商标总申请量的 3/4，商标代理行业为我国市场经济的繁荣和商标事业的发展做出了重要贡献。

第二节　商标代理机构

一、商标代理机构的概念及分类

（一）商标代理机构的概念

商标代理机构是指接受被代理人的委托，以被代理人的名义办理商标注册申请或者其他商标事宜的法律服务机构。

（二）商标代理机构的分类

1. 根据商标代理机构的业务范围，可以把商标代理机构划分为以下两类：

（1）只从事商标法律事务代理的商标代理机构。

（2）兼办的商标代理机构——除从事商标代理业务外还进行专利代理等法律事务。

2. 根据商标代理机构有无涉外代理权限，可以把商标代理机构划分为以下两类：

（1）国内商标代理机构——只代理国内的商标法律事务。

（2）涉外商标代理机构——只代理外国企业或者外国人在中国的商标法律事务。

此外，多数商标代理机构既从事国内商标代理业务活动，也从事涉外商标代理业务活动。

二、商标代理机构的成立及法律地位

商标代理是一项法律性很强的事务，为了保障商标代理机构及委托人的合法权益，维护商标代理的正常秩序，商标代理机构必须依法成立。国家工商行政管理总局于 2010 年 7 月 12 日公布并实施的《商标代理管理办法》第四条规定：“申请设立商标代理组织的，申请人向所在地县级以上工商行政管理部门申请登记，领取《企业法人营业执照》或者《营业执照》。律师事务所从事商标代理的，不适用前款规定。”据此，可以作为商标代理机构的主要有两类，一类是在其工商登记的经营范围中注明包含商标代理业务的法人或者其他组织，另一类是依法设立的律师事务所。法人或其他组织必须具备相应的条件才能成为商标代理机构，而律师事务所是律师执行职务进行业务活动的工作机构，在律师事务所执业的律师依法取得了律师执业证书，接受委托或者指定，为当事人提供法律服务，本身专业性很强，可以直接从事商标代理业务。

商标代理机构是专门从事商标法律服务，具有法人资格的企业、其他组织或者律师事务所，没有行政职能，因此，可以说商标代理机构属于非官方性质的法人机构。商标代理机构实行自收自支，独立开展业务工作，独立承担民事责任，它不是工商行政管理机关的附属机构，但在业务上应当接受工商行政管理机关的指导和行政监督。各商标代理机构之间各自独立，互不隶属，法律地位平等。商标代理机构的人、财、物自主管理，独立开展商标代理业务，并可以跨越行政区域承办商标代理业务。

三、商标代理机构的业务范围

商标代理机构可以接受委托人的委托，指定商标代理人办理下列代理业务：

1. 代理商标注册申请；
2. 代理申请商标续展、转让、变更、补证及注销注册商标；
3. 提供商标法律咨询和担任商标法律顾问；
4. 代理商标诉讼案件；
5. 代理商标使用许可合同备案；
6. 提供商标设计；
7. 依有关规定确定的其他有关商标事宜。

商标代理人办理的商标注册申请书等文件，应当由商标代理人签字并加盖商标代理机构印章。

总之，商标代理的内容很广泛，只要涉及商标方面的事宜，商标代理机构都有权代理。商标代理机构独立开展商标代理业务，不受其他商标代理机构的干涉，商标代理机构还可以跨越行政区域承办商标代理业务，但商标代理机构应当接受工商行政管理机关的业务指导和行政监督。

四、商标代理机构的行为规范

《商标法》第十九条规定："商标代理机构应当遵循诚实信用原则，遵守法律、行政法规，按照被代理人的委托办理商标注册申请或者其他商标事宜；对在代理过程中知悉的被代理人的商业秘密，负有保密义务。委托人申请注册的商标可能存在本法规定不得注册情形的，商标代理机构应当明确告知委托人。商标代理机构知道或者应当知道委托人申请注册的商标属于本法第十五条和第三十二条规定情形的，不得接受其委托。商标代理机构除对其代理服务申请商标注册外，不得申请注册其他商标。"这一条是关于商标代理机构的行为规范的规定。

（一）商标代理机构从事商标代理业务的行为规范

商标代理机构是接受委托人的委托，以委托人的名义办理商标注册申请或者其他商标事宜的法律服务机构。委托人出于对商标代理机构的专业知识和职业道德的信任，委托商标代理机构代为办理商标注册申请或者其他商标事宜，商标代理机构就应当恪守行为准则，为委托人的利益最大化服务。具体而言：

第一，商标代理机构应当遵循诚实信用原则，遵守法律、行政法规，按照被代理人的委托办理商标注册申请或者其他商标事宜。代理，就是代理人以委托人名义，为委托人代为办理特定事项的活动。因此，商标代理人从事商标代理业务，就应当按照委托人的委托、指示行事。商标代理机构为委托人代为办理商标事宜时，应当遵守法律、行政法规；法律、行政法规未作规定的，应当按照诚实信用原则办理。

第二，商标代理机构对在代理过程中知悉的被代理人的商业秘密，负有保密义务。商标代理机构在从事商标代理过程中，可能知悉被代理的一些商业秘密，如市场推广计划、目标客户群体等。对此，商标代理机构应当严格保守秘密，既不能泄露给他人，也不能利用其牟取不正当利益。

第三，委托人申请注册的商标可能存在《商标法》规定不得注册情形的，商标代理机构应当明确告知委托人。《商标法》规定不得注册的情形，既包括《商标法》第十条、第十一条、第十二条规定的违反绝对拒绝注册理由的情形（即商标标识不得作为商标注册或者使用的情形），也包括违反《商标法》第十三条第二款和第三款、第十五条、第十六条第一款、第三十条、第三十一条、第三十二条规定的违反相对拒绝注册理由的情形（即存在在先权利的情形）。对于前者，一般情况下，商标代理机构应当知道，并且明确告知委托人；对于后者，商标代理机构如果知道，并且明确告知委托人。

第四，商标代理机构知道或者应当知道委托人申请注册的商标属于《商标法》第十五条和第三十二条规定情形的，不得接受其委托。《商标法》第十五条和第三十二条规定的是恶意抢先注册他人商标的情形，包括代理人或者代表人未经授权以自己的名义将被代理人或者被代表人的商标进行注册；因合同、业务往来关系或者其他关系而明知该他人商标存在而抢先注册；以不正当手段抢先注册他人已经使用并有一定影响的商标；以及申请注册的商标损害他人现有的在先权利的情形。商标代理机构知道或者应当知道委托人申请注册的商标存在上述恶意的，应当拒绝接受其委托。

（二）商标代理机构申请商标注册的限制性规定

商标是识别商品或者服务来源的标志；申请注册商标，本来应当是因为在生产经营活动中对自己的商品或者服务需要取得商标专用权，也就是说，申请注册商标，应当是为了自己使用，而不是为了售卖。实践中，个别不法商标代理机构利用其商标专业知识，恶意抢先注册他人商标，有的在与商标代理业务毫无关系的商品类别上为自己注册几十件数百件商标，然后通过向生产经营者兜售牟利。这些申请注册行为都不是为了自己使用，严重扰乱了商标市场秩序。为此，《商标法》第十九条第四款特别规定，商标代理机构除了对其代理服务申请商标注册外，不得申请注册其他商标。

五、商标代理机构的法律责任

（一）《商标法》中规定的商标代理机构的法律责任

根据 2013 年 8 月 30 日修正的《商标法》第六十八条，商标代理机构有下列行为之一的，由工商行政管理部门责令限期改正，给予警告，处一万元以上十万元以下的罚款；对直接负责的主管人员和其他直接责任人员给予警告，处五千元以上五万元以下的罚款；构成犯罪的，依法追究刑事责任：

第一，办理商标事宜过程中，伪造、变造或者使用伪造、变造的法律文件、印章、签名的；

第二，以诋毁其他商标代理机构等手段招徕商标代理业务或者以其他不正当手段扰乱商标代理市场秩序的；

第三，违反本法第十九条第三款、第四款规定的。

商标代理机构有前款规定行为的，由工商行政管理部门记入信用档案；情节严重的，商标局、商标评审委员会并可以决定停止受理其办理商标代理业务，予以公告。

商标代理机构违反诚实信用原则，侵害委托人合法利益的，应当依法承担民事责任，并由商标代理行业组织按照章程规定予以惩戒。

（二）《商标代理管理办法》中规定的商标代理机构的法律责任

根据 2010 年 7 月 12 日公布并实施的《商标代理管理办法》的规定，商标代理机构不得有下列行为：

第一，未取得《企业法人营业执照》或者《营业执照》即从事商标代理活动的，或者向所在地县级以上工商行政管理局申请开办业务时，隐瞒真实情况，弄虚作假的；

第二，与第三方串通，损害被代理人合法权益的；

第三，损害国家和社会公共利益或者其他代理机构合法权益的；

第四，未经所在地县级以上工商行政管理部门批准，私自设立分支机构的；

第五，商标代理机构委托其他单位和个人从事商标代理活动或者接受没有商标代理能力的其他单位、个人以该商标代理机构的名义从事商标代理活动，并为其从事上述活动提供便利的；

第六，商标代理机构变更名称、地址或者法定代表人（或者负责人），没有办理变更登记手续或者没有在变更后一个月内到所在地县级以上工商行政管理局备案；

第七，商标代理机构接受同一商标案件中双方当事人的委托；

第八，从事其他非法活动的。

商标代理机构有上述行为之一的，由其所在地或者行为地县级以上工商行政管理部门予以警告或者处以一万元以下罚款；有违法所得的，处以违法所得额三倍以下，但最高不超过三万元的罚款。未经所在地县级以上工商行政管理部门登记即从事商标代理活动或者用欺骗手段取得登记的组织，由所在地县级以上工商行政管理部门依照有关企业登记管理的法律、法规处罚。

被处罚的商标代理机构对工商行政管理部门的行政处罚不服的，可以依照《中华人民共和国行政复议法》（以下简称《行政复议法》）的规定申请复议；也可以直接向人民法院依法提起诉讼。

六、我国的商标代理机构

（一）涉外商标代理机构

涉外商标代理，是指中国境内的单位或个人向外国申请商标注册或办理其他商标事宜的代理，以及外国自然人、企业及其他经济组织向中国申请商标注册或办理其他商标事宜的代理。

《商标法》第十八条第二款规定："外国人或者外国企业在中国申请商标注册和办理其他商标事宜的，应当委托依法设立的商标代理机构办理。"因此，只要是依法设立的商标代理机构或律师事务所均可从事涉外商标代理事务，均可成为合法的涉外商标代理机构。此外，外国人、外国企业应当委托商标代理机构办理商标事宜，这是强制性规定。

外国人或者外国企业在我国直接申请商标注册和办理其他商标事宜可能存在语言和书件送达障碍，如有些外国人或者外国企业在我国没有固定住所或者工商营业所等。为了保证申请书件的质量和有关书件的及时送达，使商标注册审查及其他相关工作顺利进行，外国人或者外国企业在我国申请商标注册和办理其他商标事宜必须委托依法设立的商标代理机构办理。商标代理机构在授权范围内的代理行为及于委托人。通过代理机构申请取得的商标专用权归委托人，委托人取得商标注册后，必须依照《商标法》的规定行使权利、履行义务。

（二）国内商标代理机构

我国国内商标代理业务开展较晚，根据 2010 年 7 月 12 日公布并实施的《商标代理管理办法》，凡是依法设立并领取企业法人营业执照或者营业执照的商标代理机构或律师事务所均可从事国内商标代理业务。

我国公民、企业可以委托商标代理机构办理商标事宜。我国公民、企业申请商标注册或者办理其他商标事宜，可以自行办理，也可以委托依法设立的商标代理机构办理。其中，自行办理既包括亲自办理，也包括委托商标代理机构以外的主体代为办理。也就是说，《商标法》对我国公民、企业申请商标注册或者办理其他商标事宜，并未强制要求其委托依法设立的商标代理机构办理。

对外国人或者外国企业在我国申请注册和办理其他商标事宜实施强制代理，而对我国申请人则不要求强制代理，并不违背《巴黎公约》关于国民待遇原则的规定。根据《巴黎公约》第二条第三款的规定，有关委派代理人或者指定书件送达地址等问题的规定，各成员国可以在其法律中作出保留。世界多数国家的商标法都有类似规定。实践证明，通过委托依法设立的商标代理机构办理商标注册申请和其他商标事宜，无论是对提高办事效率还是降低办事成本都是非常有益的。

商标代理机构是依法成立的法人或其他组织，不管是涉外商标代理机构还是国内商标代理机构都是采取企业管理形式，独立经营，自负盈亏。国务院工商行政管理部门依法对全国商标代理机构进行管理和监督。县级以上工商行政管理部门依法对本辖区的商标代理机构进行管理和监督。

第三节　律师事务所从事商标代理

一、律师事务所从事商标代理概述

为了规范律师事务所及其律师从事商标代理的执业行为，维护商标代理法律服务秩序，保障委托人的合法权益，2012 年 11 月 6 日，国家工商行政管理总局、司法部制定了《律师事务所从事商标代理业务管理办法》，自 2013 年 1月 1 日起施行。

律师事务所及其律师从事商标代理业务，须遵照该办法。该办法中所称律师事务所，是指律师的执业机构；该办法所称律师，是指依法取得律师执业证书，受律师事务所指派为当事人提供法律服务的执业人员。律师事务所及其律师从事商标代理业务，应当依法、诚信、尽责执业，恪守律师职业道德和执业纪律，接受当事人和社会的监督。工商行政管理机关和司法行政机关依法对律师事务所及其律师从事商标代理业务活动进行监督管理。

二、律师事务所从事商标代理的业务范围及备案

(一) 业务范围

律师事务所可以接受当事人委托，指派律师办理下列商标代理业务：

第一，代理商标注册申请、变更、续展、转让、补证、质权登记、许可合同备案、异议、注销、撤销，以及马德里国际注册等国家工商行政管理总局商标局（以下简称商标局）主管的有关商标事宜；

第二，代理商标注册驳回复审、异议复审、撤销复审及注册商标争议案件等国家工商行政管理总局商标评审委员会（以下简称商评委）主管的有关商标事宜；

第三，代理其他商标国际注册有关事宜；

第四，代理商标侵权证据调查、商标侵权投诉；

第五，代理商标行政复议、诉讼案件；

第六，代理参加商标纠纷调解、仲裁等活动；

第七，担任商标法律顾问，提供商标法律咨询，代写商标法律事务文书；

第八，代理其他商标法律事务。

(二) 备案

1. 代理业务备案

律师事务所从事前述第一项、第二项商标代理业务，应当向商标局办理备案。律师事务所办理备案，应当向商标局提交下列材料：

(1) 备案申请书，其中应当载明律师事务所名称、住所、组织形式、负责人、电话、传真、电子邮箱、邮政编码等信息；

(2) 加盖本所印章的律师事务所执业许可证复印件。

申请材料齐备的，商标局应当自收到申请之日起 15 日内完成备案并予以公告；申请材料不齐备的，应当通知申请人补齐后予以备案。

2. 变更备案

律师事务所名称、住所、负责人、联系方式等备案事项变更的，应当在变更后 30 日内向商标局办理变更备案。办理变更备案，应当提交下列材料：

（1）变更备案事项申请书；

（2）律师事务所所在地司法行政机关出具的该所变更事项证明文件；

（3）加盖本所印章的律师事务所执业许可证复印件。

变更除名称、住所、负责人以外备案事项的，可以不提交前述第二项规定的材料。

3. 终止备案

办理商标代理业务备案的律师事务所终止的，应当向商标局申请结算和注销备案。申请结算，应当提交下列材料（一式两份）：

（1）结算申请书，载明申请事项、开户银行、账号、收款人、经办人及联系方式等；

（2）该所已上报商标局和商评委的商标代理业务清单；

（3）该所出具的授权经办人办理结算手续的证明文件。

商标局应当自收到申请之日起三个月内办结律师事务所结算手续，出具结算证明，注销其从事商标代理业务的备案并予以公告。

三、律师事务所从事商标代理的业务规则

律师承办商标代理业务，应当由律师事务所统一接受委托，与委托人签订书面委托合同，按照国家规定统一收取费用并如实入账。律师事务所受理商标代理业务，应该依照有关规定进行利益冲突审查，不得违反规定受理与本所承办的法律事务及其委托人有利益冲突的商标代理业务。律师承办商标代理业务，应当按照委托合同约定，严格履行代理职责，及时向委托人通报委托事项办理进展情况，无正当理由不得拖延、拒绝代理。委托事项违法，委托人利用律师提供的服务从事违法活动，委托人故意隐瞒重要事实、隐匿证据或者提供虚假、伪造证据的，律师有权拒绝代理。律师就商标代理出具的法律意见、提供的相关文件，应当符合有关法律、法规、规章的规定，符合商标局、商评委和地方工商行政管理机关的要求，应当真实、准确、完整，并经律师事务所审查无误后盖章出具。向商标局办理备案的律师事务所，应当按规定将商标规费预付款汇至商标局账户。商标规费预付款余额不足的，由商标局或者商评委对律师事务所代理的商标申请不予受理。

律师事务所及其律师承办商标代理业务，不得委托其他单位或者个人代为

办理，不得与非法律服务机构、非商标代理组织合作办理。律师只能在一个律师事务所执业，不得同时在其他商标代理组织从事商标代理业务。律师事务所及其律师承办商标代理业务，应当遵守律师执业保密规定。未经委托人同意，不得将代理事项及相关信息泄露给其他单位或者个人。律师事务所及其律师不得以诋毁其他律师事务所和律师、商标代理组织和商标代理人或者支付介绍费等不正当手段承揽商标代理业务。律师事务所及其律师承办商标代理业务，不得利用提供法律服务的便利牟取当事人争议的权益，不得接受对方当事人的财物或者其他利益，不得与对方当事人或者第三人恶意串通，侵害委托人权益。律师事务所在终止事由发生后，有未办结的商标代理业务的，应当及时与委托人协商终止委托代理关系，或者告知委托人办理变更委托代理手续；委托人为外国人或者外国企业的，应当协助其办理变更委托代理手续。律师变更执业机构、终止执业或者受到停止执业处罚的，应当在律师事务所安排下，及时办妥其承办但尚未办结的商标代理业务的交接手续。律师事务所应当加强对律师从事商标代理业务的监督，及时纠正律师在商标代理执业活动中的违法违规行为，调处律师在执业中与委托人之间的纠纷。律师事务所应当组织律师参加商标业务培训，开展经验交流和业务研讨，提高律师商标代理业务水平。

四、律师事务所从事商标代理的监督管理

律师事务所及其律师从事商标代理业务有违反法律、法规和规章行为，需要给予警告、罚款处罚的，由受理投诉、发现问题的工商行政管理机关、司法行政机关分别依据有关法律、法规和规章的规定实施处罚；需要对律师事务所给予停业整顿或者吊销执业许可证书处罚、对律师给予停止执业或者吊销律师执业证书处罚的，由司法行政机关依法实施处罚；有违反律师行业规范行为的，由律师协会给予相应的行业惩戒。律师和律师事务所从事商标代理业务的违法行为涉嫌犯罪的，应当移送司法机关处理。律师事务所及其律师违反《律师事务所从事商标代理业务管理办法》第七条、第八条、第十八条的规定，导致商标局或者商评委发出的文件无法按规定时限送达的，其法律后果由律师事务所及其律师承担。律师事务所及其律师违反《律师事务所从事商标代理业务管理办法》第七条、第八条、第十八条的规定，导致送达文件被退回或者被委托人投诉的，经查实，商标局可以按照规定予以公开通报。律师事务所依法受到停业整顿处罚的，在其停业整顿期间，商标局或者商评委可以暂

停受理该律师事务所新的商标代理业务。向商标局办理备案的律师事务所受到停业整顿处罚的，应当及时将受到处罚的情况及处罚期限报告商标局和商评委。工商行政管理机关和司法行政机关在查处律师事务所和律师从事商标代理业务违法行为的工作中，应当相互配合，互通情况，建立协调协商机制。对于依法应当由对方实施处罚的，及时移送对方处理；一方实施处罚后，应当将处罚结果书面告知另一方。

第四节　商标代理行业组织

《商标法》第二十条规定："商标代理行业组织应当按照章程规定，严格执行吸纳会员的条件，对违反行业自律规范的会员实行惩戒。商标代理行业组织对其吸纳的会员和对会员的惩戒情况，应当及时向社会公布。"这一条是关于商标代理行业组织及其会员管理的规定。

2003年以前，我国对商标代理机构的设立和商标代理人的资格实行行政审批，行政机关在对商标代理机构的监督管理中发挥着主要作用。2003年，国务院取消了这两项行政审批，此后，商标代理行业组织在行业自律管理方面的重要性日益凸显。

一、商标代理行业组织是商标代理机构自发组成的行业自律组织

目前，全国性的商标代理行业组织主要是中华商标协会下属的代理人分会，但是，商标法并未限定只此一家，商标代理机构可以成立其他商标代理行业组织。这样规定，有利于商标代理行业组织之间形成有效竞争，提高商标代理机构的规范经营和服务水平，促进商标代理行业的健康发展。商标代理行业组织只有严格执行吸纳会员的条件，加强对会员的监督管理，对违反行业自律规范的会员实施惩戒，不断提高本行业组织的信誉，才能够一方面吸引更多资质优良的商标代理机构加入本行业组织，另一方面为本行业组织的会员争取到更多的客户。相反，商标代理行业组织如果吸纳、包庇违法违规、违反行业自律规则的会员，则会使其声誉受损，影响所有会员的客户来源。应当明确的是，《商标法》并未强制规定，商标代理机构未加入行业组织的就不得从事商标代理业务，只是未加入

行业组织的代理机构就无法借助行业协会的信誉、资源扩大发展，被行业协会惩戒的会员在业务方面也必然会受到影响。通过商标代理行业组织的这些作用，便会借助市场的力量自然推动商标代理机构的优胜劣汰。

二、商标代理行业组织对会员的管理

商标代理行业组织应当制定详细的章程，团结和教育会员遵守宪法、法律、法规和国家政策，忠实于商标代理事业，使商标代理机构的代理人恪守商标代理人职业道德和执业纪律，维护会员的合法权益，提高会员的执业素质，加强行业自律，制止不正当竞争，促进商标代理事业的健康发展。商标代理行业组织应当在章程中对吸纳会员的条件、违反行业自律规范的会员的惩戒作出明确规定，并严格遵照执行。

根据《商标法》第二十条，商标代理行业组织对其会员和对会员的惩戒情况，应当及时向社会公布。这样规定，有利于同行业、社会公众加强对商标代理行业组织和商标代理机构的监督，也有利于指引委托人选择信誉良好的商标代理机构。

第五节　商标代理人

一、商标代理人的概念

商标代理人是指具备商标代理能力，并在商标代理组织中执业的工作人员。

商标代理人为商标注册申请人或商标权人行使的职责主要包括以下几个方面：接受商标注册申请人或商标权人的委托，办理商标注册和续展；办理商标许可证；对侵权行为提起诉讼及办理其他事务。有时，商标代理人作为一名法律上认定的商标代理组织的成员进行工作，并被授权为企业的任何有关商标的事务作最后决定。因此，他可以直接向被代理人提出建议并办理诸如商标注册、续展、商标许可证或消除侵权行为等业务。

商标代理人需要熟悉广泛意义上的商标管理、办理商标许可证及处理商标侵权等方面的知识和技能，精通商标的选择和注册，在贸易和商业中有效地利用商标。此外，商标代理人不得同时代理几个相互竞争的企业的商标业务。代理人应为被代理人选择最适合其业务的新商标提供咨询，处理在商标注册过程中可能出现的问题，以适当方式建议被代理人建立良好的商标使用习惯，为被代理人采取最早最可行的措施对付可能出现的侵害商标所有权人权益的假冒商标。

商标代理人的业务素质决定了为被代理人代理商标事宜的质量。因此，一个熟悉商标业务、懂得《商标法》的代理人为其进行代理活动，会给被代理人带来许多利益，保障被代理人的合法权益不受侵犯。

二、商标代理人应当符合的条件

根据 2010 年 7 月 12 日公布实施的《商标代理管理办法》第九条的规定，商标代理人应当符合以下三个条件，才能作为商标代理人从事商标代理业务。

第一，具有完全的民事行为能力；

第二，熟悉商标法和相关法律、法规，具备商标代理专业知识；

第三，在商标代理组织中执业。

三、商标代理人的行业规则

《商标代理管理办法》规定，商标代理人在为被代理人进行代理业务时，应遵守如下规定：

第一，商标代理人应当遵守法律，恪守职业道德和执业纪律，依法开展商标代理业务，及时准确地为委托人提供良好的商标法律服务，认真维护委托人的合法权益；

第二，商标代理人应当为委托人保守商业秘密，未经委托人同意，不得把未经公开的代理事项泄露给其他机构和个人；

第三，在明知委托人的委托事宜出于恶意或者其行为违反国家法律或者具有欺诈性的情况下，商标代理人应当拒绝接受委托；

第四，商标代理人不得同时在两个以上的商标代理组织执业。

四、商标代理人的法律责任

商标代理人有下列行为之一的，由其所在地或者行为地县级以上工商行政管理部门予以警告或者处以一万元以下罚款：

第一，私自接受委托，向委托人收取费用，收受委托人财物的；

第二，隐瞒事实，提供虚假证据，或者威胁、诱导他人隐瞒事实，提供虚假证据的；

第三，商标代理人同时在两个以上的商标代理组织执业的；

第四，商标代理人未经委托人同意，把未经公开的代理事项泄露给其他机构和个人的；

第五，商标代理人明知委托人的委托事宜出于恶意或者其行为违反国家法律或者具有欺诈性的情况下，仍然接受委托；

第六，有其他违法行为的。

商标代理人受刑事处罚的，不得再进行商标代理业务。

被处罚的商标代理人对工商行政管理部门的行政处罚不服的，可以依照《行政复议法》的规定申请复议；也可以直接向人民法院依法提起诉讼。

第六节 商标代理权的取得与终止

一、委托商标代理应具备的条件

我国公民、企业可以委托商标代理机构办理商标事宜，也就是说，我国办理国内商标事务是实行代理制与当事人直接办理的双轨制，商标当事人可以任选；而外国人、外国企业应当委托商标代理机构办理商标事宜，这是强制性规定。不管是我国公民、企业还是外国人、外国企业，要选择商标代理应具备如下条件：

（一）被代理人须是商标注册申请人或商标权人

商标注册申请人，必须是依法成立的企业、事业单位、社会团体、个体工商户、个人合伙及符合条件的外国人或者外国企业。因此，商标代理的被代理人应当是能够充当商标主体的商标注册申请人或商标权人。

（二）须有被代理人的授权委托

商标代理行为依赖于被代理人的委托，所以被代理人的授权委托是产生商标代理权的基础，被代理人的授权委托是一种意思表示，属于单方的法律行为，即只需被代理人一方的意思表示便能发生授权的效力。当然，也需要代理人接受委托。因此，如果被代理人撤销其委托或代理人辞去其委托，代理与被代理关系即告结束。

（三）须有书面协议

根据《商标法》和有关文件的规定，商标代理应当由被代理人和商标代理机构订立委托合同，当事人在合同中注明或另以委托书授予代理人的权限范围。授权范围可以包括有关商标事务的全部必要行为，如代理商标注册申请；代理申请商标续展、转让、变更、补证及注销注册商标；提供商标法律咨询和担任商标法律顾问；代理商标诉讼案件等，但有关商标专用权的处分，非经被代理人特别授权代理人不得办理。

（四）商标被代理人须交纳一定的商标规费

《商标法》第七十二条规定："申请商标注册和办理其他商标事宜的，应当缴纳费用，具体收费标准另定。"国家工商行政管理总局商标局在《关于交纳商标规费具体办法的通知》中规定："申请商标注册或办理其他商标事宜都应按规定交纳商标规费，商标局收到商标规费后才视为商标注册申请手续齐备予以受理，否则不予受理。"由此可见，商标委托人交纳一定的商标规费是申请商标代理的必要条件。

二、商标代理委托书

（一）商标代理委托书概述

商标代理是商标注册申请人或商标权人将办理商标申请注册及其他有关事宜委托商标代理机构代为办理的行为。从事商标代理的专门机构是商标代理机构或律师事务所，它所代理的业务内容主要包括：申请商标注册；申请商标续展、转让、变更、补证及注销注册商标；商标异议和商标评审；商标案件；商标使用许可合同备案；商标设计和商标咨询；依有关规定确定的其他有关事宜。商标注册申请人或商标权人要委托商标代理机构代理商标事务，首先要签订商标代理合同，并向商标管理机关提交商标代理委托书。

商标代理委托书是申请人委托商标代理机构或律师事务所代办有关商标事宜的商标管理文书。凡委托代办申请商标注册或其他有关商标事宜的，应填写商标代理委托书，注明委托权限。商标注册申请书或其他有关商标管理文书则由被委托人即代理人填写。商标代理委托书在被代理人签字后即生效，代理人在委托权限内的行为具有法律效力。商标代理委托书书式由国家工商行政管理总局印制，为16开表格。

商标代理委托书是商标代理人据以从事商标代理的权限凭证，也是国家商标管理机关据以确认商标代理人地位的有效凭证。

（二）商标代理委托书的写作内容

1. 商标代理委托书应当载明以下内容

（1）文书名称、委托人和代理人的基本情况。

（2）委托事项：即代理人的代理内容。常见的写法为："现委托_____（商标事务所或律师事务所名称）_____（商标代理人姓名）在我公司_____（商标图样）商标注册申请中，担任我公司的商标代理人。"

（3）代理权限：即指商标代理人所获得的授权范围。具体范围包括：申请商标注册、转让注册、续展注册、变更、补证、评审及其他有关事项等。商标注册申请人必须在委托书中明确授权的具体范围，商标代理人只能以被代理人的名义在授权范围内进行有关商标注册申请等方面的活动。这一部分是委托书的核心。

（4）委托人即商标注册申请人签名或盖章。这是委托书有效的必备条件。

此外，外国人或者外国企业的代理人委托书还应当载明委托人的国籍。外国人或者外国企业在中国申请商标注册或者办理其他商标事宜，应当使用中文。代理人委托书和有关证明的公证、认证手续，按照对等原则办理。

2. 商标代理委托书的写作格式

商标代理委托书

中华人民共和国工商行政管理总局商标局：

我/我单位_____是_____国国籍，依_____法律组成，现委托_____代理_____商标的如下"√"事宜。

□注册

□续展注册

□转让注册

□变更注册人名义

□变更注册人地址

□补发商标注册证

□注销注册商标

□证明

□异议

□商标使用许可合同备案

□商标侵权纠纷案件

□其他事项

委托人：

地　址：

联系人：　　　　　　　电话：　　　　　　（章戳）

邮政编码：　　　年　　　月　　　日

三、商标代理权的取得与终止

（一）商标代理权的取得

商标代理权的取得是基于被代理人的授权。申请人委托商标代理机构或律师事务所申请办理商标注册或者办理其他商标事宜的，应当送交代理人委托书一份。代理人委托书应当载明代理内容及权限，外国人或者外国企业申请商标注册或者办理其他商标事宜，代理人委托书和有关证明的公证、认证手续，按照对等原则办理。

（二）商标代理权的终止

商标代理人在代理权限内从事商标代理活动，属于委托代理，其代理权终止和一般代理中委托代理权终止相同。因此，商标代理权终止的原因包括以下三个：

第一，被代理人解除委托或代理人辞去委托；

第二，代理人死亡或丧失行为能力；

第三，被代理人代理任务完成或委托期限届满。

第三章 商标注册申请的代理

商标注册事宜包括商标注册申请、商标注册的形式审查、商标注册的实质审查及商标驳回复审等内容。商标注册的申请，是一项较复杂和专业的工作，不仅需要懂得商标法律知识，还要有一定的申请技巧。商标代理组织的代理人，一般精通法律知识，有丰富的代理经验。有商标代理组织代理，可以提高办理质量，节省时间，相应地提高了商标局工作的效率，也可以最大限度地降低管理成本。此外，商标局每年对新申请注册的商标驳回率很高，如果申请人自己申请，可能会因缺乏相关的专业知识而被驳回。如果请商标代理组织代理，他们可以帮助申请人设计或修改商标标识，进行商标注册的查询，为申请人提供有价值的参考意见和咨询报告，利用他们精深的业务知识，帮助申请人提高商标注册的成功率。以下逐一介绍商标注册业务中涉及的代理事项。

第一节 商标注册申请

商标的注册申请，是取得商标专用权的前提，商标注册申请人可以委托商标代理组织或商标代理人代理商标注册的相关事宜。我国商标法对申请商标注册的申请人、要求及程序做了明确的规定。

一、商标注册申请人

申请商标往册，只有具备一定的条件才能获准注册，取得商标专用权。我国商标法对商标注册的申请人作出了明确规定。

根据我国《商标法》及其实施条例的规定，商标注册的申请人包括：

（一）自然人、法人或其他组织

我国《商标法》第四条规定："自然人、法人或者其他组织对其生产、制造、加工、拣选或者经销的商品，需要取得商标专用权的，应当向商标局申请商品商标注册。本法有关商品商标的规定，适用于服务商标。"因此，在国内，可以作为商标注册申请人的主要有两类：一类是自然人、法人或者其他组织；一类是两个以上的自然人、法人或者其他组织可以共同向商标局申请注册同一商标，共同享有和行使该商标专用权。应当注意的是，提出商标注册申请的自然人应当具有营业资格。

（二）外国人或外国企业

外国人或者外国企业在中国申请商标注册的，根据我国《商标法》第十七条和第十八条规定，应当按照其所属国和中华人民共和国签订的协议或者共同参加的国际条约办理，或者按照对等原则办理；在中国申请商标注册和办理其他商标事宜的，应当委托国家认可的具有商标代理资格的组织代理。

二、商标的选择

商标代理人在代理商标注册的过程中，应就如何选择商标为商标注册申请人提供意见。商标一般包括文字商标、图形商标和数字商标，每一种商标都有具体的要求。

（一）文字商标

文字商标的选择原则主要有以下几点：

第一，好读、好记、朗朗上口。

第二，有文化内涵、品位高。尽量不选择品位低下的商标，有些品位低下的商标甚至不能获得注册，如"二房佳酿""大富婆"等。

第三，具有独创性的标志优先。

（二）图形商标

图形商标要求简洁，过于繁杂的图形缺乏显著性，在申请注册时不予选择。图形商标的特点在于丰富多彩、视觉冲击力强，如奔驰的星图案，丰田汽车抽象的地球造型图案等。

（三） 数字商标

一般以 3~4 个数字为佳，如 8841、3721、3537（驰名商标）等，数字过少或过多都不宜。

三、商品/服务类别的确定

商标代理人代理申请注册的商标，应当按规定的商品分类表填报使用商标的商品类别和商品名称，也就是说，商标代理人在代理申请人填写申请书时，应当指定在哪些类别的哪些商品上或服务项目上使用该注册商标，填报的依据是商品分类表。填报商标注册类别时，实行"一件商标一份申请"，一份申请可同时指定多个类别中的一种或多种商品。

所谓商品分类表，是指划分商品和服务类别的文件，根据商品的性质、用途、原料及不同的服务，将其分为若干类，每类又分若干种。按照这种归类方式划分的商标注册使用表，称为商标分类表。商品分类是商标管理中的重要法律文件，是划分商品和服务类别，确定商品名称的主要依据。世界上许多国家采用的商品分类表不尽相同，有的采用本国制定的分类表，有的采用国际商品分类表。1975 年 6 月 15 日在法国尼斯签订的《商标注册用商品和服务国际分类的尼斯协定》（以下简称《尼斯协定》），把商品分为 34 类，服务项目分为 8 类，共 42 类。我国于 1994 年 8 月 9 日正式加入尼斯联盟，自加入《尼斯协定》以来，积极参与了对《尼斯协定》分类的修改与完善，已将多项有中国特色的商品加入尼斯分类中。我国现采用尼斯分类第十版，目前新版《类似商品和服务区分表》将商品分为 34 类，服务项目分为 11 类，每类有一个类别号和标题，每类的标题概括了本类所包含商品的特征及范围，最后列出了本类包括的所有商品/服务项目，每项商品/服务均有一个顺序号，以便查找。另外，每一类有一个注释，对本类主要包括哪些商品，本类与相关类别的商品如何区别，如何划分边缘商品的类别作了说明，这个注释对划分一些易混淆商品的类别有很大帮助。如第三类，类名为"洗衣用漂白剂及其他物料；清洁、擦亮、去渍及研磨用制剂；肥皂，香料，香精油，化妆品、洗发水，牙膏、牙粉。"注释为："本类主要包括洗澡用品和化妆品。尤其包括：个人用除臭剂；化妆用卫生用品。尤其不包括：清洁烟囱用化学制品（第一类）；生产过程中用的去渍用品（第一类）；非个人用除臭剂（第五类）；磨石或手磨砂轮（第八类）。每类又将商品和服务项目分为不同群组（4位数）。选择商品/服务名称时，不能填写注释和群组，只能填写具体的商品/服务名称（6位数）。

四、商标检索

商标代理组织或商标代理人可代理商标注册申请人通过"中国商标网"检索，或者是委托国家工商行政管理总局商标局指定的通达商标服务中心检索，商标检索只提供检索结果。如果要求稳妥，还可以委托相应的机构出具检索报告。商标检索主要用于判断拟申请注册的商标能否获得注册。

五、申请文件

按照《中华人民共和国商标法实施条例》（以下简称《商标法实施条例》第十三条的规定，申请商标注册，应当向国家工商行政管理总局商标局交送商标注册申请书、商标图样、黑白稿、附送有关证明文件并交纳费用。以颜色组合或者着色图样申请商标注册的，应当提交着色图样，并提交黑白稿1份；以三维标志申请商标注册的，应当在申请书中予以声明，说明商标的使用方式，并提交能够确定三维形状的图样，提交的商标图样应当至少包含三面视图；以颜色组合申请商标注册的，应当在申请书中予以声明，说明商标的使用方式；以声音标志申请商标注册的，应当在申请书中予以声明，提交符合要求的声音样本，对申请注册的声音商标进行描述，说明商标的使用方式。对声音商标进行描述，应当以五线谱或者简谱对申请用作商标的声音加以描述并附加文字说明；无法以五线谱或者简谱描述的，应当以文字加以描述；商标描述与声音样本应当一致。

（一）《商标注册申请书》

申请商标注册要填写申请书，具体要求有：

第一，一份申请一件商标。在一份申请书上只能填写一件商标，商标名称要与商标图样一致。一份申请书上可以包括若干个类别。对难于确定类别的商品和服务，应附加说明。

第二，商品的名称应当按照《商品分类表》中的商品名称来填写。如果是新商品，应当附加说明。

第三，申请人的名称应当与营业执照上的名称一致。

第四，填写的地址应当是申请人的实际的详细地址。

第五，委托商标代理组织办理的，应当提交 1 份《商标代理委托书》。

（二）商标图样

申请人应提交商标图样，其具体要求为：

第一，申请人应提交商标图样 1 份，图样的长和宽不大于 10 厘米，不小于 5 厘米。

第二，商标图样应当清晰，便于粘贴。用光洁耐用的纸张印制或者用照片代替。

第三，指定保护颜色的商标，应当交送着色图样，并附送黑白墨稿 1 份。

第四，以三维标志申请注册商标的，应当在申请书中予以声明，并提交能够确定三维形状的图样。以颜色组合申请注册商标的，应当在申请书中予以声明，并提交文字说明。商标为外文或者包含外文的，应当说明含义。

（三）证明文件

在申请商标注册时，应提交的证明文件主要有：

第一，商标法规定必须使用注册商标的商品及一些特殊行业的商品所需要的证明文件，如卷烟、雪茄烟和有包装的烟丝，应附送相关部门批准的证明文件。

第二，国内的纸、杂志申请商标注册的，应当提交新闻出版部门发给的全国统一刊号（CN）的报刊登记证。申请注册的报纸、杂志名称，必须是经中共中央宣传部、国家科学技术委员会、中国人民解放军总政治部、国家新闻出版广电总局，中共各省、自治区、直辖市委宣传部正式批准创办的报纸、杂志。内部发行的报纸、杂志名称，不作为商标申请注册专用。

第三，申请人为自然人的主体资格证明文件包括：个体工商户提供身份证复印件及营业执照复印件；个人合伙出具合伙人的身份证复印件、营业执照复印件及合伙协议；农村承包经营户需出具身份证复印件、承包合同；其他依法获准从事经营的自然人须提供身份证复印件、有关行政主管机关颁发的登记文件。

以上申请人提出注册申请的商品和服务范围，应以其在营业执照或有关登记文件核准的经营范围为限，或者以其自营的农副产品为限。

第四，申请证明商标的应提供以下证明文件：

申请书。

证明商标申请人主体资格的文件及复印件，或者加盖申请人印章的有效复印件，并应当详细说明其所具有的或者其委托的机构具有的专业技术人员、专业检测设备等情况，以表明其具有监督该证明商标所证明的特定商品品质的能力。

以地理标志作为证明商标注册的，应当在申请书件中说明下列内容：①该地理标志所标示的商品的特定质量、信誉或者其他特征；②该商品的特定质量、信誉或者其他特征与该地理标志所标示的地区的自然因素和人文因素的关系；③该地理标志所标示的地区的范围。

证明商标使用管理规则。应当包括：①使用证明商标的宗旨；②该商标证明的商品或者服务的特定品质和特点；③使用该商标的条件；④使用该商标的手续；⑤使用证明商标的权利义务和违反该规则应当承担的责任；⑥注册人对使用该证明商标商品的检验监督制度。

图样。

第五，申请集体商标的应提供以下证明文件：

加盖申请人公章的商标注册申请书一份。

集体商标申请人主体资格的文件及复印件，或者加盖申请人印章的有效复印件。

以地理标志作为集体商标的，应当在申请书件中说明下列内容：①该地理标志所标示的商品的特定质量、信誉或者其他特征；②该商品的特定质量、信誉或者其他特征与该地理标志所标示的地区的自然因素和人文因素的关系；③该地理标志所标示的地区的范围。

集体商标使用管理规则。应当包括：①使用集体商标的宗旨；②使用该商标的集体成员；③使用集体商标的商品或者服务的质量；④使用该商标的条件；⑤使用该商标的手续；⑥集体成员的权利、义务和违反该规则应当承担的责任；⑦注册人对使用该集体商标商品的检验监督制度。

集体成员名单。

图样。

第六，申请的商标为人物肖像的，应当提供人物肖像人的授权并经公证机

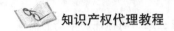

关公证。

(四) 填写商标注册申请书的具体要求

第一，根据《商标法实施条例》第十五条规定，商标注册申请等有关文件，应当打字或印刷。对于手写的商标申请书件，商标局不予受理。

第二，商标注册申请人的名称、地址应按照《营业执照》填写，如果《营业执照》中的地址未冠有企业所在地的省、市、县名称的，申请人必须在其地址前加上省、市、县名称。申请人的名义公章应与《营业执照》上登记的企业名称完全一致。

第三，商品/服务项目应按《类似商品和服务项目区分表》填写类别、商品/服务项目名称。商品/服务项目应按类别对应填写，每个类别的项目前应分别标明顺序号。

第四，如申请人是自然人，申请人名称除填写姓名外，还须在姓名之后填写身份证号码；申请人地址可以填写自然人的实际地址或通信地址。

第五，申请人依据《商标法》第二十五条要求优先权的，选择"基于第一次申请的优先权"，并填写"申请/展出国家/地区""申请/展出日期""申请号"栏。申请人依据《商标法》第二十六条要求优先权的，选择"基于展会的优先权"，并填写"申请/展出国家/地区""申请/展出日期"栏。申请人应当同时提交优先权证明文件（包括原件和中文译文）；优先权证明文件不能同时提交的，应当选择"优先权证明文件后补"，并自申请日起三个月内提交。未提出书面声明或者逾期未提交优先权证明文件的，视为未要求优先权。

六、申请文件的提交

商标注册申请人可以委托商标代理组织提交申请文件，如果是通过邮寄，以商标局收到申请文件的日期为收件日期。目前，商标局已开通电子申请系统，但仅限于商标代理机构通过电子申请系统提交商标注册申请。

七、商标注册应当缴纳的费用

《商标法》第七十二条规定："申请商标注册和办理其他商标事宜的，应当缴纳费用，具体收费标准另定。"《商标法实施条例》第九十七条规定："申请商标注册或者办理其他商标事宜，应当缴纳费用。缴纳费用的项目和标准，由国务院财政部门、国务院价格主管部门分别制定。"

注册商标申请人向商标局提出注册商标申请，或者注册商标专用权人要求续展、变更注册商标事项，或者其他人对注册商标申请提出异议，要求撤销注册商标等事宜，需要按照规定缴纳一定的费用。办理商标事宜需要缴纳费用的规定，一方面可以促使注册商标申请人、注册商标专用权人或者其他有关当事人在进行注册商标申请或办理其他商标事宜前认真考虑，审慎选择。另一方面，也可以避免一些不必要的请求事项送到商标局，减轻审查人员的劳动强度，使审查人员集中精力办理那些必需的手续，提高工作效率。同时商标局在为申请人或者注册商标专用权人服务时也需要一笔费用维持其正常运转。按照权利与义务相一致的原则，注册商标申请或者办理其他手续所需费用理应由注册商标申请人或者商标专用权人负责。注册商标申请或者办理其他手续必须缴纳一定的费用，也是国际上通行的做法。

为适应我国商标管理工作的发展，逐步与国际惯例接轨，我国商标注册业务中具体收费标准为：一个类别受理商标注册费800元（限定本类10个商品。10个以上商品，每超过一个商品，每个商品加收80元），补发商标注册证费1000元（含刊登遗失声明的费用），受理转让注册商标费1000元，受理商标续展注册费2000元，受理续展注册迟延费500元，受理商标评审费1500元，商标评审延期费500元，变更费500元，出具商标证明费100元。

根据《财政部、国家计委关于增加商标注册管理收费项目及有关问题的通知》（财综字〔1995〕88号），新增商标业务的收费标准核定为：受理集体商标注册费3000元，受理证明商标注册费3000元，商标异议费1000元，撤销商标费1000元，受理驰名商标认定费5000元，商标使用许可合同备案费300元。

八、商标注册流程

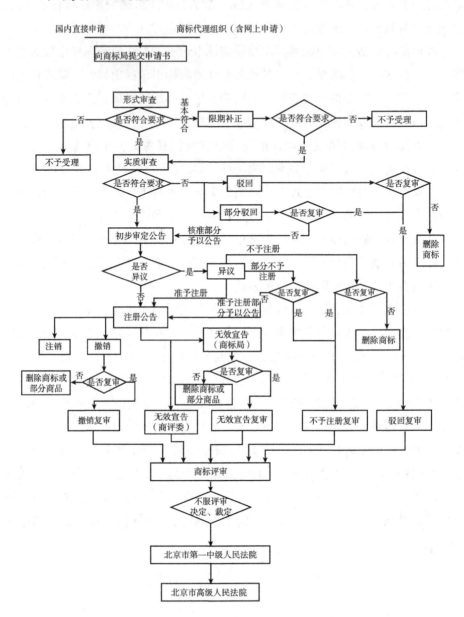

第二节　商标注册申请的形式审查

对符合商标法规定的商标申请，商标局应予以受理并开始对其进行审查。依据《商标法》的规定，商标局应当自收到商标注册申请文件之日起九个月内审查完毕。对商标申请进行审查，是商标能否核准注册的关键。核准注册是申请人获得商标专用权的法律依据。根据我国《商标法》和《商标法实施条例》的规定，商标注册的审查首先要进行形式审查。形式审查是指对商标注册的申请进行审查，看是否具备法定条件和手续，从而确定是否受理该申请。

一、审查内容

形式审查，主要审查以下几方面的内容：

1. 申请人的资格和申请程序。如果申请人不具备主体资格，则不能办理商标注册申请。

2. 申请文件。审查申请人提交的文件是否齐全，所填写的内容是否符合要求，是否已交纳了有关费用等。

3. 申请是否符合商标申请的有关原则。审查申请人填写申请书时是否按照"一份申请一件商标"等原则进行。

4. 审查商标的申请日期，编写申请号。

二、处理

申请手续齐备且按照规定填写申请文件的，予以受理，确认申请日期、申请号，发给注册申请受理通知书。

申请手续不齐备或未按规定填写文件的，发出注册申请不予受理通知书，且不保留申请日期。申请手续不齐备或未按规定填写文件的主要包括以下几种情况：

第一，申请人名义、印章、主体资格证明不符。

第二，未按规定填写申请文件的重要内容，如申请人名称、地址等。

第三，缺少主体资格证明复印件。

第四，商标图样不清晰以至无法辨认。

第五，委托代理的没有委托书或委托书不规范。

第六，委托代理的申请书上没有加盖代理组织的印章。

第七，未按规定缴纳费用。

申请手续基本齐备但还需要补正的，自收到通知之日起 30 日内补正（保留申请日期），主要包括以下几种情况：

第一，填报的商品/服务名称不规范、不具体。

第二，商标图样不清晰。

第三，需要对商标图样中的文字作出说明。

第三节　商标注册申请的实质审查

商标注册的审查除了形式审查外，还应当进行实质审查。实质审查是指对申请注册的商标的构成要素是否符合法定条件，以及商标是否混同等进行的审查。实质审查是商标申请能否取得授权的关键环节。实质审查的内容主要有：

一、商标的构成要素是否违背《商标法》规定的禁用条款，违者予以驳回

《商标法》第十条规定了不得作为商标的标志主要有以下几类：

（一）同中华人民共和国的国家名称、国旗、国徽、军旗、勋章相同或者近似的，以及同中央国家机关所在地特定地点的名称或者标志性建筑物的名称、图形相同的

1. 同我国的国家名称相同或者近似的

商标的文字、字母构成与我国国家名称相同的，判定为与我国国家名称相同。

商标的含义、读音或者外观与我国国家名称近似，容易使公众误认为我国国家名称的，判定为与我国国家名称近似；如 ZHONGGUO，CHINAR。但不会使公众误认的除外。如：**CHAIN** CRINA。

商标含有与我国国家名称相同或者近似的文字，判定为与我国国家名称

近似。

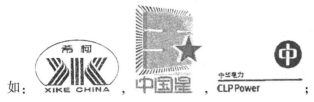

如：　　　　　　，　　　　，　　　　　　；

例外：描述的是客观存在的事物，不会使公众误认的。如：中华龙鸟，中华鲟。

商标含有与我国国家名称相同或近似的文字，但其整体是报纸、期刊、杂志名称或者依法登记的企事业单位名称的。如：中国国际航空公司，中国消费者报，中国人民大学。

我国申请人商标所含我国国名与其他具备显著特征的标志相互独立，国名仅起表示申请人所属国作用的。如：中**长城**国。

2. 同我国的国旗、国徽相同或者近似的

商标的文字、图形或者其组合与我国国旗（五星红旗）、国徽的名称或者图案相同或者近似，足以使公众将其与我国国旗、国徽相联系的，判定为与我国国旗、国徽相同或者近似。

商标含有"五星""红旗"字样或者"五星图案""红旗图案"，但不会使公众将其与国旗相联系的，不判为与我国国旗、国徽相同或者近似。

3. 同我国的军旗、勋章相同或者近似的

商标的文字、图形或者其组合与我国军旗的名称或者图案相同或近似，足以使公众将其与军旗相联系的，判定为与我国军旗相同或者近似。

商标的文字、图形或者其组合与我国勋章的名称、图案相同或者近似，足以使公众将其与特定勋章相联系的，判定为与我国勋章相同或者近似。但不引起误认的除外。如：将军旗。

4. 同中央国家机关所在地特定地点的名称或者标志性建筑物的名称、图形相同的。如：中南海，紫光阁，怀仁堂，新华门等。

（二）同外国的国家名称、国旗、国徽、军旗相同或者近似的

1. 商标与外国国家名称相同或者近似的

商标的文字构成与外国国家名称相同的，判定为与外国国家名称相同。商

标的文字与外国国家名称近似或者含有与外国国家名称相同或者近似的文字的，判定为与外国国家名称近似。如：大韩，CANADA LIGHT。

例外：经该国政府同意的（申请人就该商标在该外国已经获得注册的，视为该外国政府同意）。

具有明确的其他含义且不会造成公众误认的。如：FRANK，TURKEY（土耳其、火鸡）。

商标同外国国名的旧称相同或者近似的。如"花旗"服装。但可能引起误认的除外。如："花旗"人参，暹罗大米。

商标的文字由容易使公众认为是两个或者两个以上中文国名简称组合而成，不会使公众发生商品产地误认的。如："中泰"铁锤，"中法"照明器。但容易使公众对商品产地发生误认的，判定为具有不良影响，适用《商标法》第十条第一款第（八）项驳回。如："中法"葡萄酒。

商标含有与外国国家名称相同或近似的文字，但其整体是企业名称且与申请人名义一致的。如：德意志银行，新加坡航空等。

商标所含国名与其他具备显著特征的标志相互独立，国名仅起真实表示申请人所属国作用的。

2. 商标与外国国旗、国徽、军旗的名称或者图案相同或者近似的

商标的文字、图形或者其组合与外国国旗、国徽、军旗的名称或者图案相同或者近似，足以使公众将其与外国国旗、国徽相联系的，判定为与外国国旗、国徽相同或者近似。如：UNION JACK（英国国旗）。但经该国政府同意的除外。

（三）同政府间国际组织的名称、旗帜、徽记相同或者近似的

商标的文字构成、图形外观或者其组合足以使公众将其与政府间国际组织的名称、旗帜、徽记相联系的，判定为与政府间国际组织的名称、旗帜、徽记相同或者近似。

如：

例外：（1）经该政府间国际组织同意的；（2）具有明确的其他含义或者特定的表现形式，从而不易误导公众的除外。如：。

（四）与表明实施控制、予以保证的官方标志、检验印记相同或者近似的

商标的文字、图形或者其组合足以使公众将其与表明实施控制、予以保证的官方标志、检验印记相联系的，判定为与该官方标志、检验印记相同或者近似。

如：（中国强制性产品认证标志）**CCC中标**，ISOTECH。

例外：（1）经该官方机构授权的；（2）具有明确的其他含义或者特定的表现形式，从而不会误导公众的。如：。

（五）同"红十字""红新月"的名称、标志相同或者近似的

1. 商标的文字构成、图形外观或者其组合与"红十字""红新月"的名称、图案在视觉上基本无差别的，判定为与该名称、标志相同。如：
Red Cross, red ☾ crescent。

2. 商标的文字构成、图形外观足以使公众将其误认为"红十字""红新月"的名称、图案的，判定为同"红十字""红新月"的名称、标志近似。

如：CHIN SHIH TZU 医用药物。

但具有明确的其他含义或者特定的表现形式，从而不会误导公众的除外。

如：GREEN CROSS，Xinyue 新月。

（六）带有民族歧视性的

民族歧视性，是指商标的文字、图形或者其他构成要素带有对特定民族进行丑化、贬低或者其他不平等看待该民族的内容。民族歧视性的判定应综合考虑商标的构成及其指定使用的商品、服务。

1. 商标的文字构成与民族名称相同或者近似，并丑化或者贬低特定民族

印第安人

的，判定为带有民族歧视性。如：INDIAN 卫生洁具。

2. 商标带有种族歧视性的，判定为具有不良影响，适用《商标法》第十条第一款第（八）项的规定予以驳回。

（七）夸大宣传并带有欺骗性的

是指商标对其指定使用商品或者服务的质量等特点作了超过固有程度的表示，容易使公众对商品或者服务的质量等特点产生错误的认识。

商标的文字或者图形对其指定商品或者服务的质量等特点作了夸大表示，

从而欺骗公众的，判定为夸大宣传并带有欺骗性。如： 矿泉水，

国酒白酒。

（八）有害于社会主义道德风尚的或者有其他不良影响的

社会主义道德风尚，是指我国人们共同生活及其行为的准则、规范，以及在一定时期内社会上流行的良好风气和习惯；其他不良影响，是指商标的文字、图形或者其他构成要素对我国政治、经济、文化、宗教、民族等社会公共利益和公共秩序产生消极的、负面的影响。有害于社会主义道德风尚或者具有其他不良影响的判定应考虑社会背景、政治背景、历史背景、文化传统、民族风俗、宗教政策等因素，并应考虑商标的构成及其指定使用的商品和服务。

1. 有害于社会主义道德风尚的。如：六合彩，干掉它们，街头霸王，王八蛋，二房佳酿。

2. 具有政治上不良影响的。如与国家、地区或者政治性国际组织领导人姓名相同或近似的。如：润芝，普京。

有损国家主权、尊严和形象的。如：（版图不完整），

（殖民者对台湾的称谓）。

由具有政治意义的数字等构成的。如：七七，九一八，九一一。

与恐怖主义组织、邪教组织、黑社会名称或者其领导人物姓名相同或近似

的。如：　。

3. 有害于种族尊严或者感情的。如：黑⬤鬼，**HONKY**（白鬼子）。

4. 有害于宗教信仰、宗教感情或者民间信仰的。

商标有下列情形之一的，判定为有害于宗教信仰、宗教感情或者民间信仰：

宗教或者民间信仰的偶像名称、图形或者其组合；如：观音（佛教），碧霞元君（道教），妈祖（民间信仰）。

宗教活动地点、场所的名称、图形或者其组合，如：**美联 Mecca**（MECCA 的含义为"麦加），玄妙观，雍和宫。

宗教的教派、经书、用语、仪式、习俗，以及宗教人士的称谓、形象。

如：全真 QUAN ZHEN。

商标有下列情形之一的，不判为有害宗教信仰、宗教感情或者民间信仰：

根据国务院 1994 年第 145 号令规定，宗教组织或者团体可以兴办自养企业，在不会损害其他宗教活动场所利益的前提下，宗教组织和经其授权的宗教企业以专属于自己的宗教活动场所的名称作为商标申请注册的；如：少林寺（申请人：中国嵩山少林寺），雍和宫（申请人：北京雍和宫管理处）。

商标的文字或者图形虽然与宗教或者民间信仰有关，但具有其他含义或者其与宗教有关联的含义已经泛化，不会使公众将其与特定宗教或者民间信仰相联系的。如：太极及图（太极图为道教标志，但已泛化）；佛顶山及图（浙江

普陀、贵州施秉县、辽宁桓仁县都存在此名的山）。

5. 与我国各党派、政府机构、社会团体等单位或者组织的名称、标志相同或者近似的。

6. 与我国党政机关的职务或者军队的行政职务和职衔的名称相同的。但具有其他含义不会误导公众的除外，如"将军"。

7. 与各国法定货币的图案、名称或者标记相同或者近似的。

8. 容易误导公众的：容易使公众对商品或者服务的质量等特点产生误认的；公众熟知的书籍的名称，指定使用在书籍商品；公众熟知的游戏名称，指定使用在游戏机或者电子游戏程序的载体等商品及相关服务；公众熟知的电影、电视节目、广播节目、歌曲的名称，指定使用在影视、音像载体的电影片、电视片、唱片、光盘（音像）、磁带等商品及相关服务。

9. 商标由企业名称构成或者包含企业名称，该名称与申请人名义存在实质性差异，容易使公众发生商品或者服务来源误认的。本条中的企业名称包括全称、简称、中文名称、英文名称及名称的汉语拼音等；商标所含企业名称的行政区划或者地域名称、字号、行业或者经营特点、组织形式与申请人名义不符的，判定为与申请人名义存在实质性差异的。

10. 具有其他不良影响的。如：非典，实事求是，申博，申奥等。

（九）含有地名的商标的审查

1. 含有县级以上行政区划地名的商标的审查：商标由县级以上行政区划的地名构成，或者含有县级以上行政区划的地名，判定为与我国县级以上行政区划的地名相同。如：台中精机，深圳久大，新疆红。

例外：地名具有其他含义且该含义强于地名含义的。如：黄山，洪湖，怒江，鼓楼。

商标由地名和其他文字构成而在整体上具有显著特征，不会使公众发生商品产地误认的。如：，榨菜，，白酒。

申请人名称含有地名，申请人以其全称作为商标申请注册的。如：北京饭店。

商标由两个或者两个以上行政区划的地名的简称组成，不会使公众发生商品产地等特点误认的；但容易误导的除外。如：**青藏 QTIT**（观光旅游）。

商标由省、自治区、直辖市、省会城市、计划单列市、著名的旅游城市以外的地名的拼音形式构成，且不会使公众发生商品产地误认的。地名作为集体商标、证明商标组成部分的。

2. 含有公众知晓外国地名的商标的审查：商标由公众知晓的外国地名构成，或者含有公众知晓的外国地名的，判定为与公众知晓的外国地名相同。

但商标由公众知晓的外国地名和其他文字构成，整体具有其他含义且使用在其指定商品上不会使公众发生商品产地误认的除外。

3. 商标文字构成与我国县级以上行政区划的地名或者公众知晓的外国地名不同，但字形、读音近似足以使公众误认为该地名，从而发生商品产地误认的，判定为具有不良影响，适用《商标法》第十条第一款第（八）项的规定予以驳回。如：**宁厦**（酒）、**扎幌**（果酒）。

4. 商标由本条以外的公众熟知的我国地名构成或者含有此类地名，使用在其指定的商品上，容易使公众发生商品产地误认的，判定为具有不良影响，适用《商标法》第十条第一款第（八）项的规定予以驳回。如："嫩江"大米、玉米。

5. 商标所含地名与其他具备显著特征的标志相互独立，地名仅起真实表示申请人所在地作用的，不适用《商标法》第十条第二款规定。

二、商标的种类和显著特征是否符合《商标法》规定

商标的种类和显著特征不符合《商标法》规定的主要有以下几种情形：

（一）仅有本商品的通用名称、图形、型号的

1. 仅有指定使用商品的通用名称的。
2. 仅有指定使用商品的通用图形的。
3. 仅有指定使用商品的通用型号的。如：502，XXL。

（二）仅仅直接表示商品的质量、主要原料、功能、用途、重量、数量及其他特点

是指商标仅由对指定使用商品的质量、主要原料、功能、用途、重量、数量及其他特点具有直接说明性和描述性的标志构成。

1. 仅仅直接表示指定使用商品的质量。如："纯净"食用油，"好香"米。

2. 仅仅直接表示指定使用商品的主要原料。如："柴鸡"调味品，"彩棉"服装。

3. 仅仅直接表示指定使用商品的功能、用途。如："SAFETY"漏电保护器。

4. 仅仅直接表示指定使用商品的重量、数量。

5. 仅仅直接表示指定使用商品的其他特点：

（1）仅仅直接表示指定使用商品的特定消费对象的。如"女过四十"非医用营养液。

（2）仅仅直接表示指定使用商品的价格的。如：五元店，百元店。

（3）仅仅直接表示指定使用商品的内容的。如："法律之星"软件。

（4）仅仅直接表示指定使用商品风格或者风味的。如："中式"家具。

（5）仅仅直接表示指定使用商品的使用方式、方法的。

（6）仅仅直接表示指定使用商品的生产工艺的。

（7）仅仅直接表示指定使用商品生产地点、时间、年份的。

（8）仅仅直接表示指定使用商品的形态的。

（9）仅仅直接表示指定使用商品的有效期限、保质期或者服务时间的。

（10）仅仅直接表示商品的销售场所或者地域范围的。

（11）仅仅直接表示商品的技术特点的。

6. 商标表示了其指定使用商品质量、主要原料、功能、用途、重量、数量及其他特点。如果指定使用商品具备该特点的，适用《商标法》第十一条第一款第（二）项的规定；如果指定使用商品不具备该特点，从而可能误导公众的，适用《商标法》第十条第一款第（八）项的规定。对此种情形，应同时适用上述两条款予以驳回。

（三）其他缺乏显著特征的

（1）过于简单的线条、普通几何图形。

（2）过于复杂的文字、图形、数字、字母或上述要素的组合；如：

 茶， 糖果。

（3）一个或者两个普通表现形式的字母，但非普通字体或者与其他要素

组合而整体具有显著特征的除外。如：<!-- R o 首饰 --> 首饰， 缝纫机油。

（4）普通形式的阿拉伯数字指定使用于习惯以数字作型号或货号的商品上。如："0051"口红，"301"消毒剂。但非普通表现形式或者与其他要素组合而整体具有显著特征，或者指定使用于不以数字作型号或者货号的商品上的

除外。如：<!-- net 工业用脂 --> 工业用脂。

（5）指定使用商品的常用包装、容器或者装饰性图案。

（6）单一颜色。

（7）非独创的表示商品或者服务特点的短语或者句子。如："一旦拥有，别无所求"箱包；"让养殖业充满生机"饲料。但独创且非流行或者与

其他要素组合而整体具有显著特征的除外。如：<!-- 抓住它，别让它轻飞走 --> 片剂，

<!-- 木匠是朋友 woodman is friend -->工业用黏合剂，<!-- 世纪行 -->保险。

（8）本行业或者相关行业常用的贸易场所名称。如：MALL。

（9）本行业或者相关行业通用的商贸用语或者标志。如：网购。但与其他要素组合而整体具有显著特征的除外。如：卓越网购，薇薇美容。

（10）企业的组织形式、本行业名称或者简称。

（四）商标含有不具备显著特征的标志的审查

（1）商标由不具备显著特征的标志和其他要素构成，其中不具备显著特征的标志应当与其指定使用商品的特点相一致，或者依据商业惯例和消费习惯，不会造成相关公众误认。如：利郎商务男装服装、鞋。

商标含有不具备显著特征部分的标志，申请人可以在《商品和服务分类表》的基础上对指定使用商品进行限定，从而使商标中非显著特征的标志所

描述的内容与指定使用商品的特点相一致。如： 果汁饮料（橙汁饮料）。

（2）商标由不具备显著特征的标志和其他要素构成，使用在其指定的商品上容易使相关公众对商品的特点产生误认的，即使申请人声明放弃专用权的，仍应适用《商标法》第十条第一款第（八）项的规定予以驳回：

①容易使相关公众对商品种类发生误认的。如："憨豆咖啡"茶、糖。

②容易使相关公众发生商品型号误认的。如：红太阳 502 黏合剂。

③容易使相关公众对商品的质量发生误认的。如：周大麟 24K 仿金制品、项链、戒指。

④容易使相关公众对商品的原料发生误认的。如：益母草 "益母草"卫生纸。

⑤容易使相关公众对商品功能、用途发生误认的。

⑥容易使相关公众对商品的重量、数量发生误认的。

⑦容易使相关公众对商品风味发生误认的。

⑧容易使相关公众对商品价格发生误认的。

⑨容易使相关公众对商品生产时间发生误认的。

⑩容易使相关公众对商品的技术特点发生误认的。如：

服装。

（3）商标由不具备显著特征的标志和其他要素构成，但相关公众难以通过该其他要素或者商标整体识别商品来源的，判定为缺乏显著特征，适用《商标法》第十一条第一款第（三）项的规定予以驳回。

（五）经过使用取得显著特征的商标的审查

对经过使用取得显著特征的商标的审查，应考虑相关公众对该商标的认知情况、申请人实际使用该商标的情况，以及该商标经使用取得显著特征的其他因素。

三、商标相同、近似的审查

商标相同是指两商标在视觉上基本无差别，使用在同一种或者类似商品或者服务上，易使相关公众对商品或者服务的来源产生误认。

商标近似是指商标文字的字形、读音、含义近似，商标图形的构图、着色、外观近似，或者文字和图形组合的整体排列组合方式和外观近似，立体商标的三维标志的形状和外观近似，颜色商标的颜色或者颜色组合近似，使用在同一种或者类似商品或者服务上，易使相关公众对商品或者服务的来源产生误认。

同一种商品或者服务包括名称相同和名称不同，但指同一事物或者内容的商品或者服务。

类似商品是指在功能、用途、生产部门、销售渠道、消费对象等方面相同或基本相同的商品。

类似服务，是指在服务的目的、内容、方式、对象等方面相同或基本相同的服务。

同一种或者类似商品或者服务的认定，以《商标注册用商品和服务国际分类表》《类似商品和服务区分表》作为参考。

商标相同和近似的判定，首先应认定指定使用的商品或者服务是否属于同一种或者类似商品或者服务；其次应从商标本身的形、音、义和整体表现形式等方面，以相关公众的一般注意力为标准，并采取整体观察和比对主要部分的方法，判断商标标志本身是否相同或者近似。

（一） 商标相同的审查

1. 文字商标相同

文字商标相同是指商标使用的语种相同，且文字构成、排列顺序完全相同，易使相关公众对商品或者服务的来源产生误认。因字体、字母大小写或者文字排列方式有横排与竖排之分使两商标存在细微差别的，仍判定为相同商标。

2. 图形商标相同

图形商标相同是指商标图形在视觉上基本无差别，易使相关公众对商品或者服务的来源产生误认。

3. 组合商标相同

组合商标相同是指商标的文字构成、图形外观及其排列组合方式相同，使商标在呼叫和整体视觉上基本无差别，易使相关公众对商品或者服务的来源产生误认。

（二） 商标近似的审查

1. 文字商标的审查

中文商标的汉字构成相同，仅字体或设计、注音、排列顺序不同，易使相关公众对商品或者服务的来源产生误认的，判定为近似商标。

商标由相同外文、字母或数字构成，仅字体或设计不同，易使相关公众对商品或者服务的来源产生误认的，判定为近似商标。

例外 1：商标由一个或两个非普通字体的外文字母构成，无含义且字形明显不同，使商标整体区别明显，不易使相关公众对商品或者服务的来源产生误

认的。如：  。

例外 2：商标由三个或者三个以上外文字母构成，顺序不同，读音或者字形明显不同，无含义或者含义不同，使商标整体区别明显，不易使相关公众对

商品或者服务的来源产生误认的。如： **ACB**， **CAB** （出租马车）。

商标由两个外文单词构成，仅单词顺序不同，含义无明显区别，易使相关

公众对商品或者服务的来源产生误认的，判定为近似商标。如：**Wintech**，**Techwin**。

中文商标由三个或者三个以上汉字构成，仅个别汉字不同，整体无含义或者含义无明显区别，易使相关公众对商品或者服务的来源产生误认的，判定为近似商标。如："帕尔斯"与"帕洛尔斯"。但首字读音或者字形明显不同，或者整体含义不同，使商标整体区别明显，不易使相关公众对商品或者服务的来源产生误认的除外。

外文商标由四个或者四个以上字母构成，仅个别字母不同，整体无含义或者含义无明显区别，易使相关公众对商品或者服务的来源产生误认的，判定为近似商标；但首字母发音及字形明显不同，或者整体含义不同，使商标整体区别明显，不易使相关公众对商品或者服务的来源产生误认的除外。

商标文字字形近似，易使相关公众对商品或者服务的来源产生误认的，判定为近似商标。

商标文字读音相同或者近似，且字形或者整体外观近似，易使相关公众对商品或者服务的来源产生误认的，判定为近似商标；但含义、字形或者整体外观区别明显，不易使相关公众对商品或者服务的来源产生误认的除外。

商标文字含义相同或近似，易使相关公众对商品或者服务的来源产生误认的，判定为近似商标。

商标文字由字、词重叠而成，易使相关公众对商品或者服务的来源产生误认的，判定为近似商标。

外文商标仅在形式上发生单复数、动名词、缩写、添加冠词、比较级或最高级、词性等变化，但表述的含义基本相同，易使相关公众对商品或者服务的来源产生误认的，判定为近似商标。

商标是在他人在先商标中加上本商品的通用名称、型号，易使相关公众对商品或者服务的来源产生误认的，判定为近似商标。

商个标是在他人在先商标中加上某些表示商品生产、销售或使用场所的文字，易使相关公众对商品或者服务的来源产生误认的，判定为近似商标。

商标是在他人在先商标中加上直接表示商品的质量、主要原料、功能、用途、重量、数量及其他特点的文字，易使相关公众对商品或者服务的来源产生误认的，判定为近似商标。

商标是在他人在先商标中加上起修饰作用的形容词或者副词，以及其他在商标中显著性较弱的文字，所表述的含义基本相同，易使相关公众对商品或者服务的来源产生误认的，判定为近似商标；但含义或者整体区别明显，不易使相关公众对商品或者服务的来源产生误认的除外。

两个商标或其中之一由两个或者两个以上相对独立的部分构成，其中显著部分近似，易使相关公众对商品或者服务的来源产生误认的，判定为近似商标；但整体含义区别明显，不易使相关公众对商品或者服务的来源产生误认的除外。

商标完整地包含他人在先具有一定知名度或者显著性较强的文字商标，易使相关公众认为属于系列商标而对商品或者服务的来源产生误认的，判定为近似商标。

2. 图形商标的审查

商标图形的构图和整体外观近似，易使相关公众对商品或者服务的来源产生误认的，判定为近似商标。

商标完整地包含他人在先具有一定知名度或者显著性较强的图形商标，易使相关公众认为属于系列商标而对商品或者服务的来源产生误认的，判定为近似商标。

3. 组合商标的审查

商标汉字部分相同或近似，易使相关公众对商品或者服务的来源产生误认的，判定为近似商标。

商标外文、字母、数字部分相同或近似，易使相关公众对商品或者服务的来源产生误认的，判定为近似商标；但整体呼叫、含义或者外观区别明显，不易使相关公众对商品或者服务的来源产生误认的除外。

商标中不同语种文字的主要含义相同或基本相同，易使相关公众对商品或者服务的来源产生误认的，判定为近似商标；但整体构成、呼叫或者外观区别明显，不易使相关公众对商品或者服务的来源产生误认的除外。

商标图形部分近似，易使相关公众对商品或者服务的来源产生误认的，判定为近似商标；但因图形为本商品常用图案，或者主要起装饰、背景作用而在商标中显著性较弱，商标整体含义、呼叫或者外观区别明显，不易使相关公众对商品或者服务的来源产生误认的除外。

商标文字、图形不同，但排列组合方式或者整体描述的事物基本相同，使商标整体外观或者含义近似，易使相关公众对商品或者服务的来源产生误认的，判定为近似商标。

四、立体商标的审查

申请注册立体商标的，申请人应当在申请书中予以声明。未声明的，视为平面商标。申请注册立体商标的，申请人应当提交能够确定三维形状的商标图样。需要提交多视图的，应当放在同一张商标图样中，且最多不得超过 6 幅。商标图样的长或者宽不得大于 10 厘米，不小于 5 厘米。

（一）仅有由商品自身的性质产生的形状

仅有由商品自身的性质产生的形状，是指为实现商品固有的功能和用途所必须采用的或者通常采用的形状。

（二）仅有为获得技术效果而需有的商品形状

仅有为获得技术效果而需有的商品形状，是指为使商品具备特定的功能，或者使商品固有的功能更容易地实现所必须使用的形状。

（三）仅有使商品具有实质性价值的形状

仅有使商品具有实质性价值的形状，是指为使商品的外观和造型影响商品价值所使用的形状。

（四）立体商标的显著特征的审查

立体商标仅有指定使用商品通用或者常用的形状、包装物或者整体不能起到区分商品来源作用，以及申请人提交的商标图样难以确定其三维形状的，判定为缺乏显著特征。

（五）立体商标相同、近似的审查

1. 立体商标之间相同、近似的审查

两个商标均由单一的三维标志构成，两商标的三维标志的结构、形状和整体视觉效果相同或近似，易使相关公众对商品或者服务的来源产生误认的，判定为相同或者近似商标。

两个商标均由具有显著特征的三维标志和其他具有显著特征的标志组合而

成，两个商标的三维标志或者其他标志相同或近似，易使相关公众对商品或者服务的来源产生误认的，判定为相同或者近似商标。

两个商标均由具有显著特征的其他标志和不具有显著特征的三维标志组合而成，两个商标的其他标志相同或近似，易使相关公众对商品或者服务的来源产生误认的，判定为相同或者近似商标；但其他标志区别明显，不会使相关公众对商品或者服务的来源产生误认的除外。

2. 立体商标与平面商标相同、近似的审查

立体商标由具有显著特征的其他标志与不具有显著特征的三维标志组合而成，该其他标志与平面商标具有显著特征的部分相同或者近似，易使相关公众对商品或者服务的来源产生误认的，判为相同或者近似商标。

立体商标中的三维标志具有显著特征，但在视觉效果上与平面商标具有显著特征的部分相同或近似，易使相关公众对商品或者服务的来源产生误认的，判为相同或者近似商标。

五、颜色组合商标的审查

申请注册颜色组合商标的，申请人应当在申请书中予以声明。未声明的，即使申请人提交的是彩色图样，不以颜色组合商标进行审查。申请人应当提交清晰的彩色图样，并标明色谱编号。

(一) 颜色组合商标显著特征的审查

颜色组合商标仅有指定使用商品的天然颜色、商品本身或者包装物及服务场所通用或者常用的颜色，以及申请人仅对颜色组合做文字说明而未提交彩色图样的，判定为缺乏显著特征。

(二) 颜色组合商标相同、近似的审查

1. 颜色组合商标之间相同、近似的审查

两个商标均为颜色组合商标，当其组合的颜色和排列的方式相同或近似，易使相关公众对商品或者服务的来源产生误认的，判定为相同或者近似商标；但商标所使用的颜色不同，或者虽然使用的颜色相同或者近似但排列组合方式不同，不会使相关公众对商品或者服务的来源产生误认的除外。

2. 颜色组合商标与平面商标、立体商标相同、近似的审查

颜色组合商标与平面商标的图形或立体商标指定颜色相同或近似，易使相关公众对商品或者服务的来源产生误认的，判定为相同或者近似商标；虽然使用的颜色相同或近似，但由于整体效果差别较大，不会使相关公众对商品或者服务的来源产生误认的除外。

六、声音商标的审查

依据《商标法实施条例》第十三条的相关规定："以声音标志申请商标注册的，应当在申请书中予以声明，提交符合要求的声音样本，对申请注册的声音商标进行描述，说明商标的使用方式。对声音商标进行描述，应当以五线谱或者简谱对申请用作商标的声音加以描述并附加文字说明；无法以五线谱或者简谱描述的，应当以文字加以描述；商标描述与声音样本应当一致。"

申请人应当提交符合要求的声音样本，声音样本应当存放在一个音频文件中。通过纸质方式提交的，音频文件应当存放在只读光盘中。通过数据电文方式提交的，应按照要求正确上传声音样本。声音样本应当能使人清晰识别出声音。

声音商标实质审查采用与可视性商标一致的审查标准。

(一) 禁用条款审查

禁止作为商标使用的声音。例如：

与我国或外国国歌、军歌或国际歌等旋律相同或近似的声音；

宗教音乐或恐怖暴力等具有不良影响的声音。

(二) 显著性审查

1. 仅直接表示指定商品或服务内容、消费对象及其他特点的声音缺乏显著特征

例如：

钢琴弹奏声使用在"乐器"上；

倾倒啤酒声使用在"啤酒"上；

古典音乐作品旋律使用在"安排和组织音乐会"上。

2. 其他缺乏显著特征的声音

例如：

简单、普通的音调或旋律；

一首完整或冗长的歌曲或乐曲；

以平常语调直接唱呼普通标语或口号；

行业内通用的音乐或声音。

通常情况下，声音商标需要经过长期使用，才能取得显著特征。商标局可以发出审查意见书，要求申请人提交使用证据，并就商标通过使用取得显著特征进行说明。

（三）相同、近似审查

原则上，声音商标以听取声音样本为主进行相同、近似审查。

如果两个声音商标或声音商标与可视性商标，易使相关公众对商品或服务来源产生混淆误认，或者认为二者之间存在特定联系的，判定为相同或近似商标。

第四节　商标驳回复审

商标局对不符合规定或者在部分指定商品上使用商标的注册申请不符合规定的，予以驳回或者驳回在部分指定商品上使用商标的注册申请，书面通知申请人并说明理由。商标局对一件商标注册申请在部分指定商品上予以驳回的，申请人可以将该申请中初步审定的部分申请分割成另一件申请，分割后的申请保留原申请的申请日期。需要分割的，申请人应当自收到商标局的商标注册申请部分驳回通知书之日起 15 日内，向商标局提出分割申请。商标局收到分割申请后，应当将原申请分割为两件，对分割出来的初步审定申请生成新的申请号，并予以公告。

《商标法》第三十四条规定："对驳回申请、不予公告的商标，商标局应当书面通知商标注册申请人。商标注册申请人不服的，可以自收到通知之日起十五日内向商标评审委员会申请复审。商标评审委员会应当自收到申请之日起九个月内做出决定，并书面通知申请人。有特殊情况需要延长的，经国务院工商行政管理部门批准，可以延长三个月。当事人对商标评审委员会的决定不服的，可以自收到通知之日起三十日内向人民法院起诉。"

一、驳回理由

绝对理由：违反《商标法》第十条、第十一条、第十二条等禁用条款规定的商标。

相对理由：主要指存在在先权利的情况。

二、复审理由

复审理由针对驳回理由提出。复审理由主要有：申请复审的商标没有违反《商标法》第十条、第十一条、第十二条的规定；申请复审的商标与他人在先注册或者在先申请的商标不相同且不相近似；申请复审的商标与他人在先注册或者在先申请的商标使用商品/服务不类似；两个或者两个以上的申请人，在同一种商品或者类似商品上申请注册相同或者近似商标，申请复审商标在先使用。

违反《商标法》第十条、第十二条的规定及商标相同或近似的审查标准，前面已有阐述，这里仅介绍类似商品/服务和经使用取得显著特征的标志的审理标准。

三、类似商品/服务的审理标准

商标评审委员会以《类似商品和服务区分表》的规定为原则，对商品或服务是否构成类似的问题进行个案判定。

（一）类似商品的判定

类似商品，是指商品在功能、用途、主要原料、生产部门、销售渠道、销售场所、消费对象等方面相同或者相近。

类似商品的判定应当综合考虑下列各项因素：

1. 商品的功能、用途

如果两种商品的功能、用途相同或者相近，能够满足消费者相同需求的，则被判定为类似商品的可能性较大。

如果两种商品在功能、用途上具有互补性或者需要一并使用才能满足消费者的需求的，则被判定为类似商品的可能性较大。

2. 商品的原材料、成分

商品的原材料或者成分，是决定商品功能、用途的重要因素。一般情况下，两种商品的原材料或者成分相同或者相近，被判定为类似商品的可能性较大。

但随着商品的更新换代，商品的原材料或者成分即使不同，但其原材料或者成分具有可替代性，且不影响商品的功能、用途的，仍存在被判定为类似商品的可能性。

3. 商品的销售渠道、销售场所

如果两种商品的销售渠道、销售场所相同或者相近，消费者同时接触的机会较大，容易使消费者将两者联系起来，则被判定为类似商品的可能性较大。

4. 商品与零部件

许多商品是由各个零部件组成的，但不能当然认为该商品与各零部件或者各零部件之间都属于类似商品，仍应当根据消费者对两者之间联系的密切程度的通常认知进行判断。

如果特定零部件的用途是为了配合特定商品的使用功能，而该商品欠缺该特定零部件，就无法实现其功能或者严重减损其经济上的使用目的，则被判定为类似商品的可能性较大。

5. 商品的生产者、消费者

两种商品由相同行业或者领域的生产者生产、制造、加工的可能性越大，则被判定为类似商品的可能性越大。

如果两种商品以从事同一行业的人为消费群体，或者其消费群体具有共同的特点，被判定为类似商品的可能性较大。

6. 消费习惯

类似商品的判定，还应当考虑消费者在特定的社会文化背景下所形成的消费习惯。如果消费者在习惯上可将两种商品相互替代，则该两种商品被判定为类似商品的可能性较大。

7. 其他影响类似商品判定的相关因素

就具体个案而言，在前述列明的因素之外，其他一些因素如商品的特定包装装潢、消费者对商品来源的认知等也可能影响对类似商品的判定。

（二）类似服务的判定

类似服务，是指服务在目的、内容、方式、对象等方面相同或者相近。类似服务的判定应当综合考虑下列各项因素：

1. 服务的目的

两种服务具有相同或者相近的目的，有可能相互替代，可满足一般服务接受者的相同或者相近的需求的，被判定为类似服务的可能性较大。

2. 服务的内容

提供服务的内容越相近，被判定为类似服务的可能性越大。

3. 服务方式与服务场所

如果服务方式或者服务场所相同，一般服务接受者同时接触的机会较大，则被判定为类似服务的可能性较大。

4. 服务的对象范围

如果服务的接受者来自相同或者相近的消费群体，则被判定为类似服务的可能性较大。

5. 服务的提供者

如果服务的提供者来自相同的行业或者领域，则被判定为类似服务的可能性较大。

6. 其他影响类似服务判定的相关因素

随着社会的发展，一些因素会逐步对类似服务的判定产生影响。比如，就会计和法律服务而言，我国之前通常不会被判定为类似服务。但随着这些服务的提供者，特别是海外提供者，逐步同时提供这两种服务，其被判定为类似服务的可能性就越来越大。

（三）商品与服务是否类似的判定

商品与服务类似，是指商品和服务之间存在特定联系，容易使相关公众混淆。判定商品与服务是否类似，应当综合考虑下列各项因素：商品与服务之间联系的密切程度，在用途、用户、通常效用、销售渠道、销售习惯等方面的一致性。

四、经使用取得显著特征的标志的审理标准

（一）审查经过使用取得显著特征的标志应当考虑的因素

审查经过使用取得显著特征的标志，应当综合考虑下列因素：

第一，相关公众对该标志的认知情况。

第二，该标志在指定商品/服务上实际使用的时间、使用方式及同行业使用情况。

第三，使用该标志的商品/服务的生产、销售、广告宣传情况，以及使用该标志的商品/服务本身的特点。

第四，使该标志取得显著特征的其他因素。

（二）审查经过使用取得显著特征的标志应当注意的事项

第一，如当事人主张该标志经使用取得显著特征，应当提交相应的证据材料加以证明。判断该标志是否为经使用取得显著特征的标志，应以中国相关公众将其认知为表示指定使用商品/服务的标志，并籍此与他人商品/服务相区别为准。

第二，本标准所称的使用是指在我国境内的使用。用以证明该标志使用情况的证据材料，应当能够显示所使用的商标标志、商品/服务、使用日期及该标志的使用人。

第三，申请注册经使用取得显著特征的标志，应当与实际使用的标志基本一致，不得改变该标志的显著特征。

第四，判定某个标志是否属于经使用取得显著性的标志，应当以审理时的事实状态为准。

第四章 商标异议和商标异议复审的代理

对初步审定的商标，自公告之日起三个月内，根据异议理由的不同，在先权利人、利害关系人或任何人可以提出异议。公告期满无异议的，予以核准注册，发给商标注册证，并予公告。

对初步审定公告的商标提出异议的，商标局应当听取异议人和被异议人陈述事实和理由，经调查核实后，自公告期满之日起十二个月内做出是否准予注册的决定，并书面通知异议人和被异议人。有特殊情况需要延长的，经国务院工商行政管理部门批准，可以延长六个月。

商标局做出准予注册决定的，发给商标注册证，并予公告。异议人不服的，可向商标评审委员会请求宣告该注册商标无效。

商标局做出不予注册决定，被异议人不服的，可以自收到通知之日起十五日内向商标评审委员会申请复审。商标评审委员会应当自收到申请之日起十二个月内做出复审决定，并书面通知异议人和被异议人。有特殊情况需要延长的，经国务院工商行政管理部门批准，可以延长六个月。被异议人对商标评审委员会的决定不服的，可以自收到通知之日起三十日内向人民法院起诉。人民法院应当通知异议人作为第三人参加诉讼。

第一节 商标异议概述

《商标法》第三十三条规定："对初步审定公告的商标，自公告之日起三个月内，在先权利人、利害关系人认为违反本法第十三条第二款和第三款、第十五条、第十六条第一款、第三十条、第三十一条、第三十二条规定的，或者任何人认为违反本法第十条、第十一条、第十二条规定的，可以向商标局提出异议。"

《商标法实施条例》第二十四条规定："对商标局初步审定予以公告的商

标提出异议的，异议人应当向商标局提交下列商标异议材料一式两份并标明正、副本：

"（一）商标异议申请书；

（二）异议人的身份证明；

（三）以违反商标法第十三条第二款和第三款、第十五条、第十六条第一款、第三十条、第三十一条、第三十二条规定为由提出异议的，异议人作为在先权利人或者利害关系人的证明。"

"商标异议申请书应当有明确的请求和事实依据，并附送有关证据材料。"

由此可见，商标异议是指在先权利人、利害关系人或任何人对某一经过初步审定并公告的商标，在法定期限内，向商标局提出该商标不予注册的反对意见，即要求商标局在规定的三个月异议期满后不应核准该商标注册。

一、异议人

异议人，是指对公告的初步审定商标提出反对意见，请求商标局裁定不予注册初步审定商标的自然人、法人或其他组织。

异议人通常是与被异议人发生权利冲突的人，可能是对初步审定公告的商标有在先权利或利害关系的人，也可能是没有利害关系的其他人。如果两人或两人以上对初步审定公告商标提出异议的，那么，异议人可以是该两人或该两人以上的人。他们可以是异议的共同申请人，也可以分别提出异议申请。所谓对初步审定公告的商标有在先权利或利害关系的人，通常是指与在后商标注册申请人发生权利冲突的人，主要包括在先注册商标专用权人、在先初步审定商标的持有人、在先使用商标的持有人、驰名商标的所有人或持有人、工业品外观设计专利权人、实用新型专利权人、著作权人、肖像权人等。所谓与被异议人没有利害关系的其他人，一般是指与在后商标注册申请人没有发生权利冲突的人。这类异议人的异议理由主要集中在被异议商标违反了禁止性规定，比如，异议人认为被异议商标缺乏显著性，或者认为被异议的三维标志是一种能使商品获得某种技术效果的图案，或者认为被异议商标有不良影响，等等。

二、异议的作用

商标法设立异议程序，其目的是将商标注册过程置于社会的监督之下，发现问题，及时纠正，减少审查工作的失误，强化商标意识，给予注册在先的商标权人及其他利害关系人一次保护自身权益的机会，杜绝权利冲突后患的发生，提高商标审查质量。异议程序的具体作用主要有：

（一）有利于解决商标权和其他在先权利冲突，为相关权利人提出自己的不同意见和保护自己的权利提出程序保障

我国《商标法》第三十条规定："申请注册的商标，凡不符合本法有关规定或者同他人在同一种商品或者类似商品上已经注册的或者初步审定的商标相同或者近似的，由商标局驳回申请，不予公告。"当商标局将上述这些本应驳回的商标予以公告时，商标权人及其他人可以通过提出异议程序维护其合法利益，从而有利于保护在先商标使用人和在先申请人的利益。

（二）通过商标异议程序，可以纠正商标局商标审查部门在商标审查工作中的失误和错误，对商标局审查工作进行必要的监督

商标异议程序的目的在于征询社会公众对初步审定商标的意见，公正、公开进行商标授权工作，提高商标注册审查质量，维护商标专用权。通过商标异议程序，可以纠正商标局商标审查部门在商标审查工作中的失误和错误，对商标局审查工作可以起到必要的监督作用。

（三）防止申请人获得不应有的商标权

当初步审定的商标公告后，如果该商标违反了禁用条款或缺乏显著特征时，任何人都可以提出异议，协助商标局把好关，防止申请人获得不应有的商标权。

一方面，通过异议程序，在先权利人及在先商标使用人可以陈述自己反对被异议商标获准注册的事实与理由，阻止存在瑕疵的商标被核准注册，来维护自己的合法权益。另一方面，法律也赋予了被异议人进行答辩的权利，被异议人通过答辩也可以针对异议理由进行反驳并提供相应的证据材料，尽可能让自己申请的商标获准注册。

第二节 商标异议理由

一、商标异议请求

(一) 请求商标局对整个被初步审定并公告的商标不予核准注册

异议人认为异议理由在所有被异议商标指定的商品或服务上成立，则可以请求商标局对整个被初步审定并公告的商标不予核准注册。商标局经裁定认为异议理由在所有被异议商标指定的商品上成立，则被异议商标不予注册。

对于异议决定，如果被异议人不服，可以在规定的期限（自收到不予注册决定书之日起十五日内）向商标评审委员会申请复审。有关商标注册与异议的争议进入复审程序。

(二) 请求商标局对初步审定并公告的商标在部分商品或服务上不予核准注册

异议人认为异议理由在部分被异议商标指定的商品或服务上成立，如仅仅在某一个或者几个商品或服务上与他人的注册商标相同或者近似，则可以请求商标局对初步审定并公告的商标在部分商品或服务上不予核准注册，在其他商品或服务上仍然可以注册。因此，被异议商标与异议人的注册商标仅仅在一个商品或服务上相同，则商标局可以裁定异议理由部分成立，被异议商标在该种商品或服务上不能注册，而在其他商品或服务上可以注册。

二、商标异议请求的理由

《商标法实施条例》第二十四条第二款规定："商标异议申请书应当有明确的请求和事实依据，并附送有关证据材料。"商标所有人或者其他权利人，应当充分利用商标异议程序主张权利，依法维护自己的合法权益。商标异议，除应当在法定期限内主张权利外，关键是提出法定的异议事由。根据《商标法》的规定，商标异议的法定事由有以下几种：

（一）被异议商标违反《商标法》禁用、禁注条款

初步审定公告的商标违反《商标法》第十条、第十一条、第十二条的规定，使用禁用或不具有显著特征的标志的，任何人均可以提出异议。

（二）被异议商标侵犯驰名商标权益

在商标异议中，异议人可以其商标为驰名商标而主张扩大保护。但是对驰名商标给予特殊保护不是无标准和无范围的。客观地讲，在我国对驰名商标的保护一般分两种情况，一种是对中国的企业，其商标要经商标主管机关或法院认定，才能称为驰名商标，没有经过认定的不能称为驰名商标。我国对驰名商标一般予以扩大保护，但也不是所有的商品类别和服务项目都予以保护。另一种是对外国企业知名商标的保护。

（三）代理人或者代表人注册权利人商标

依据《商标法》第十五条的规定："未经授权，代理人或者代表人未经授权以自己的名义将被代理人或者被代表人的商标进行注册，被代理人或被代表人提出异议的，不予注册并禁止使用。"因具有合同、业务往来关系或者其他关系而明知他人商标存在，就同一种商品或者类似商品申请注册的商标与该他人在先使用的未注册商标相同或者近似，该他人提出异议的，不予注册。

（四）违反保护在先权利和不得抢注他人商标的规定

《商标法》第三十二条规定："申请商标注册不得损害他人现有的在先权利，也不得以不正当手段抢先注册他人已经使用并有一定影响的商标。商标异议涉及的在先权利一般有：著作权、外观设计专利权、字号权（商号权）、姓名权、肖像权及在先注册的商标权等。

（五）被异议商标含有容易误导公众的地理标志

地理标志是指标示某商品来源于某地区，该商品的特定质量、信誉或者其他特征，主要由该地区的自然因素或者人文因素所决定的标志。依据《商标法》第十六条的规定，如果商标中含有商品的地理标志，而且该商品并非来源于该标志所标示的地区，误导公众的，不予注册并禁止使用。

（六） 被异议商标与他人商标构成相同或类似商品上的近似商标

《商标法》第三十条规定："申请注册的商标，凡不符合本法有关规定或者同他人在同一种商品或者类似商品上已经注册的或者初步审定的商标相同或者近似的，由商标局驳回申请，不予公告。"

第三节　商标异议复审

《商标法》第三十五条第三款规定："商标局做出不予注册决定，被异议人不服的，可以自收到通知之日起十五日内向商标评审委员会申请复审。商标评审委员会应当自收到申请之日起十二个月内做出复审决定，并书面通知异议人和被异议人。有特殊情况需要延长的，经国务院工商行政管理部门批准，可以延长六个月。被异议人对商标评审委员会的决定不服的，可以自收到通知之日起三十日内向人民法院起诉。人民法院应当通知异议人作为第三人参加诉讼。"

《商标法实施条例》第五十三条规定："商标评审委员会审理不服商标局不予注册决定的复审案件，应当针对商标局的不予注册决定和申请人申请复审的事实、理由、请求及原异议人提出的意见进行审理。

"商标评审委员会审理不服商标局不予注册决定的复审案件，应当通知原异议人参加并提出意见。原异议人的意见对案件审理结果有实质影响的，可以作为评审的依据；原异议人不参加或者不提出意见的，不影响案件的审理。"

（一） 申请与受理

申请商标异议复审必须符合以下条件：

第一，申请人须有合法的主体资格。商标异议复审的申请人，只能是商标异议的被异议人，即原商标注册申请人。

第二，在法定期限内提出。申请人申请异议复审，应在收到商标局不予注册决定通知之日起十五日内提出。

第三，属于商标评审委员会的评审范围。

第四，依法提交符合规定的申请书及有关证据材料。

申请人申请异议复审，应当向商标评审委员会提交申请书，并按照对方当事人的数量提交相应份数的副本，同时附送商标局的决定书副本。如果申请人需要在提出评审申请后补充有关证据材料的，应当在申请书中声明，并自提交申请书之日起3个月内提交，期满未提交的，视为放弃补充有关证据材料。

申请书应当包括：①被异议商标；②类别；③申请号/国际注册号；④商标局发文号；⑤申请人名称、地址、联系人等；⑥原异议人名称、地址；⑦评审请求与法律依据；⑧事实与理由。

第五，有明确的评审请求、事实根据和理由。

第六，依法缴纳评审费用。

商标评审委员会收到申请书后，经审查，符合受理条件的，予以受理；不符合受理条件的，不予受理，书面通知申请人并说明理由；需要补正的，通知申请人自收到通知之日起30日内补正。经补正仍不符合规定的，商标评审委员会不予受理，书面通知申请人并说明理由；期满未补正的，视为撤回申请，商标评审委员会应当书面通知申请人。

（二）答辩与证据提交

送达副本和证据材料给被申请人，限期30日内提交答辩书，期满未提交答辩书的，不影响评审。被申请人需要补充证据的，应当在答辩书中声明，并自提交答辩书之日起3个月内提交；未声明或期满未提交的，视为放弃补充证据。

申请人对被申请人的答辩和证据有相反证据的，应在收到答辩书及证据之日起30日内一次性提交。

（三）审理

商标异议复审实行公开评审的原则。

由商标评审委员会组成合议组进行审理，合议组由商标评审人员3人或以上单数组成。事实清楚、案情简单的案件，可由1人独任评审。评审程序与民事诉讼一审程序相似，有陈述、答辩、质证、辩论、最后陈述等程序。

第四节　几种典型的商标异议案件的审理标准

一、复制、摹仿或者翻译他人驰名商标的审理标准

(一) 驰名商标的认定依据

根据《商标法》第十四条，认定驰名商标应当考虑下列因素：

第一，相关公众对该商标的知晓程度；

第二，该商标使用的持续时间；

第三，该商标的任何宣传工作的持续时间、程度和地理范围；

第四，该商标作为驰名商标受保护的记录；

第五，该商标驰名的其他因素。

(二) 驰名商标的适用要件

1. 适用《商标法》第十三条第二款须符合的要件

(1) 他人商标在系争商标申请日前已经驰名但尚未在中国注册；

(2) 系争商标构成对他人驰名商标的复制、摹仿或者翻译；

(3) 系争商标所使用的商品/服务与他人驰名商标所使用的商品/服务相同或者类似；

(4) 系争商标的注册或者使用，容易导致混淆。

2. 适用《商标法》第十三条第三款须符合的要件

(1) 他人商标在系争商标申请日前已经驰名且已经在中国注册；

(2) 系争商标构成对他人驰名商标的复制、摹仿或者翻译；

(3) 系争商标所使用的商品/服务与他人驰名商标所使用的商品/服务不相同或者不相类似；

(4) 系争商标的注册或者使用，误导公众，致使该驰名商标注册人的利益可能受到损害。

3. 驰名商标的判定

(1) 驰名商标是指在中国为相关公众广为知晓并享有较高声誉的商标。

相关公众包括但不以下列情形为限：①商标所标识的商品的生产者或者服务的提供者；②商标所标识的商品/服务的消费者；③商标所标识的商品/服务在经销渠道中所涉及的经营者和相关人员等。

（2）认定他人商标是否构成驰名商标，应当视个案情况综合考虑下列各项因素，但不以该商标必须满足下列全部因素为前提：①相关公众对该商标的知晓程度；②该商标使用的持续时间；③该商标的任何宣传工作的持续时间、程度和地理范围；④该商标作为驰名商标受保护的记录；⑤该商标的注册情况；⑥该商标驰名的其他因素。

（3）上述认定驰名商标的参考因素可由下列证据材料予以证明：①该商标所使用的商品/服务的合同、发票、提货单、银行进账单、进出口凭据等；②该商标所使用的商品/服务的销售区域范围、销售网点分布及销售渠道、方式的相关资料；③涉及该商标的广播、电影、电视、报纸、期刊、网络、户外等媒体广告、媒体评论及其他宣传活动资料；④该商标所使用的商品/服务参加的展览会、博览会的相关资料；⑤该商标的最早使用时间和持续使用情况的相关资料；⑥该商标在中国、国外及有关地区的注册证明；⑦商标行政主管机关或者司法机关曾认定该商标为驰名商标并给予保护的相关文件，以及该商标被侵权或者假冒的情况；⑧具有合格资质的评估机构出具的该商标无形资产价值评估报告；⑨具有公信力的权威机构、行业协会公布或者出具的涉及该商标所使用的商品/服务的销售额、利税额、产值的统计及其排名、广告额统计等；⑩该商标获奖情况；⑪其他可以证明该商标知名度的资料。

上述证据原则上以系争商标申请日之前的证据为限。

（4）为证明商标驰名所提供的证据材料不以中国为限，但当事人提交的国外证据材料，应当能够据以证明该商标为中国相关公众所知晓。

驰名商标的认定，不以该商标在中国注册、申请注册或者该商标所使用的商品/服务在中国实际生产、销售或者提供为前提，该商标所使用的商品/服务的宣传活动，亦为该商标的使用，与其有关的资料可以作为判断该商标是否驰名的证据。

用以证明商标持续使用的时间和情况的证据材料，应当能够显示所使用的商标标识、商品/服务、使用日期和使用人。

（5）在审理案件时，涉及已被商标行政主管机关或者司法机关认定的驰名商标的，如果对方当事人对商标驰名不持异议的，可以予以认可。如果对方当事人对该商标驰名持有异议的，应当依照《商标法》第十四条的规定对驰名商标材料重新进行审查并做出认定。

4. 复制、摹仿或者翻译他人驰名商标的判定

复制是指系争商标与他人驰名商标相同。

摹仿是指系争商标抄袭他人驰名商标，沿袭他人驰名商标的显著部分或者显著特征。驰名商标的显著部分或者显著特征是指驰名商标赖以起主要识别作用的部分或者特征，包括特定的文字或者其组合方式及字体表现形式、特定图形构成方式及表现形式、特定的颜色组合等。

翻译是指系争商标将他人驰名商标以不同的语言文字予以表达，且该语言文字已与他人驰名商标建立对应关系，并为相关公众广为知晓或者习惯使用。

5. 混淆、误导可能性的判定

混淆、误导是指导致商品/服务来源的误认。混淆、误导包括以下情形：①消费者对商品/服务的来源产生误认，认为标识系争商标的商品/服务系由驰名商标所有人生产或者提供；②使消费者联想到标识系争商标的商品的生产者或者服务的提供者与驰名商标所有人存在某种联系，如投资关系、许可关系或者合作关系。

混淆、误导的判定不以实际发生混淆、误导为要件，只需判定有无混淆、误导的可能性即可。

混淆、误导可能性的判定，应当综合考虑下列各项因素：①系争商标与引证商标的近似程度；②引证商标的独创性；③引证商标的知名度；④系争商标与引证商标各自使用的商品/服务的关联程度；⑤其他可能导致混淆、误导的因素。

6. 驰名商标保护范围的判定

对未在中国注册的驰名商标，依据《商标法》第十三条第二款规定，保护范围及于相同或者类似的商品/服务。

对已经在中国注册的驰名商标，依据《商标法》第十三条第三款规定，保护范围及于不相同或者不相类似的商品/服务。

在不相同或者不相类似的商品/服务上扩大对已注册驰名商标的保护范围，应当以存在混淆、误导的可能性为前提。

7. 利害关系人的判定

依据《商标法》第三十三条、第四十五条的规定，除驰名商标所有人外，

利害关系人也可以提出异议申请或请求商标评审委员会宣告该注册商标无效。下列主体为利害关系人：

（1）驰名商标的被许可使用人；

（2）其他有证据证明与案件有利害关系的主体。

是否为利害关系人应当以提出评审申请时为准。但于案件审理时已具备利害关系的，也应当认定为利害关系人。

8. 恶意注册的判定

复制、摹仿或者翻译他人驰名商标申请注册的，自该商标注册之日起五年内，驰名商标所有人或者利害关系人可请求商标评审委员会宣告该系争商标注册无效，但对属于恶意注册的，驰名商标所有人请求系争商标注册无效不受五年的时间限制。

判定系争商标申请人是否具有恶意可考虑下列因素：

（1）系争商标申请人与驰名商标所有人曾有贸易往来或者合作关系；

（2）系争商标申请人与驰名商标所有人共处相同地域或者双方的商品/服务有相同的销售渠道和地域范围；

（3）系争商标申请人与驰名商标所有人曾发生其他纠纷，可知晓该驰名商标；

（4）系争商标申请人与驰名商标所有人曾有内部人员往来关系；

（5）系争商标申请人注册后具有以牟取不当利益为目的，利用驰名商标的声誉和影响力进行误导宣传，胁迫驰名商标所有人与其进行贸易合作，向驰名商标所有人或者他人索要高额转让费、许可使用费或者侵权赔偿金等行为；

（6）驰名商标具有较强独创性；

（7）其他可以认定为恶意的情形。

二、擅自注册被代理人或者被代表人商标审理标准

（一）适用要件

认定代理人或者代表人未经授权，擅自注册被代理人或者被代表人商标的行为，须符合下列条件：

第一，系争商标注册申请人是商标所有人的代理人或者代表人，但具有

《商标法》第十五条第二款和《商标审理标准》之五第二款所规定情形的，依该规定执行；

第二，系争商标指定使用在与被代理人、被代表人的商标使用的商品/服务相同或者类似的商品/服务上；

第三，系争商标与被代理人、被代表人商标相同或者近似；

第四，代理人或者代表人不能证明其申请注册行为已取得被代理人或者被代表人授权；

在商标无效宣告案件中，被代理人、被代表人或者利害关系人应当自系争商标注册之日起五年内提出无效宣告请求。

（二）代理关系、代表关系的判定

其一，《商标法》第十五条的内容源于《保护工业产权巴黎公约》第六条之七的规定，因此在对代理关系进行界定时，应当结合该条的立法目的，即制止代理人违反诚实信用原则的恶意抢注行为进行解释。该条所述的代理人不仅包括《民法通则》《合同法》中规定的代理人，也包括基于商事业务往来而可以知悉被代理人商标的经销商。

代表人系指具有从属于被代表人的特定身份，执行职务行为而可以知悉被代表人商标的个人，包括法定代表人、董事、监事、经理、合伙事务执行人等人员。

其二，代理关系结束后，代理人将被代理人商标申请注册，致使被代理人或者利害关系人利益可能受到损害的，仍可适用《商标法》第十五条的规定判定不予核准注册或者宣告系争商标无效。

代表关系结束后，对于代表人的恶意抢注行为可参照前款执行。

其三，被代理人可用下列证据材料证明代理关系的存在：①双方当事人签订的合同；②双方当事人之间的交易凭证、采购资料等可以证明合同关系或者商事业务往来存在的证据材料；③其他可以证明具有代理关系的证据材料。

被代表人可用下列证据材料证明代表关系的存在：①企业注册登记资料；②企业的工资表、劳动合同、任职文件、社会保险、医疗保险材料；③其他可以证明一方当事人具有从属于被代表人的特定身份，执行职务行为而可以知悉被代表人商标的证据材料。

（三）被代理人、被代表人的商标

被代理人的商标包括：①在合同或者授权委托文件中载明的被代理人商标；②如当事人无约定，在代理关系已经确定时，被代理人在其被代理经销的商品/服务上，已经在先使用的商标视为被代理人商标；③如当事人无约定，代理人在其所代理经销的商品/服务上所使用的商标，若因代理人自己的广告宣传等使用行为，已足以导致相关公众认为该商标是表示被代理人的商品/服务与他人商品/服务相区别的标志，则在被代理人的商品/服务上视为被代理人的商标。

被代表人的商标包括：①被代表人已经在先使用的商标；②其他依法属于被代表人的商标。

（四）系争商标的注册申请是以代理人或者代表人自己的名义提出的

虽非以代理人或者代表人名义申请注册被代理人或被代表人的商标，但有证据证明，注册申请人与代理人或者代表人具有串通合谋行为的，应当适用《商标法》第十五条的规定判定不予核准注册或者宣告系争商标无效。

（五）被代理人、被代表人商标的保护范围

在代理人、代表人擅自注册被代理人、被代表人商标案件的审理中，对被代理人、被代表人商标的保护范围不限于与该商标所使用的商品/服务相同的商品/服务，也及于类似的商品/服务。

（六）代理人或者代表人不得申请注册的商标标志

在代理人、代表人擅自注册被代理人、被代表人商标案件的审理中，代理人或者代表人不得申请注册的商标标志，不限于与被代理人或者被代表人商标相同的标志，也包括与被代理人或者被代表人商标相近似的标志。

（七）代理人、代表人取得商标注册授权的判定

被代理人、被代表人所做出授权的内容应当包括代理人、代表人可以注册的商品/服务及商标标志，且授权意思表示应当清楚明确。

代理人或者代表人应当提交以下证据材料证明授权事实的存在：①被代理人、被代表人对代理人、代表人所做出的书面授权文件；②其他可以认定被代理人、被代表人对代理人、代表人做出过清楚明确的授权意思表示的证据。

代理人、代表人虽然在申请注册时未取得被代理人、被代表人的明确授权，但被代理人、被代表人对该申请注册行为进行了事后追认的，视为代理人、代表人取得了被代理人、被代表人的授权。

（八）利害关系人的判定

依照《商标法》第四十五条的规定，除被代理人或者被代表人外，利害关系人也可以请求商标评审委员会宣告系争注册商标无效。下列主体为利害关系人：

第一，被代理人或者被代表人商标的合法继受人；

第二，被代理人或者被代表人商标的被许可使用人；

第三，其他有证据证明与案件有利害关系的主体。

是否为利害关系人，应当以提出评审申请时为准。但于案件审理时已具备利害关系的，也应当认定为利害关系人。

三、损害他人在先权利审理标准

在商标异议、异议复审及争议案件审理中，涉及在先权利保护问题的，以本标准为原则进行个案判定。

（一）商号权

1. 认定标准

将与他人在先登记、使用并具有一定知名度的商号相同或者基本相同的文字申请注册为商标，容易导致中国相关公众混淆，致使在先商号权人的利益可能受到损害的，应当认定为对他人在先商号权的侵犯，系争商标应当不予核准注册或者宣告注册无效。

2. 适用要件

（1）商号的登记、使用日应当早于系争商标注册申请日；

（2）该商号在中国相关公众中具有一定的知名度；

（3）系争商标的注册与使用容易导致相关公众产生混淆，致使在先商号权人的利益可能受到损害。

3. 关于在先商号权的界定

以商号权对抗系争商标的，商号的登记、使用日应当早于系争商标的申请注册日。在先享有商号权的事实可以用企业登记资料、使用该商号的商品交易文书、广告宣传材料等加以证明。

4. 关于混淆可能性的判定

混淆的可能性是指，系争商标的注册与使用将会导致相关公众误以为该商标所标识的商品/服务来自于商号权人，或者与商号权人有某种特定联系。认定系争商标容易与在先商号发生混淆，可能损害在先商号权人的利益，应当综合考虑下列各项因素：

（1）在先商号的独创性。如果商号所使用的文字并非常见的词语，而是没有确切含义的臆造词汇，则可以认定其具有独创性。

（2）在先商号的知名度。认定在先商号在相关公众中是否具有知名度，应从商号的登记时间、使用该商号从事经营活动的时间跨度、地域范围、经营业绩、广告宣传情况等方面来考察。

（3）系争商标指定使用的商品/服务与商号权人提供的商品/服务原则上应当相同或者类似。

5. 保护范围

根据在先商号所具有的独创性、知名度，以及双方商品/服务的关联程度，在个案中具体确定该在先商号的保护范围。

（二）著作权

1. 认定标准

未经著作权人的许可，将他人享有著作权的作品申请注册商标，应认定为对他人在先著作权的侵犯，系争商标应当不予核准注册或者宣告注册无效。

2. 适用要件

（1）系争商标与他人在先享有著作权的作品相同或者实质性相似；

（2）系争商标注册申请人接触过或者有可能接触到他人享有著作权的作品；

（3）系争商标注册申请人未经著作权人的许可。

3. 关于在先著作权的界定

在先享有著作权是指，在系争商标申请注册日之前，他人已经通过创作完成作品或者继承、转让等方式取得著作权。

在先享有著作权的事实可以下列证据材料加以证明：著作权登记证书，在先公开发表该作品的证据材料，在先创作完成该作品的证据材料，在先通过继承、转让等方式取得著作权的证据材料等。

对生效裁判文书中确认的当事人在先享有著作权的事实，在没有充分相反证据的情况下，可以予以认可。

4. 作品的认定

"作品"是指受到《著作权法》保护的客体。

如果系争商标注册申请人能够证明系争商标是独立创作完成的，则不构成对他人在先著作权的侵犯。

5. 举证责任

系争商标注册申请人应就其主张的取得著作权人许可的事实承担举证责任。

根据《著作权法》及其实施条例的有关规定，系争商标注册申请人应当就下列情形举证证明：系争商标注册申请人与著作权人签订了著作权许可使用合同或者著作权人做出过直接的、明确的许可其使用作品申请注册商标的意思表示。

（三）外观设计专利权

1. 认定依据

未经授权，在相同或者类似商品上，将他人享有专利权的外观设计申请注册商标的，应当认定为对他人在先外观设计专利权的侵犯，系争商标应当不予核准注册或者宣告注册无效。

2. 适用要件

（1）外观设计专利的授权公告日早于系争商标申请注册日及使用日；

（2）系争商标与外观设计使用于相同或者类似商品；

（3）系争商标与外观设计相同或者近似。

3. 关于他人在先外观设计专利权的界定

外观设计专利的授权公告日应当早于系争商标注册申请日及使用日。

当事人主张在先享有外观设计专利权的，应当提交外观设计专利证书、年费缴纳凭据等证据材料加以证明。

4. 使用系争商标的商品范围

在判断系争商标是否侵犯外观设计专利权时，只限于系争商标与外观设计使用于相同或者类似商品，如果二者使用的商品不相同或者不类似，则不能认定为侵犯外观设计专利权。

5. 关于系争商标与外观设计相同或者近似的判断，既可以就系争商标与外观设计的整体进行比对，也可以就系争商标的主体显著部分与外观设计的要部进行比对

有关系争商标与外观设计相同或者近似的认定，原则上适用商标相同、近似的审查标准。外观设计专利中的文字仅保护其特殊表现形式，含义并不在专利权保护范围内。

6. 举证责任

系争商标注册申请人应当就其主张的取得外观设计专利权人授权的事实承担举证责任。商标注册申请人不能证明其取得了外观设计专利权人授权的，则推定未取得授权。

（四）姓名权

1. 认定依据

未经许可，将他人的姓名申请注册商标，给他人姓名权造成或者可能造成损害的，系争商标应当不予核准注册或者宣告注册无效。

2. 适用要件

（1）系争商标与他人姓名相同；

（2）系争商标的注册给他人姓名权造成或者可能造成损害。

3. 他人的姓名包括本名、笔名、艺名、别名等

"他人"是指在世自然人。

"相同"是指使用了与他人姓名完全相同的文字，或者是他人姓名的翻译，在社会公众的认知中指向该姓名权人。

4. 认定系争商标是否损害他人姓名权，应当考虑该姓名权人在社会公众当中的知晓程度。

如果姓名权人的姓名在社会公众中只有较小范围内的人知晓，系争商标即使与该人姓名相同，社会公众也很难将商标与该姓名权人联系在一起，并因此损害该人姓名权。只有姓名权人在社会公众中拥有较高的知名度，社会公众才可能将商标与该姓名权人联系在一起，也才可能损害该人姓名权。

5. 系争商标注册申请人应当就其主张的取得姓名权人许可的事实承担举证责任

未经许可使用公众人物的姓名申请注册商标的，或者明知为他人的姓名，却基于损害他人利益的目的申请注册商标的，应当认定为对他人姓名权的侵害。

在系争商标申请注册日之前姓名权人撤回许可的，超出姓名权人许可使用的商品/服务之外申请注册商标的，在姓名权人未明确许可的使用商品/服务上申请注册商标的，视为未经许可。

6. 使用姓名申请注册商标，妨害公序良俗或者有其他不良影响的，依据《商标法》第十条第一款第（八）项的规定进行审查。

申请注册的商标所使用的姓名即使未损害他人姓名权，但是妨害公序良俗或者有不良影响的，依据《商标法》第十条第一款第（八）项的规定不予注册。例如，所使用的姓名与国家、地区或者政治性国际组织领导人姓名相同或近似的；或者是与恐怖主义组织、邪教组织、黑社会名称或者其领导人物姓名相同或近似的。

（五）肖像权

1. 认定依据

未经许可，将他人的肖像申请注册商标，给他人肖像权造成或者可能造成损害的，系争商标应当不予核准注册或者宣告注册无效

2. 适用要件

（1）系争商标与他人肖像相同或者近似；

（2）系争商标的注册给他人肖像权造成或者可能造成损害。

3. 他人的肖像包括肖像照片、肖像画等

"他人"是指在世自然人。

"相同"是指系争商标与他人肖像完全相同。

"近似"是指虽然系争商标与他人肖像在构图上有所不同，但反映了他人的主要形象特征，在社会公众的认知中指向该肖像权人。

4. 系争商标注册申请人应当就其主张的取得肖像权人许可的事实承担举证责任

未经许可使用公众人物的肖像申请注册商标的，或者明知为他人的肖像而申请注册商标的，应当认定为对他人肖像权的侵害。

在系争商标申请注册日之前肖像权人撤回许可的，超出肖像权人许可使用的商品/服务之外申请注册商标的，在肖像权人未明确许可的使用商品/服务上申请注册商标的，视为未经许可。

5. 使用他人的肖像申请注册商标，妨害公序良俗或者有其他不良影响的，依据《商标法》第十条第一款第（八）项的规定进行审查

在先权利人或利害关系人请求商标评审委员会宣告系争商标注册无效的，应当自系争商标注册之日起五年内提出。下列主体为利害关系人：

（1）在先权利的被许可人；

（2）其他有证据证明与案件有利害关系的主体。

是否为利害关系人，应当以提出评审申请时为准。但于案件审理时已具备利害关系的，也应当认定为利害关系人。

四、抢注他人已经使用并有一定影响商标审理标准

在商标异议、异议复审及争议案件审理中，涉及抢注他人已经使用并有一定影响商标问题的，以本标准为原则进行个案判定。

（一）适用要件

第一，他人商标在系争商标申请日之前已经使用并有一定影响；

第二，系争商标与他人商标相同或者近似；

第三，系争商标所使用的商品/服务与他人商标所使用的商品/服务原则上相同或者类似；

第四，系争商标申请人具有恶意。

在先使用并有一定影响商标的所有人或者利害关系人请求依据《商标法》

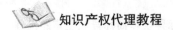

第四十五条的规定宣告系争商标无效的，应自系争商标注册之日起五年内提出。

（二）已经使用并有一定影响商标的判定

已经使用并有一定影响商标是指在中国已经使用并为一定地域范围内相关公众所知晓的未注册商标。

相关公众的判定适用《复制、摹仿或者翻译他人驰名商标审理标准》（三）1的规定。

认定商标是否有一定影响，应当就个案情况综合考虑下列各项因素，但不以该商标必须满足下列全部因素为前提：①相关公众对该商标的知晓情况；②该商标使用的持续时间和地理范围；③该商标的任何宣传工作的时间、方式、程度、地理范围；④其他使该商标产生一定影响的因素。

上述参考因素可由下列证据材料加以证明：①该商标所使用的商品/服务的合同、发票、提货单、银行进账单、进出口凭据等；②该商标所使用的商品/服务的销售区域范围、销售渠道、方式的相关资料；③涉及该商标的广播、电影、电视、报纸、期刊、网络、户外等媒体广告、媒体评论及其他宣传活动资料；④该商标所使用的商品/服务参加展览会、博览会的相关资料；⑤该商标的最早创用时间和持续使用情况等相关资料；⑥该商标的获奖情况；⑦其他可以证明该商标有一定影响的资料。

用以证明商标使用情况的证据材料，应当能够显示所使用的商标标识、商品/服务、使用日期和使用人。

商标是否产生一定影响原则上以系争商标申请日为准予以判定。

（三）恶意的判定

判定系争商标申请人是否具有恶意，可综合考虑下列因素：

第一，系争商标申请人与在先使用人曾有贸易往来或者合作关系；

第二，系争商标申请人与在先使用人共处相同地域或者双方的商品/服务有相同的销售渠道和地域范围；

第三，系争商标申请人与在先使用人曾发生过其他纠纷，可知晓在先使用人商标；

第四，系争商标申请人与在先使用人曾有内部人员往来关系；

第五，系争商标申请人注册后具有以牟取不当利益为目的，利用在先使用人有一定影响商标的声誉和影响力进行误导宣传，胁迫在先使用人与其进行贸易合作，向在先使用人或者他人索要高额转让费、许可使用费或者侵权赔偿金等行为；

第六，他人商标具有较强独创性；

第七，其他可以认定为恶意的情形。

（四）利害关系人的判定

依据《商标法》第四十五条规定，除商标所有人外，利害关系人也可以请求商标评审委员会宣告系争商标注册无效。下列主体为利害关系人：

有一定影响的商标被许可使用人；

其他有证据证明与案件有利害关系的主体。

是否为利害关系人应当以提出评审申请时为准。但于案件审理时已具备利害关系的，也应当认定为利害关系人。

五、以欺骗手段或者其他不正当手段取得商标注册的审理标准

（一）判定原则

涉及以欺骗手段或者其他不正当手段取得商标注册问题的，以本标准为原则进行个案判定。

（二）适用要件

1. 以弄虚作假的手段欺骗商标行政主管机关取得商标注册的行为

此种情形是指系争商标注册人在申请注册商标的时候，采取了向商标行政主管机关虚构或者隐瞒事实真相、提交伪造的申请书件或者其他证明文件，以骗取商标注册的行为。包括但不限于下列情形：

（1）伪造申请书件签章的行为；

（2）伪造、涂改申请人的主体资格证明文件的行为，包括使用虚假的身份证、营业执照等主体资格证明文件，或者涂改身份证、营业执照等主体资格证明文件上重要登记事项等行为；

（3）伪造其他证明文件的行为。

2. 基于进行不正当竞争、牟取非法利益的目的，恶意进行注册的行为

此种情形是指在《商标法》第十四条、第十六条、第三十二条等条款规定的情形之外，确有充分证据证明系争商标注册人明知或者应知为他人在先使用的商标而申请注册，其行为违反了诚实信用原则，损害了他人的合法权益，损害了公平竞争的市场秩序，系争商标应当不予核准注册或者宣告注册无效。

为了督促当事人及时行使权利，维护商标法律关系的相对稳定性，商标在先使用人认为系争商标的注册属于本项情形而请求宣告注册无效的，参照《商标法》第四十五条有关时限的规定，其商标争议裁定申请应当自系争商标注册之日起五年内向商标评审委员会提出。

（1）判定系争商标注册人是否具有恶意，可综合考虑下列因素：①系争商标申请人与他人曾有贸易往来或者合作关系；②系争商标申请人与他人共处相同地域或者双方的商品/服务有相同的销售渠道和范围；③系争商标申请人曾与他人发生过涉及系争商标的其他纠纷；④系争商标申请人与他人存在内部人员往来关系；⑤系争商标注册后，系争商标注册人出于牟取不正当利益的目的，胁迫他人与其进行贸易合作的，或者向他人索要高额转让费、许可使用费、侵权赔偿金；⑥他人商标具有较强独创性；⑦其他可以认定为明知或者应知的情形。

（2）系争商标为他人在先使用的商标。在先使用是指在系争商标申请注册日之前，他人已经在中国使用该商标。

（3）保护范围对在先使用商标的保护范围原则上限于与该商标所使用商品/服务相同或者类似的商品/服务上。

第五章　注册商标争议的代理

商标审查中可能出现审查失误，出现受蒙蔽和欺骗的情况，允许商标审查中出现错误，同时，也允许商标局主动改正自己发现的错误，允许社会各界和相关权利人进行监督，体现了《商标法》实事求是和有错必改的精神，因此，《商标法》规定了补救措施——注册商标无效宣告程序。商标注册人在使用注册商标过程中，因违反商标法的规定，商标局可撤销其注册商标。因注册商标成为其核定使用的商品的通用名称或者没有正当理由连续三年不使用的，任何单位或者个人可以向商标局申请撤销该注册商标。本处将注册商标无效宣告程序和撤销程序统称为注册商标争议程序。商标代理组织和代理人一般精通商标法，他们依法开展商标代理业务，当注册商标发生争议时，会及时准确地为委托人提供相关的法律服务，认真维护委托人的合法权益。

第一节　注册商标无效宣告

《商标法》第四十四条规定："已经注册的商标，违反本法第十条、第十一条、第十二条规定的，或者是以欺骗手段或者其他不正当手段取得注册的，由商标局宣告该注册商标无效；其他单位或者个人可以请求商标评审委员会宣告该注册商标无效。

商标局做出宣告注册商标无效的决定，应当书面通知当事人。当事人对商标局的决定不服的，可以自收到通知之日起十五日内向商标评审委员会申请复审。商标评审委员会应当自收到申请之日起九个月内做出决定，并书面通知当事人。有特殊情况需要延长的，经国务院工商行政管理部门批准，可以延长三个月。当事人对商标评审委员会的决定不服的，可以自收到通知之日起三十日内向人民法院起诉。

其他单位或者个人请求商标评审委员会宣告注册商标无效的，商标评审委员会收到申请后，应当书面通知有关当事人，并限期提出答辩。商标评审委员会应当自收到申请之日起九个月内做出维持注册商标或者宣告注册商标无效的裁定，并书面通知当事人。有特殊情况需要延长的，经国务院工商行政管理部门批准，可以延长三个月。当事人对商标评审委员会的裁定不服的，可以自收到通知之日起三十日内向人民法院起诉。人民法院应当通知商标裁定程序的对方当事人作为第三人参加诉讼。"

《商标法》第四十五条规定："已经注册的商标，违反本法第十三条第二款和第三款、第十五条、第十六条第一款、第三十条、第三十一条、第三十二条规定的，自商标注册之日起五年内，在先权利人或者利害关系人可以请求商标评审委员会宣告该注册商标无效。对恶意注册的，驰名商标所有人不受五年的时间限制。

商标评审委员会收到宣告注册商标无效的申请后，应当书面通知有关当事人，并限期提出答辩。商标评审委员会应当自收到申请之日起十二个月内做出维持注册商标或者宣告注册商标无效的裁定，并书面通知当事人。有特殊情况需要延长的，经国务院工商行政管理部门批准，可以延长六个月。当事人对商标评审委员会的裁定不服的，可以自收到通知之日起三十日内向人民法院起诉。人民法院应当通知商标裁定程序的对方当事人作为第三人参加诉讼。

商标评审委员会在依照前款规定对无效宣告请求进行审查的过程中，所涉及的在先权利的确定必须以人民法院正在审理或者行政机关正在处理的另一案件的结果为依据的，可以中止审查。中止原因消除后，应当恢复审查程序。"

一、注册商标无效宣告的理由

根据《商标法》第四十四条、第四十五条的规定，注册商标无效宣告的理由可以分为以下两类：

（一）注册不当

注册不当是指违反《商标法》第十条（禁用）、第十一条（禁注）、第十二条（立体商标禁注条款），或者以欺骗手段或者其他不正当手段取得注册的商标，商标局可依职权宣告该注册商标无效；其他任何单位或个人可请求商标评审委员会宣告该注册商标无效。这一类型的争议又称为"大争议"。商标注册不恰当或不合适的原因主要是基于绝对理由，或者是商标注册人主观上出于欺骗或者不正当竞争目的获得注册。

（二）注册商标侵犯在先权利或与在先商标冲突

已经注册的商标，违反《商标法》第十三条第二款和第三款（复制、摹仿、翻译驰名商标）、第十五条（代理人、代表人注册被代理人、被代表人的商标）、第十六条（含误导公众的地理标志）、第三十条（同他人在同一种商品或者类似商品上已经注册的或者初步审定的商标相同或者近似）、第三十一条（先申请原则）、第三十二条（损害他人现有的在先权利或以不正当手段抢先注册他人已经使用并有一定影响的商标），在先权利人或者利害关系人可以自该商标注册之日起五年内，向商标评审委员会请求宣告该注册商标无效；对恶意注册的，驰名商标所有人不受五年的时间限制。

注册商标侵犯在先权利或注册商标之间的冲突是指基于相对理由，商标注册人的注册行为侵犯他人现有的在先权利或与他人在同一种商品或者类似商品上注册在先的商标相同或者近似而发生的争议，依据《商标法》第四十五条第一款规定向商标评审委员会请求宣告该该注册商标无效，又称为"小争议"。商标争议的实质是争议人认为在后注册的商标，侵犯其在先权利或与其在先注册的商标权发生冲突，即与其在同种商品或者类似商品上注册在先的商标相同或相似，或者已经在市场上引起消费者的误认等情况。

二、注册商标无效宣告请求人

（一）商标注册不当的无效宣告请求人

由于商标权不仅仅是注册人自己的权利，还涉及社会公共利益，因此对于已经注册的商标违反《商标法》第十条（禁用条款）、第十一条（禁注条款）、第十二条（有关三维标志）规定的，或者是以欺骗手段或者其他不正当手段取得注册的，法律赋予任何人以无效宣告请求权，任何单位或个人都可以请求商标评审委员会宣告该注册商标无效。

（二）注册商标侵犯在先权利或与在先商标冲突的无效宣告请求人

对于已经注册的商标，违反《商标法》第十三条第二款或第三款（有关驰名商标保护）、第十五条（禁止代理人或代表人注册被代理人或被代表人商标)、第十六条（有关误导公众的地理标志）、第三十条（有关同他人在同一种商品或者类似商品上已经注册的或者初步审定的商标相同或者近似的）、第三十一条（有关先申请原则）、第三十二（条保护在先权利和禁止恶意抢注）规定的，由于其仅涉及到特定人的权益，因此，只有在先权利人或者利害关系人可以请求商标评审委员会宣告该注册商标无效。具体包括以下几类：

第一，驰名商标所有人及被许可人；

第二，被代理人、被代表人及其合法继受人或被许可人；

第三，地理标志在先权利人；

第四，其他在先权利人，如在先商号权人、在先著作权人、在先外观设计专利权人、在先肖像权人、在先姓名权人等；

第五，在先商标权人；

第六，在先申请人或在先使用商标人。

商标评审委员会对依据前述理由提出的注册商标无效宣告案件的具体审理标准，适用《商标审查标准》和《商标审理标准》，已在前面相关章节介绍。

第二节　注册商标撤销

《商标法》第四十九条规定："商标注册人在使用注册商标的过程中，自行改变注册商标、注册人名义、地址或者其他注册事项的，由地方工商行政管理部门责令限期改正；期满不改正的，由商标局撤销其注册商标。"

"注册商标成为其核定使用的商品的通用名称或者没有正当理由连续三年不使用的，任何单位或者个人可以向商标局申请撤销该注册商标。商标局应当自收到申请之日起九个月内做出决定。有特殊情况需要延长的，经国务院工商行政管理部门批准，可以延长三个月。"

第五十四条规定："对商标局撤销或者不予撤销注册商标的决定，当事人不服的，可以自收到通知之日起十五日内向商标评审委员会申请复审。商标评审委员会应当自收到申请之日起九个月内做出决定，并书面通知当事人。有特殊情况需要延长的，经国务院工商行政管理部门批准，可以延长三个月。当事人对商标评审委员会的决定不服的，可以自收到通知之日起三十日内向人民法院起诉。"

一、注册商标撤销的理由

(一) 商标局依职权撤销

根据《商标法》的规定，商标注册人自行改变注册商标、注册人名义、地址或者其他注册事项的，经地方工商行政管理部门责令限期改正而未改正的，商标局可依职权撤销该注册商标。

(二) 经请求人请求撤销

根据《商标法》的规定，任何单位或个人可依据下列理由之一，向商标局申请撤销该注册商标：①注册商标成为其核定使用的商品的通用名称；②商标注册人无正当理由连续三年不使用该注册商标的。

二、注册商标撤销案件的审理标准

(一) 自行改变注册商标的判定

自行改变注册商标，是指商标注册人或者被许可使用人在实际使用注册商标时，擅自改变该商标的文字、图形、字母、数字、立体形状、颜色组合等，导致原注册商标的主要部分和显著特征发生变化。改变后的标志同原注册商标相比，易被认为不具有同一性。

存在上述行为，且经工商行政管理部门责令商标注册人限期改正，但拒不改正的，依法予以撤销。

(二) 自行改变注册商标的注册人名义、地址或者其他注册事项的判定

自行改变注册商标的注册人名义，是指商标注册人名义（姓名或者名称）发生变化后，未依法向商标局提出变更申请，或者实际使用注册商标的注册人名义与《商标注册簿》上记载的注册人名义不一致。

自行改变注册商标的注册人地址，是指商标注册人地址发生变化后，未依法向商标局提出变更申请，或者商标注册人实际地址与《商标注册簿》上记

载的地址不一致。

自行改变注册商标的其他注册事项，是指除商标注册人名义、地址之外的其他注册事项发生变化后，注册人未依法向商标局提出变更申请，致使与《商标注册簿》上登记的有关事项不一致。

存在上述行为之一的，且经工商行政管理部门责令商标注册人限期改正，但拒不改正的，依法予以撤销。

（三）注册商标成为通用名称的判定

注册商标成为其核定使用的商品或服务的通用名称，即商标淡化，是指因为商标注册人对其注册商标的不当使用行为（如以商标指称商品）或商标注册人未能有效制止他人对其商标的淡化行为（如以商标代替商品名称使用），致使相关公众认为该注册商标就是其所标识的商品或服务的通用名称。

（四）连续三年停止使用注册商标的判定

连续三年停止使用注册商标，是指一个注册商标在其有效期内停止使用，且该行为不间断地持续三年以上。

连续三年停止使用注册商标的时间起算，应当自申请人向商标局申请撤销该注册商标之日起，向前推算三年。

1. 商标使用的判定

（1）商标的使用，是指商标的商业使用。包括将商标用于商品、商品包装或者容器及商品交易文书上，或者将商标用于广告宣传、展览及其他商业活动中。

（2）商标使用在指定商品上的具体表现形式有：①采取直接贴附、刻印、烙印或者编织等方式将商标附着在商品、商品包装、容器、标签等上，或者使用在商品附加标牌、产品说明书、介绍手册、价目表等上；②商标使用在与商品销售有联系的交易文书上，包括使用在商品销售合同、发票、票据、收据、商品进出口检验检疫证明、报关单据等上；③商标使用在广播、电视等媒体上，或者在公开发行的出版物中发布，以及以广告牌、邮寄广告或者其他广告方式为商标或者使用商标的商品进行的广告宣传；④商标在展览会、博览会上使用，包括在展览会、博览会上提供的使用该商标的印刷品及其他资料；⑤其他符合法律规定的商标使用形式。

（3）商标使用在指定服务上的具体表现形式有：①商标直接使用于服务场所，包括使用于服务的介绍手册、服务场所招牌、店堂装饰、工作人员服饰、招贴、菜单、价目表、奖券、办公文具、信笺，以及其他与指定服务相关的用品上；②商标使用于和服务有联系的文件资料上，如发票、汇款单据、提供服务协议、维修维护证明等；③商标使用在广播、电视等媒体上，或者在公开发行的出版物中发布，以及以广告牌、邮寄广告或者其他广告方式为商标或者使用商标的服务进行的广告宣传；④商标在展览会、博览会上使用，包括在展览会、博览会上提供的使用该商标的印刷品及其他资料；⑤其他符合法律规定的商标使用形式。

（4）商标注册信息的公布或者商标注册人关于对其注册商标享有专用权的声明，不被视为《商标法》意义上的商标使用。

（5）系争商标不存在连续三年停止使用情形的举证责任由系争商标注册人承担。

用以证明系争商标不存在连续三年停止使用的情形的证据材料，应当符合以下要求：①能够显示出使用的系争商标标识；②能够显示出系争商标使用在指定使用的商品/服务上；③能够显示出系争商标的使用人，既包括商标注册人自己，也包括商标注册人许可的他人；如许可他人使用的，应当能够证明许可使用关系的存在；④能够显示出系争商标的使用日期，且应当在自撤销申请之日起向前推算三年内；⑤能够证明系争商标在《商标法》效力所及地域范围内的使用；⑥能够证明系争商标在商业活动中公开、真实、合法地使用。

（6）商标注册人或者被许可使用人在指定使用的一种商品上使用注册商标的，在与该商品相类似的商品上的注册可予以维持。

2. 注册商标未使用的正当理由

以下情形视为注册商标未使用的正当理由：①不可抗力；②政府政策性限制；③破产清算；④其他不可归责于商标注册人的正当事由。

第六章　商标国际注册中的代理

随着国际间贸易与经济技术合作的发展，商品的流动往往会超越国界，进入他国市场。与其他知识产权类似，商标权的保护问题也就随着商品的国际流动，而要求商标不仅在本国受到法律保护，也能在他国受到法律保护。由于各国在商标注册的程序、核准上存在较大差异，商标要在他国受到法律保护，就涉及商标的国际注册问题。一个商标要在一个国家受到该国法律保护，通常应当在该国取得权利，尽管取得这种权利的方式可能不同。

商标国际注册代理符合国际惯例，不仅有利于我国的企业到外国申请商标注册，拓展中国商品的涉外市场，维护我国的商标权人的合法权益，而且也便于外国的企业和个人到中国申请商标注册，有利于中国和各国企业进行交往。

商标国际注册主要涉及商标马德里国际注册、欧共体商标注册和逐一国家商标注册三个问题。

第一节　代理商标马德里国际注册

一、马德里体系

《商标国际注册马德里协定》（以下简称《马德里协定》）于 1891 年 4 月 14 日在马德里签订并于 1892 年 7 月生效，这是对《巴黎公约》关于商标注册部分的一个补充。根据规定，申请人必须先参加《巴黎公约》，才能参加《马德里协定》。1989 年 6 月 27 日又签订了《商标国际注册马德里协定有关议定书》（以下简称《马德里议定书》）。我国于 1989 年 10 月 4 日加入《马德里协定》，1995 年 12 月 1 日加入《马德里议定书》。《马德里协定》和《马德里议定书》简化了商标国际注册的程序、减少注册费用和手续、消除了语言差异，只需一种语言向一个主管局递交一份申请，并以一种货币缴纳一组规费即可予以申请注册。

二、马德里国际注册的利弊

（一） 马德里国际注册之利

第一，费用较低。马德里国际注册的费用包括基础注册费+指定国家的费用+本国商标主管机关的费用。基础注册费为 653 瑞士法郎（黑白图样）或 903 瑞士法郎（彩色图样），指定费为每个缔约方 100 瑞士法郎（要求单独规费的缔约方除外）。一般不需委托外国代理机构。

第二，节省时间。从向商标局提交商标国际注册申请书之日起，一般 6 个月即可取得 WIPO 国际局颁发的商标国际注册证明，其上载明商标的国际注册号和国际注册日。从国际注册日起，如果 12 个月没有收到协定国或者 18 个月内没有收到议定书国发来的拒绝给予商标保护的驳回通知书，即表示该商标已在该协定国或议定国自动获得了保护。而单独注册，时间很长，如意大利 3~4 年。

第三，手续简单。向本国商标局递交一份申请，即可指定多个国家进行申请保护；不需委托外国代理机构逐一办理；可以避免一些国家对于单独申请商标的严格要求。

（二） 马德里国际注册之弊

第一，有可能造成时间上的延误。对于指定马德里协定缔约方而言，基础注册是前提条件，要先在本国获得商标注册，需要较长时间。

第二，无法享受到《巴黎公约》规定的优先权。优先权只有 6 个月，而完成本国注册往往超过了这个期限。

第三，"中心打击"原则。如果在注册之日起 5 年内，基础注册或申请全部或部分被驳回、撤回、注销、撤销、放弃或宣布无效，其效力及于所有指定国。即该商标不得再要求国际注册给予的保护，而不管该商标的国际注册是否已经被转让。

三、办理途径和步骤

（一）前提要求

第一，以中国为原属国申请商标国际注册的，申请人应当在中国设有真实有效的营业所，或者在中国有住所，或者拥有中国国籍。

第二，申请商标已经在中国商标局注册（可指定马德里协定所有成员国），或者申请已经受理（仅能指定马德里协定议定书国）。

第三，申请人如为个人，提供身份证复印件；如为组织，提供营业执照复印件。

第四，如委托商标代理机构办理，应提供委托书。

（二）注意事项

第一，指定协定国要求注册保护的商标，必须已经在中国成功注册，仅有申请号或者尚在公告均不满足要求。

第二，申请商标必须和已在中国注册或者申请的商标图样完全相同，不能有任何字体或者排列上的不同。

第三，申请商品必须包含在已在中国注册或者申请的商品范围内，不得超出。

第四，部分国家对颜色商标要求详细描述图案各个部分颜色的构成。

第五，如指定美国，要求申请同时须提交一份申请人或者其代表人签署的打算在美国使用商标的声明书。

（三）步骤

第一，申请人向本国商标局提交国际注册申请书。

第二，商标局对申请进行形式审查：国际注册申请人是否与基础注册人一致；申请注册的商品/服务是否超出范围；申请人是否有权提出申请；申请文件是否完整、正确；是否缴纳相应费用。

第三，手续完备的，自收到申请之日起 20 日内将申请寄给国际局；如不完备，通知申请人自收到补正通知书之日起 30 日内补正。

第四，国际局对申请进行形式审查，手续齐备的，即给予国际注册，颁发商标国际注册证；不完备的，暂缓注册，并通知原属国；由原属国通知申请人补齐；逾期不补的，视为自动放弃申请。

第五，国际局将申请分别转交各个指定国，由各指定国对申请进行实质审查。

第六，如果协定国在 12 个月，议定书国在 18 个月内没有驳回保护，即表示该商标在该国自动获得保护。

（四）注册费用

马德里国际注册的费用包括基础注册费+协定国指定费用+议定书国指定费用+本国商标局手续费。

基础注册费：黑白商标 653 瑞士法郎，彩色商标 903 瑞士法郎。

协定国指定费：100 瑞士法郎/国（三类以内共计 100 瑞士法郎/国，第 4 类起每类 100 瑞士法郎/国）。

议定书国的费用由各国自行规定。

（五）转让

转让给国际注册所有人本国以外的缔约国国民的，转让方国家主管机关应将该转让通知国际局；国际局将该转让登记，通知其他主管机关，并公告。

转让在国际注册起 5 年内进行的，国际局应征得受让人所属国主管机关同意，并公告该商标在受让人所属国的注册日期和注册号。

转让给无权申请国际注册商标的人的，国际局不予登记。

第二节　代理欧共体商标注册

通过欧共体商标注册可以实现一份申请、一种程序、一种语言、一种收费体制达到注册目的，也可以实现通过一个专业代理，向一个主管局提交申请，获得一种体制下的统一保护。

一、欧共体商标注册特点

欧共体商标注册的特点主要有：单一申请覆盖所有欧盟成员国；单一的商

标审查程序，申请只要被一个成员国驳回就被整体驳回；单一的使用要求，在任何一个成员国使用视为在欧盟整体使用；单一的主管机构，主管机构是欧洲内部市场协调局（OHIM），申请人可以直接向该局提交申请；单一申请涵盖三个类别，采用国际分类；申请被驳回可以要求转化为成员国申请；在先权利人通过异议程序主张权利，对共同体商标申请进行监测尤为重要。

二、注册程序

欧共体商标注册的程序依次是：申请人提交申请→内部市场协调局对申请进行审查→查询报告→商标公告→商标异议→商标注册→注册费用缴纳→注册公告→核发商标注册证书。

（一）申请人提交申请

1. 申请人的资格要求

申请人必须是欧盟成员国国民，或者在欧盟成员国有住所、居所或真实有效的工商经营场所；或者在《巴黎公约》成员国或世贸组织缔约方内有住所、居所或者真实有效的工商经营场所；或者所属国和欧盟所有成员国都签有互惠协议。

2. 可以注册的标志

所有可以图示的标志都可以注册为商标，尤其包括文字商标、包含人的名字、设计、字母、数字、商品的外形或者包装的形状，条件是它们能够区别不同商品的来源。

3. 不能注册的标志

不能图示表示的；缺乏显著性；仅有表示商品/服务的种类、数量、质量、用途、价值、来源、生产时间或者商品/服务的其他属性组成的；仅有商品自然形状或者为了达到某种技术效果的形状或者是为了使商品具有实际价值而应有的形状；包含官方保护的徽章；《巴黎公约》第六条所禁用的标志和徽章等。

4. 提交申请的方式

直接向 OHIM 提交，或者向成员国主管当局提交；书面形式和网上提交；非欧盟成员国的申请人只能通过合格的代理机构提交。

5. 优先权

主张优先权的申请必须在申请时提交优先权声明和在先申请的复印件，如果在先申请的文件不是以 OHIM 的官方语言出具的，必须将其翻译为官方语言。

6. 优先顺位权

又称老牌特权，在先的欧盟成员国内的单一商标注册，可以由商标注册人主张优先顺位权利，以使在先的权利和欧盟商标权利组合在一起。优先顺位权就是商标的所有人放弃在先商标的权利或者让它丧失，然后将享有和以前一样的商标权利，就如同在先商标仍然注册一样。可以在申请的时候主张，或在申请之后两个月或者在欧盟商标注册的时候主张。

主张优先顺位权的条件是三个一致：同样的商标所有人；同样的商标；相同的商品或者服务。

（二）OHIM 对申请进行审查

审查内容包括：申请人是否有权提交申请；商标图样是否符合要求；商品/服务名称是否符合要求；申请人是否缴纳申请费用。

（三）查询报告

OHIM 在共同体商标数据库内进行查询，并将商标申请资料转交欧盟成员国的主管当局。经申请人要求并付费，成员国主管当局将在本国的商标数据库内进行查询，并在 2 个月内向 OHIM 提交查询报告。

（四）商标公告和商标异议

只要申请人没有撤回申请，商标就会被公告。公告之后，任何利害关系人都可以提交书面请求，要求以存在决定驳回的理由而请求驳回商标注册申请。自公告之日起 3 个月内，在先商标申请人可以对商标的注册提出异议。所有可以主张的在先权利都被视为相对驳回理由，即使这些在先权利最先只在欧盟的某一成员国内适用。

异议程序将于申请人收到被异议的通知书之日起 2 个月内开始，这 2 个月就成为冷却期。冷却期是为了使异议人和申请人之间能够达成协议而无需启动异议程序。冷却期在申请人和异议人的双方请求下可以延长，且延长请求不受次数的限制。大约80%的异议最终在冷却期中协商解决。如果没有达成协议，异议程序启动。失败的一方要承担对方的费用。目前为止，只有2.3%的商标异议成功。

（五）商标注册

没有异议或者异议不成功的申请将获得注册。申请人应当在收到核准注册的通知之日起2个月内缴纳注册费。

第三节　代理逐一国家注册

要使商标在国外受到保护，可以通过马德里体系向马德里成员国进行指定保护或者通过欧盟商标局获得欧盟成员国保护，但这两种注册有很大的局限性，主要是各国的商标法所规定的内容不同，执行的方式也不同，要通过一次申请就可以在所有的国家得到保护的可能性不大。马德里体系目前是商标国际申请中涉及国家最多的，要在其余国家或者地区注册，就只好到这些国家逐一进行注册。

一、逐一国家申请应提供的主要文件、资料和相关费用

世界各国或地区的有关商标注册的法律各不相同，但在申请程序和需要材料方面大同小异，一般都要求申请人提供以下文件和办理相关手续：

（一）申请信息表

几乎所有国家都规定要填写申请书，即使通过电子提交，也要按相应的格式填写。一般是一个商标在一个类别提交一份申请书，但许多国家和地区在申请时一份申请可以包括多个类别。

（二）委托书

委托书是商标申请人委托并授权国外代理人办理商标注册申请的重要文件。绝大多数国家规定申请注册时都要附送委托书。办理委托书手续也不尽相同。一般说，西方发达国家的要求比较宽，如美国、法国、德国、日本等国

家，要求委托书由申请人签字就可以，不需要再经过公证和认证手续。有些国家则要求委托书必须办理公证和认证手续。中国规定委托书要经过公证，但如果对方国家不需要公证或认证的，中国也按对等原则办理，目前实际操作中，商标局并没有要求申请人一定提交经公证的委托书。

（三）本国或其他国家注册证复印件的公证

一部分国家申请商标注册时，须提交该商标在其本国或其他国家已经注册的证明。有了本国的注册证，国外注册会更顺利一些。

（四）国籍证明和企业登记证明书

国籍证明书是证明申请人国籍的证件。申请人如果是公司，只要在其本国取得证明它是根据该国法律组织而成立的公司即可，有的国家规定可以提交企业登记证明，或以公司、商业登记摘录代替国籍证明书。

（五）其他证件

有少数国家要求附送一些其他文件，如缅甸、马来西亚等国家要求提交商标所有权声明书；菲律宾、美国、加拿大等少数国家要求提交使用证明。

（六）提交商标图样

对商标图样，各国要求不一，有的要求提供 5~10 张，有的要求提供10~20 张。图样大小规定也不一，有的规定最大不得超过 10 厘米×10 厘米，有的规定最大不超过 8 厘米×8 厘米，最小的一般不要小于 2 厘米×2 厘米。

（七）缴纳规定的申请注册费

各国商标法都规定商标申请注册必须缴纳规费。

（八）优先权声明

《巴黎公约》规定的优先权原则得到了联盟成员国的普遍承认。凡享有优先权待遇的外国人，都可以申请优先权。一个申请人已向中国商标局提出商标注册申请后的半年时间内都可向其他任何国家提出申请。一个申请人要想得到优先权就必须在申请文件中明确声明。要求在先申请的优先权声明必须注明在

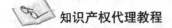

先申请的国家，以及在先申请的日期和在先申请的号码，并必须提供该申请的优先权证明件原件。

（九）详细的商品名称

由于各国对商品的描述各不相同，在申报商品名称时尽量使用《国际商品和服务分类表》中商品或服务的名称。

二、商标国外注册的条件

商标注册是获得商标权的主要途径，申请商标国外注册时，各国商标审查机关将依据本国商标法和国际公约、协定规定的条件审查注册申请人提出的申请，这些法定条件是一个商标获准注册的必备条件，是否符合商标注册的条件，是商标审查的重要内容，也是商标能否注册成功的必要因素。

（一）商标的显著性

商标的显著性一般是指一个商标区别于其他商标的独特性与新颖性。由于"显著特征"在法律上没有明确具体的规定标准，所以人们一般是在实践中判断商标的显著性。通常，人们依据以下几个方面的标准：区别于极其简单的符号或文字，区别于人们通用的行业共用的标志，区别于指定商品的标志。商标具有显著性是申请注册的商标所必须具备的条件，不具备这一条件的商标不能满足商标的基本要求，一般不能获准注册。

（二）禁用性标志

禁用性标志是商标法中明确规定不得作为商标使用的文字或图形。规定禁用标志的目的在于保护社会和公众的利益不受损害。几乎每个国家都规定了商标的禁用标志，但数目多少不一。规定较多的是日本，日本规定不能申请商标注册的条款有19项。规定较少的是法国，不能作为商标使用的规定主要有3项。

（三）不得与在先申请、注册或使用的商标相同和相近

几乎各国商标法都规定禁止注册与他人在相同或类似商品上已在先注册或使用的商标相同或近似的商标。如美国规定：申请的商标不能包含与已在专利

商标局注册的商标，或与在先由他人在美国使用并且尚未放弃的商标或商号名称极为相似的商标，以致其使用在申请人指定的有关商品时易于造成混淆或误认或欺骗。日本规定：申请的商标不能与表示他人业务有关的商品或服务且在日本国内或外国消费者间已广为知晓的商标相同或近似的商标，出于不正当的目的持有并使用。

（四）　商标的近似性判断

商标相同，指文字、数字、图形或颜色等商标的构成要素在发音、视觉或意义上没有区别或差别细微的商标。只要构成商标的文字或图形或其组合的设计、颜色完全相同，即使构成要素的开头、大小不一，文字的字体及排列方法不同、表现方法不同，这样的商标都视为商标相同。

商标相似是指在相同商品或者相似商品上文字、数字、图形或颜色等商标的构成要素在发音、视觉、意义或排列顺序及整体上虽有一定区别，但易产生混淆的商标。

各国商标管理机构对相同商标、相似商标和与之相关的商品相同、商品类似审查比较严格，往往采取集体讨论的方式进行审查，并将有代表性的、疑难案例另行立档，汇编成册。这些案例形成不成文法律，对其他类似案件具有法律效力。

三、国外注册商标的使用

（一）　注册商标在一定时间内必须使用

绝大多数国家都规定，注册人的商标在该国获准注册后，必须在一定期限内在该国使用。不过，由于一般当局不主动去调查商标所有人的实际使用情况，在实践中，由于在当地规定期限内没有使用而被撤销的事例很少，除非第三人了解某个商标长期不使用，而有碍其商标在该国注册，遂以该商标在规定时间内没有使用为由向商标主管机关或法院提出撤销请求。

（二）　注册商标不要轻易改变图样

商标注册后，应当始终保持原注册时的图样，不可轻易变动。文字和图形并用的商标应当整体使用，不要随便改换文字和图形位置，更不要把文字和图

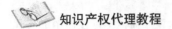

形分开使用，或者单独使用文字或图形。这种做法在各国都是不允许的，情况严重的还可能导致商标专用权的丧失。

(三) 标注"注册商标"的标识

许多国家都规定，在本国注册的商标，商标注册人可以在自己的注册商标上加注表明已注册的标记，如"注册商标"或标记。

(四) 及时办理变更、转让和续展手续

商标在国外注册后，如果企业名称和地址有了改变，或是商标已经转让给另外一家企业使用，应当及时在当地商标注册机关办理变更事项。假如没有及时办理，一旦发现商标使用人的名称和原注册人名称不符，或因发生商标纠纷，官方要求提供证明时即陷于被动。

商标注册在有效期满前，商标所有人应及时在当地办理续展手续，有些国家还规定有效期满后还有六个月的宽展期，但必须提供迟延续展的理由并交纳迟延费，超过宽展期不办续展的商标即丧失专用权。

(五) 申请或注册后商标纠纷的解决

商标在国外发生纠纷，可以直接向当地商标注册机关或者法院提出诉讼，或通过双方当事人或其代理人协商解决；或通过行政途径，即通过两国政府间的对话，使问题得到解决。

第七章　商标转让、许可和质押的代理

在商标的转让、许可和质押中也涉及代理问题，商标代理人明确商标在转让、许可和质押中的有关事项，可以维护被代理人的合法权益，实现被代理人的最大经济利益。

第一节　商标的转让

一、概述

《商标法》第四十二条规定："转让注册商标的，转让人和受让人应当签订转让协议，并共同向商标局提出申请。受让人应当保证使用该注册商标的商品质量。"

"转让注册商标的，商标注册人对其在同一种商品上注册的近似的商标，或者在类似商品上注册的相同或者近似的商标，应当一并转让。"

"对容易导致混淆或者有其他不良影响的转让，商标局不予核准，书面通知申请人并说明理由。"

"转让注册商标经核准后，予以公告。受让人自公告之日起享有商标专用权。"

《商标法实施条例》第十七条规定："申请人变更其名义、地址、代理人、文件接收人或者删减指定的商品的，应当向商标局办理变更手续。"

"申请人转让其商标注册申请的，应当向商标局办理转让手续。"

（一）商标转让的标的

商标转让的标的应当是注册商标或者是处于申请过程中的商标。

(二) 商标转让的注意事项

商标转让应当避免造成市场混淆和误导消费者，因此，商标在转让过程中应当注意以下事项：

1. 同一种或者类似商品上注册的相同或者近似的商标，应当一并转让

《商标法实施条例》第三十一条规定："转让注册商标的，转让人和受让人应当向商标局提交转让注册商标申请书。转让注册商标申请手续应当由转让人和受让人共同办理。商标局核准转让注册商标申请的，发给受让人相应证明，并予以公告。"

"转让注册商标，商标注册人对其在同一种或者类似商品上注册的相同或者近似的商标未一并转让的，由商标局通知其限期改正；期满未改正的，视为放弃转让该注册商标的申请，商标局应当书面通知申请人。"

2. 可能导致市场混淆或者误导消费者的商标转让应当受到限制

《商标法》第四十二条第三款规定："对容易导致混淆或者其他不良影响的转让，商标局不予核准，书面通知申请人并说明理由。"如地名商标"伊犁"的转让就未能获得商标局核准。

3. 是否连同营业一起转让的问题

连同营业转让，是指转让注册商标时，注册商标必须与企业或者与注册商标有关的业务和生产要素一起转让。连同营业转让，实际上是不允许单独转让注册商标。

美国、德国等一些国家就采用连同营业一起转让的原则。确立连同营业转让原则的理由是，商标作为商品的一种标记，其主要功能是区别不同生产者生产的同类商品，所以商标不仅不能与其所依附的商品相分离，也不能与其所依附商品的生产者或者该生产者的生产要素相分离。如果允许商标与其所依附的商品或者该商品的生产者及该生产者的生产要素相分离，即可以单独转让注册商标，将会引起不同企业同种商品的混淆，从而损害消费者的利益，特别是在企业发生出售、兼并等情况时，注册商标的转让更应当实行连同营业转让的原则，以利于维护商标信益，保障消费者的利益。

二、商标转让合同的基本内容

（一）商标转让合同应包括的基本内容

第一，转让人和受让人的名称、地址，且转让人的信息应当与商标局档案中记载的信息一致；

第二，转让商标、注册证号及商标注册证记载的内容；

第三，商标注册证及其他相关法律文件的交付方式和时间；

第四，转让人承担的瑕疵担保责任，如转让的商标不会因第三人主张权利而丧失专用权或者限制其专用权的使用，不存在未结案的商标争议等案件，未被司法机关、行政机关查封、冻结等，是否质押等；

第五，转让过程中，对商标侵权的追诉责任；

第六，转让人应当承诺不存在以其名义已取得注册或者处于申请中的与转让商标相同或者近似的其他商标，或者承诺上述商标已一并转让，并承诺在商标转让申请办理过程中，转让人不得再以其名义申请注册与转让商标相同或者近似的其他商标；

第七，商标许可使用的情况；

第八，转让人配合受让人向商标局办理商标转让申请手续的义务；

第九，自转让协议签署后至商标转让申请被商标局核准公告之日前，转让人与受让人各自如何使用转让商标的约定；

第十，商标转让费用的数额、计算方法及其支付期限、方式；

第十一，合同的变更、解除及终止条件；

第十二，商标转让申请手续的办理及费用承担；

第十三，违约责任；

第十四，争议解决方式；

第十五，其他条款。

（二）申请中的商标的转让合同应包括的内容

申请中的商标若要转让，转让合同除具备上述内容外，还应当具备以下内容：

第一，如出现被驳回、被异议情形的处理，合同是否继续履行，各方义务

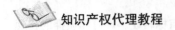

和责任等；

第二，出现驳回、异议情形时，提出复审、进行答辩的责任，以及相关费用的负担等。

三、商标转让申请

《商标法实施条例》第三十一条第一款规定："转让注册商标的，转让人和受让人应当向商标局提交转让注册商标申请书。转让注册商标申请手续应当由转让人和受让人共同办理。商标局核准转让注册商标申请的，发给受让人相应证明，并予以公告。"

由此可见，商标转让申请的申请人为转让人和受让人，提交转让相关法律文件、商标局法律文书的送达、代理组织的委托、转让申请费的交纳等均由受让人办理。转让人只须在转让申请/注册商标申请书上签章。

（一）商标转让申请应提交的材料

第一，转让/移转申请/注册商标申请书，申请书为固定格式，由双方签章；

第二，受让人的身份证明，包括营业执照、身份证等；

第三，委托代理机构办理的，附送商标代理委托书。

（二）商标转让申请的审查内容

1. 转让人的主体资格审查，即转让人是否是商标注册人

因盗卖他人商标现象严重，商标局于 2005 年 11 月出台新措施：第一，将商标转让申请书上转让人使用的印章或者签字，与办理商标注册申请时使用的印章或签字进行核对；第二，对印章明显不符的，要求转让人必须说明印章变更情况，提供印章管理部门出具的证明，并提供转让人的经年检有效的营业执照副本复印件（加盖章戳）和转让双方申请人签订的转让协议；第三，对签字明显不符的，要求转让人必须说明情况，并提供转让人的有效证件（签字）及转让双方申请人签订的转让协议；第四，对印章或者签字明显不符的，向申请人发出转让申请补正通知书，要求申请人必须在收到通知书之日起 30 日内（不含往返邮程）按有关要求补正，未在规定期限内补正的，商标局将视为申

请人放弃补正，驳回其转让申请。

2. 商标权利状态审查

主要审查转让商标是否处于有效期内，是否有禁止转让的情形，是否查封、质押等。

3. 一并转让原则的审查

未一并转让的，通知其限期改正；期满未改正的，视为放弃转让申请，商标局书面通知申请人。

4. 不良影响的审查

有可能产生误认、混淆或者其他不良影响的，商标局不予核准，书面通知申请人并说明理由。

审查通过后，在商标公告上公告，向受让人核发注册商标转让证明。自公告之日起，受让人享有商标专用权。

四、受让人应当注意的问题

受让人在商标转让过程中应当注意以下问题：

1. 查询并核实商标权属状态

受让人主要查询并核实以下情况：

（1）商标注册证、商标续展证明、商标注册人或者名义变更证明、商标转让证明等权属证明文件记载的内容是否与商标局档案记载内容一致；

（2）是否处于有效期，到期日临近，或者有效期届满但处于宽展期内的商标是否已办理商标续展申请；

（3）是否已转让他人，或者存在正在审查中的转让申请；

（4）是否许可他人使用；

（5）是否存在被他人提出争议、撤销申请，是否存在被驳回、如驳回后是否提出复审，是否存在被他人提出异议的情形；

（6）是否被司法、行政执法机关查封等；

（7）是否存在以转让人或者关联公司名义注册或者处于申请中的与转让商标相同或者近似的其他商标；

（8）是否办理了质押登记。

2. 受让商标之上存有负担的处理

如果受让商标专用权已经被人民法院查封、冻结的，则不能转让，需由法院先行解除查封、冻结；如果受让商标专用权已经出质，则应当通知质权人。

3. 受让商标已许可他人使用的处理

如果转让人在转让商标之前，已与他人签有商标使用许可合同，将受让商标许可他人使用的，受让人可与其另签使用许可合同。如果使用许可合同已经备案，即使未另签合同，受让人也不能禁止被许可人在原有合同范围内继续使用该商标。

第二节　商标使用许可

《商标法》第四十三条规定："商标注册人可以通过签订商标使用许可合同，许可他人使用其注册商标。许可人应当监督被许可人使用其注册商标的商品质量。被许可人应当保证使用该注册商标的商品质量。

"经许可使用他人注册商标的，必须在使用该注册商标的商品上标明被许可人的名称和商品产地。"

"许可他人使用其注册商标的，许可人应当将其商标使用许可报商标局备案，由商标局公告。商标使用许可未经备案不得对抗善意第三人。"

《商标法实施条例》第六十九条规定："许可他人使用其注册商标的，许可人应当在许可合同有效期内向商标局备案并报送备案材料。备案材料应当说明注册商标使用许可人、被许可人、许可期限、许可使用的商品或者服务范围等事项。"

注册商标的使用许可，应遵守《商标法》和《商标法实施条例》的相关规定。商标的使用许可，最好能够与该商标所使用商品或者服务的技术规范和质量要求结合起来，保证使用同一商标的不同许可使用人提供的商品和服务的品质统一性，避免出现商品或者服务质量参差不齐，从而影响被许可商标的品牌形象。许可合同的有效期可以长于被许可商标的有效期，但备案时备案的有效期不得超过商标的有效期。许可人应当对被许可人资质和被许可生产的商品或者服务的质量进行审查和监控，否则可能因被许可生产的商品或服务存在质量问题而承担相应的民事、行政责任。

一、注册商标使用许可的种类

根据被许可人取得的商标使用权的权利范围的不同，使用许可一般可以分为三类。

（一）独占使用许可

独占使用许可是指商标注册人在约定的期间、地域和以约定的方式、将该注册商标仅许可一个被许可人使用，商标注册人依约定不得使用该注册商标。

（二）排他使用许可

排他使用许可是指商标注册人在约定的期间、地域和以约定的方式，将该注册商标仅许可一个被许可人使用，商标注册人依约定可以使用该注册商标但不得另行许可他人使用该注册商标。

（三）普通使用许可

普通使用许可是指商标注册人在约定的时间、地域和以约定的方式，许可他人使用其注册商标，并可自行使用该注册商标和许可他人使用其注册商标。

二、许可合同的主要内容

许可合同的内容主要包括：

①许可人、被许可人的名称、地址；②许可使用形式；③许可使用的商标标识、类别、注册号、商标有效期限；④许可使用的商品或者服务范围，许可使用商品或者服务的范围应当小于或者等于商标注册证上核定使用范围；⑤许可使用的地域范围及使用期限；⑥被许可人在使用注册商标的商品上标明被许可人名称和商品产地的义务条款；⑦被许可人使用注册商标商品的质量保证及监督条款；⑧许可使用商标的标识提供方式；⑨许可人保证被许可商标合法有效，不存在权利瑕疵；⑩许可人保证在注册商标专用权受到侵害时，应当主动，或者配合独占被许可人和排他被许可人，或者依照普通被许可人的请求，及时排除妨碍、制止侵权；⑪许可人保证被许可商标持续有效的内容，如按期续展商标，不得在合同存续期间注销被许可商标等条款；⑫许可合同有效期间，许可人如将商标转让他人，应当如实告知被许可人，且商标转让不得影响许可使用合同的效力；⑬商标使用费数额、计算方法及其支付期限、方式；⑭合同的变更、解除及终止条件；⑮违约责任；⑯争议解决方式；⑰合同的生效方式；⑱其他条款。

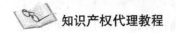

三、备案

许可人应当在许可合同有效期内向商标局备案并报送备案材料。备案由许可人办理，并缴纳备案申请费。

（一）备案材料

第一，《商标使用许可备案表》，采用固定格式，由许可人和被许可人签章；

第二，许可人和被许可人的身份证明文件复印件，包括营业执照、身份证等；

第三，再许可的，还需报送注册人同意注册商标使用再许可授权书；

第四，申请人直接在商标注册大厅办理的提交经办人的身份证复印件；委托商标代理机构办理的提交代理委托书。

（二）备案变更

许可人或被许可人名称变更、提前终止商标使用许可、撤回商标使用许可的，应另行办理备案。

第三节　商标权质押

一、商标权质押概论

根据《中华人民共和国担保法》（以下简称《担保法》）第七十五条的相关规定，依法可以转让的商标专用权可以设定质押。以依法可以转让的商标专用权出质的，出质人与质权人应当订立书面合同，并向其管理部门办理出质登记。质押合同自登记之日起生效。

《担保法》第七十九条规定的权利出质后，出质人不得转让或者许可他人使用，但经出质人与质权人协商同意的可以转让或者许可他人使用。出质人所得的转让费、许可费应当向质权人提前清偿所担保的债权或者向与质权人约定的第三人提存。

以依法可以转让的商标专用权出质的，出质人未经质权人同意而转让或者许可他人使用已出质权利的，应当认定为无效。因此给质权人或者第三人造成损失的，由出质人承担民事责任。

二、质押合同的内容

出质人与质权人应当订立商标专用权质押书面合同，质押合同的内容包括：①出质人与质权人的姓名（名称）、地址；②被担保的债权种类及数额；③债务人履行债务的期限；④出质注册商标的清单；⑤担保的范围；⑥当事人约定的其他事项。

三、质押登记

《商标法实施条例》第七十条规定："以注册商标专用权出质的，出质人与质权人应当签订书面质权合同，并共同向商标局提出质权登记申请，由商标局公告。"

出质人和质权人应当向国家工商行政管理总局商标局办理商标专用权质权登记，双方为共同申请人。

办理质权登记时应提交的文件包括：

（1）商标专用权质权登记申请书，采用固定格式，由申请人签章；

（2）出质人、质权人的主体资格证明（企业营业执照复印件）或者自然人身份证复印件；

（3）主合同和注册商标专用权质权合同原件或经公证的复印件；

（4）直接办理的，应当提交授权委托书及被委托人的身份证明；委托代理机构办理的，应当提交商标代理委托书；

（5）出质商标的注册证复印件；

（6）出质商标的价值评估报告，如果出质人和质权人双方已就出质商标专用权的价值达成一致意见并提交了相关书面认可文件，申请人可不再提交。

符合登记条件，经审查通过的，国家工商行政管理总局商标局予以登记，颁发商标专用权质权登记证。

第八章 商标诉讼的代理

发生商标确权、侵权或者合同纠纷，当事人起诉到法院，请求司法救济，是解决商标纠纷的有效途径。商标代理人需要对商标诉讼的管辖、证据规则、抗辩规则及法院诉讼程序等知识比较熟悉，掌握商标诉讼技巧。当发生商标确权、侵权或者合同纠纷后，商标权人依靠代理人的专门知识，可避免走弯路，在诉讼程序中占据主动，甚至可把握胜诉的主动权。

第一节 商标行政诉讼

一、商标确权诉讼

（一）商标确权诉讼案件的范围

商标确权诉讼案件的范围是不服国家工商行政管理总局商标评审委员会所做决定而起诉到北京市第一中级人民法院的所有行政诉讼案件，以及不服北京市第一中级人民法院就上述案件所做的一审判决而上诉到北京市高级人民法院的行政诉讼案件。

（二）商标确权诉讼案件的类型

依据商标评审委员会所做决定的类型，可以把商标确权诉讼案件划分为4种类型：

1. 不服商标评审委员会关于商标驳回复审决定的行政诉讼案件

《商标法》第三十四条规定："对驳回申请、不予公告的商标，商标局应当书面通知商标注册申请人。商标注册申请人不服的，可以自收到通知之日起十五日内向商标评审委员会申请复审。商标评审委员会应当自收到申请之日起九个月内做出决定，并书面通知申请人。有特殊情况需要延长的，经国务院工商行政管理部门批准，可以延长三个月。当事人对商标评审委员会的决定不服的，可以自收到通知之日起三十日内向人民法院起诉。"此类案件，商标评审委员会为被告。

2. 不服商标评审委员会关于商标异议复审决定的行政诉讼案件

《商标法》第三十五条第三款规定："商标局做出不予注册决定，被异议人不服的，可以自收到通知之日起十五日内向商标评审委员会申请复审。商标评审委员会应当自收到申请之日起十二个月内做出复审决定，并书面通知异议人和被异议人。有特殊情况需要延长的，经国务院工商行政管理部门批准，可以延长六个月。被异议人对商标评审委员会的决定不服的，可以自收到通知之日起三十日内向人民法院起诉。人民法院应当通知异议人作为第三人参加诉讼。"此类案件，商标评审委员会为被告，商标异议人为第三人。

3. 不服商标评审委员会关于注册商标无效宣告复审决定的行政诉讼案件

注册商标无效宣告案件有两种类型：一类涉及注册不当的商标，即《商标法》第四十四条第一款的规定："对已经注册的商标，违反本法第十条、第十一条、第十二条规定的，或者是以欺骗手段或者其他不正当手段取得注册的，由商标局宣告该注册商标无效；其他单位或者个人可以请求商标评审委员会宣告该注册商标无效。"当事人对商标评审委员会的决定不服的，可以自收到通知之日起三十日内向人民法院起诉。

另一类涉及侵犯在先权利或与在先商标冲突的商标，即《商标法》第四十五条第一款的规定："已经注册的商标，违反本法第十三条第二款和第三款、第十五条、第十六条第一款、第三十条、第三十一条、第三十二条规定的，自商标注册之日起五年内，在先权利人或者利害关系人可以请求商标评审委员会宣告该注册商标无效。对恶意注册的，驰名商标所有人不受五年的时间限制。"当事人对商标评审委员会的决定不服的，可以自收到通知之日起三十日内向人民法院起诉。

4. 不服商标评审委员会关于商标撤销复审决定的行政诉讼案件

《商标法》第五十四条规定："对商标局撤销或者不予撤销注册商标的决定，当事人不服的，可以自收到通知之日起十五日内向商标评审委员会申请复审。商标评审委员会应当自收到申请之日起九个月内做出决定，并书面通知当事人。有特殊情况需要延长的，经国务院工商行政管理部门批准，可以延长三个月。当事人对商标评审委员会的决定不服的，可以自收到通知之日起三十日内向人民法院起诉。"此类案件，商标评审委员会为被告。

（三） 商标确权诉讼案件的管辖

人民法院对行政诉讼案件的管辖主要涉及级别管辖和地域管辖。由于商标行政确权诉讼的被告都是国家工商行政管理总局商标评审委员会，所以涉及商标行政确权诉讼的第一审法院都是中级人民法院。作为被告的国家工商行政管理总局商标评审委员会的具体地址在北京市西城区三里河东路 8 号，属于北京市第一中级人民法院管辖辖区。因此凡是涉及商标行政确权诉讼的案件都由北京市第一中级人民法院管辖。

（四） 商标确权诉讼案件的当事人

商标行政确权诉讼中的原告，是指商标行政机关具体行政行为的相对人。原告可能是自然人、法人或其他组织。

商标行政确权诉讼的被告是比较确定的，均为商标评审委员会。

商标行政确权诉讼的第三人，是与被提起诉讼的商标行政机关的裁定行为有利害关系的，通过申请或法院通知的形式，参加诉讼的其他公民、法人或其他组织。

二、不服商标局决定的行政诉讼

（一） 范围

商标局作为履行商标注册职能的行政机关，必须依法行政。对商标局违法的具体行政行为，当事人可以依据《中华人民共和国行政诉讼法》（以下简称《行政诉讼法》）的规定，向人民法院提起行政诉讼。但是，对《商标法》《商标法实施条例》等相关法律、法规、司法解释规定的必须首先向商标评审委员会提出复审的具体行政行为，不得直接向人民法院起诉，而应当首先向商标评审委员会申请复审，对商标评审委员会的复审决定不服的，以商标评审委员会为被告，向人民法院提起行政诉讼。如对商标局做出的驳回商标注册申请的决定，当事人不能直接向人民法院起诉，而应当在法定期限内，向商标评审委员会提出复审请求。对商标评审委员会的决定不服的，再以商标评审委员会为被告，向北京市第一中级人民法院提起行政诉讼。

（二）类型

1. 具体相对人明确的案件

商标局在办理商标转让、变更、许可备案、质权登记过程中，对有关事项做出的准与不准的决定，或者不作为，或者具体行为错误等，当事人可以依据《行政诉讼法》的规定，以商标局为被告，向人民法院提起行政诉讼。

2. 批复类的案件

商标局作为商标主管机关，在日常监管当中，经常会涉及对下级单位的批复、批示，以及对其他商标问题请示、询问的回复。如果这些批复、批示、回复涉及了具体的商标权利，对相关权利主体的商标权进行了限制或者妨碍，损害了相关权利主体的商标权，而且对相关单位或者人员具有一定约束力，同样会引起针对商标局的行政诉讼。

三、不服工商行政管理机关有关商标执法行为的行政诉讼

（一）不服工商行政管理机关处罚决定的行政案件

工商行政管理机关对侵犯注册商标专用权行为的处罚，必须接受司法审查，即如果被处罚人或者第三人（主要指投诉人）对工商行政管理机关的决定不服，可以申请复议，对复议结果不服，可以依照《行政诉讼法》向有管辖权的人民法院提起行政诉讼。

（二）行政复议

对工商行政管理机关所作的决定不服的，可以在法定期限内向上一级行政机关申请复议。

（三）行政诉讼

对工商行政管理机关做出的处罚或者不处罚决定，当事人可以提起行政诉讼。同时，对于工商行政管理机关的不作为行为，投诉人同样可以提起诉讼。

在有些地方，还存在地方保护主义，当商标注册人发现自己的商标被侵权而向当地工商行政管理机关投诉时，工商行政管理机关不予理睬。在这种情况下，当事人就该不作为行为提起诉讼，也是一种比较好的选择。

第二节 商标民事诉讼

商标专用权的民事保护基于当事人的起诉，实行"民不举、官不究"的原则，根据《商标法》第六十条的规定，商标注册人、被许可人及其他利害关系人可以到人民法院起诉，追究侵权人的停止侵权和赔偿损失的民事责任。

一、管辖法院

商标民事诉讼的管辖主要涉及级别管辖和地域管辖。

（一）级别管辖

根据《最高人民法院关于审理商标案件有关管辖和法律适用范围问题的解释》（以下简称《商标案件解释》）第二条的规定，商标民事纠纷案一审案件，由中级以上人民法院管辖。各高级人民法院根据本辖区的实际情况，经最高人民法院批准，可以在较大城市确定1~2个基层人民法院受理第一审商标民事纠纷案件。商标案件较以往在整体上提高了商标民事纠纷案件的级别管辖。由中级人民法院受理第一审商标民事纠纷案件，能够在商标案件数量少、案件分布相对分散的情况下，解决审判经验的积累和统一执法尺度问题，也不会产生当事人参加诉讼不方便的问题。以上解释在规定商标民事案件由中级以上人民法院作为第一审法院的同时，对基层人民法院受理第一审商标民事纠纷案件也没有完全排斥，而是作了一定的保留，即授权高级人民法院在较大城市可以指定1~2个基层人民法院审理第一审商标民事纠纷案件。

（二）地域管辖

根据《商标案件解释》第一条规定，商标民事纠纷案件大致可以分为商标权属案件、商标合同案件、侵犯商标权案件、商标财产保全和证据保全案件等。

1. 侵犯商标权案件的地域管辖

对于侵权案件来讲，民事诉讼法规定因侵权行为提起的诉讼，由侵权行为地或被告住所地法院管辖。由于最高人民法院对商标案件规定了特殊的管辖，因此侵犯商标专用权纠纷的案件的管辖与一般侵权案件的管辖不同。基层人民法院对商标侵权案件一般并无管辖权，而基层人民法院对一般性侵权纠纷一般有管辖权。因此，对于商标侵权纠纷而言，侵权地法院或者被告住所地法院一般指的是侵权地或者被告住所地的中级人民法院，而不是基层人民法院，只有高级人民法院确定的并经最高人民法院批准的较大城市的基层人民法院才有商标案件的管辖权。

按照最高人民法院的司法解释，侵权行为地，包括侵权行为实施地、侵权结果发生地。商标侵权案件的侵权行为地也包括侵权行为实施地和侵权结果发生地。《商标案件解释》第六条将侵权行为实施地具体解释为《商标法》第十三条、第五十二条所规定的侵权行为的实施地。同时考虑实践中新出现的涉及大量侵权商品储存、隐匿，以及海关等行政机关对侵权复制品查封扣押的案件，管辖上尚不明确的情形，明确规定侵权商品的储藏地或者海关、工商等行政机关依法查封、扣押侵权商品的所在地，被告的住所地，可以作为确定管辖的依据，而对侵权结果地不再加以规定。最高人民法院在1998年《关于全国部分法院知识产权审判工作座谈会纪要》中曾经指出，在知识产权侵权纠纷案件中，侵权结果发生地，应当理解为是侵权行为直接产生的结果发生地，不能以原告受到损害就认为原告所在地就是侵权结果发生地。从理论上讲，只要在某一个地方给权利人造成了损害后果，那么该地就是侵权结果发生地。对商标侵权案件来说，商标权人的住所地或者主要营业机构所在地一般应为侵权结果发生地，因为侵权的结果就是对商标权人的生产、销售、营业收入等产生影响，从这个意义上讲，商标权人的住所地或者主要营业机构所在地可以视为侵权结果发生地。当然，如果在侵权行为发生地发生了侵权结果，该地也可视为侵权结果发生地。

2. 商标合同纠纷案件的管辖

合同纠纷的管辖，《中华人民共和国民事诉讼法》（以下简称《民事诉讼法》）第二十三条规定，由被告住所地或者合同履行地法院管辖。根据《最高人民法院关于适用〈中华人民共和国民事诉讼法〉若干问题的意见》（以下简称《民诉法意见》）的规定，当事人约定的履行地与实际履行地不一致的，以实际履行地为准。如果合同没有实际履行，当事人双方住所地又都不在合同约定的履行地的，应由被告住所地法院管辖。

一般来说，合同履行地的确定要遵循以下原则。如果当事人有明确的约定，并且当事人约定的履行地与实际履行地又一致的，或者约定与实际履行地不一致的，一律以实际履行地为准。如果当事人没有约定或者约定不明确的，按照《合同法》第六十二条、第一百四十一条的规定，当事人没有约定交付地点或者约定不明确，依据《合同法》第六十一条的规定仍不能确定的，适用下列规定：标的物需要运输的，出卖人应当将标的物交付给第一承运人以运交给买受人；标的物不需要运输，出卖人和买受人订立合同时知道标的物在某一地点的，出卖人应当在该地点交付标的物；不知道标的物在某一地点的，应当在出卖人订立合同时的营业地交付标的物；履行地点不明确，给付货币的，在接受货币一方所在地履行；交付不动产的，在不动产所在地履行；其他标的，在履行义务一方所在地履行。对于商标合同纠纷案件，除商标专用权转让合同纠纷案和商标许可合同纠纷案件外，应当按照上述管辖原则来确定。

对合同责任与侵权责任竞合的商标案件，由于当事人可以选择诉因起诉，因此该案件的管辖应当按照当事人选择的诉因来确定。

3. 诉前停止侵权与财产保全案件管辖

《商标法》第六十五条规定，商标注册人或者利害关系人可以向人民法院提出诉前责令停止侵犯注册商标专用权行为的申请。《最高人民法院关于诉前停止侵犯注册商标专用权行为和保全证据适用法律问题的解释》（以下简称《商标权解释》）第二条规定，诉前责令停止侵犯注册商标专用权行为或者保全证据的申请，应当向侵权行为地或者被申请人住所地对商标案件有管辖权的人民法院提出。

对涉及商标案件的诉前财产保全案件，《民诉法意见》第三十一条规定："诉前财产保全，由当事人向财产所在地的人民法院申请。在人民法院采取诉前财产保全后，申请人起诉的，可以向采取诉前财产保全的人民法院或者其他有管辖权的人民法院提起。"根据以上规定和《商标案件解释》第一条、第二条规定，诉前财产保全案件，应当向侵权行为地或者被申请人所在地对商标案件有管辖权的法院提出。

商标案件的证据保全案件，也应由侵权行为地或者被申请人住所地的有商标管辖权的法院管辖。这与普通证据保全案件的管辖是不同的。

4. 商标专用权权属纠纷等其他商标案件管辖

商标专用权权属纠纷案件，是指双方当事人对商标专用权的归属发生争议。根据《解释》的规定，管辖法院应是有商标案件管辖权的法院，即指被告住所地的中级人民法院或者被告住所地有商标案件管辖权的基层人民法院。其他商标民事案件与商标专用权权属纠纷案件，也应由被告住所地有商标案件管辖权的人民法院管辖。

因侵犯注册商标专用权行为提起的民事诉讼，由《商标法》第五十七条所规定侵权行为的实施地、侵权商品的储藏地或者查封扣押地、被告住所地人民法院管辖。侵权商品的储藏地，是指大量或者经常性储存、隐匿侵权商品所在地；查封扣押地，是指海关、工商等行政机关依法查封、扣押侵权商品所在地。

对涉及不同侵权行为实施地的多个被告提起的共同诉讼，原告可以选择其中一个被告的侵权行为实施地人民法院管辖；仅对其中某一被告提起的诉讼，该被告侵权行为实施地的人民法院有管辖权。这里的共同诉讼既包括同一新产品从生产到批发到零售的若干参与者，也包括一个生产者和数个平行的销售者。

二、当事人

诉讼当事人是构成诉讼不可缺少的要素，作为主要的诉讼主体，它是诉讼权利义务的主要承担者，它对于诉讼的发生、发展和终结都有重要的作用。

（一）原告

根据《民事诉讼法》第四十八条和第一百一十九条的规定，原告是指因自己的民事权益受到侵犯或者与他人发生争议，以自己的名义向人民法院提起诉讼，从而引起民事诉讼程序发生的人。

商标民事诉讼中的原告包括商标注册人；独占被许可人（此时是单独的原告）；排他被许可人（一般情况下与商标注册人是共同原告；注册人书面放弃时是单独原告）；普通被许可人（经注册人授权，可单独作为原告）。

（二）被告

根据《民事诉讼法》第四十八条和第一百一十九条的规定，被告是指经原告声称曾侵犯其民事权益或与其发生争议，而由人民法院通知应诉的人。

商标民事诉讼中的被告主要指商标注册人、独占被许可人、排他被许可人、普通被许可人认为侵犯其权益或者与其发生纠纷的人。

（三）共同诉讼人

在一般的民事诉讼中，一个案件通常是一个原告和一个被告，但是，在某些特殊的案件中，也会发生原告和被告为两个或两个以上的情况，称为共同原告或共同被告，共同原告和共同被告统称为共同诉讼人。如在商标民事诉讼中，商标注册人和排他被许可人在一般情况下就是共同原告。

（四）第三人

在民事诉讼中，每一个诉讼程序总是有两方当事人（即原告和被告）参加，但是，在某些特殊情况下，还有可能有第三人加入。第三人，是指对他人争议的诉讼标的具有独立的请求权，或者虽然没有独立的请求权，但是案件的处理结果与其有法律上的利害关系，因而参加到他人已经开始的诉讼中来的人。

三、证据收集

根据《民事诉讼法》确立的当事人举证责任制度，除属于人民法院调查收集的证据外，商标诉讼证据主要由当事人提供。因此，发生商标权益纠纷后，采取有效、便捷的证据收集方法，收集能支持其主张的有力证据，是当事人的首要任务。

（一）当事人自己收集证据

商标诉讼中的绝大多数证据是由当事人自己收集的，这是民事诉讼的特点。商标所有人要证明侵权人的侵权事实成立，须有一定的与诉讼请求相对应的证据。

当事人要针对案件的不同特点收集以下证据：

（1）证明自己是权利人及权利范围的证据。如在商标侵权诉讼中，原告应是被侵犯商标权的商标所有人、或商标的独占、排他许可合同的被许可人等。

（2）证明商标权侵权行为发生及危害程度的证据。这是商标权侵权诉讼关键的证据之一，也是较难收集的证据。目的是通过取证，让已经发生的，或正在发生的商标权侵权行为以证据的形式固定下来，以便在法庭证明侵权事实的存在。

（3）证明侵权人身份的证据。对被诉的侵权企业（或个人）真实的全称、住所地或主要营业地等，都须完整和准确地证实，并取得相关的证据材料。

（4）证明侵权行为地的证据。侵权行为地是确定管辖法院的依据，证明侵权行为地的证据对认定侵权行为也起着证明或佐证的作用。

（5）证明侵权人在侵权期间因侵权所获得的利益，或者被侵权人在被侵权期间因被侵权所受到的损失的证据。《商标法》第六十三条第一款规定："侵犯商标专用权的赔偿数额，按照权利人因被侵权所受到的实际损失确定；实际损失难以确定的，可以按照侵权人因侵权所获得的利益确定；权利人的损失或者侵权人获得的利益难以确定的，参照该商标许可使用费的倍数合理确定。对恶意侵犯商标专用权，情节严重的，可以在按照上述方法确定数额的一倍以上三倍以下确定赔偿数额。赔偿数额应当包括权利人为制止侵权行为所支付的合理开支。"上述两方面的证据，涉及赔偿数额的确定。

（6）被侵权商标知名度或者受保护的记录证据。这些证据涉及被侵权商标是否具备认定为驰名商标的条件。

（7）类似商品，近似商标等其他方面的证据。

（二）公证机关协助收集证据

当事人自行收集证据，有时受到时间、地点、条件的限制，很难全面地反映事物的全部信息，如证据取得的过程、时间、地点等；再如，存在于因特网上的侵权软件，因软件的脆弱性决定了其作为证据保存及证明其存在时间的难度。近年来，在商标诉讼等知识产权诉讼中，公证机关取证成为有些当事人选择的取证方式。

公证证据在商标诉讼中的应用广泛而频繁，从权利存在及其存在状态到侵权人、侵权行为状态、侵权损害程度，从商标权保护到其他权益的保护，都能以公证证据来证明。尤其在商标权侵权诉讼的司法实践中，相当部分的案件尤其是胜诉案件在审理中都使用了公证证据。

商标权侵权诉讼中公证取证主要用以确定被控侵权人和被控侵权物，一般的程序是：对原告以普通消费者身份购买被控侵权产品的过程进行公证，同时对所购产品进行证据保全。在网络侵权案件中则一般是对进入涉嫌侵权页面的路径、过程，以及该页面涉及侵权的全部内容进行的证据保全公证。上述取证方式能直接反映被控侵权物的全面状况及与被控侵权人（包括生产者和销售者）之间的联系。据此，原告拥有了被告涉嫌侵权的初步证据，可以在起诉的同时申请法院对被告的财务资料、产品等进行证据保全，以进一步查明被告所涉侵权数量和利润等。因此，公证取证往往是诉讼的先行步骤。

（三）调取工商等行政执法部门收集的证据

商标诉讼的当事人可以向工商行政管理部门举报商标权被侵权，对侵权人的行为由工商行政管理部门查处。工商行政管理部门因举报或查处过程中收集的证据，以及处罚决定，都可以成为法院受理侵权赔偿案件证据的来源。

对工商行政管理部门在行政处罚时收集的证据和处罚决定，当事人可以自行调取复制件。如当事人调取有困难的，法院可以根据《民事诉讼法》第六十七条的规定，经当事人申请后调取上述证据。

（四）诉前申请证据保全

《商标法》第六十六条规定："为制止侵权行为，在证据可能灭失或者以后难以取得的情况下，商标注册人或者利害关系人可以在起诉前向人民法院申请保全证据。

人民法院接受申请后，必须在四十八小时内做出裁定；裁定采取保全措施的，应当立即开始执行。

人民法院可以责令申请人提供担保，申请人不提供担保的，驳回申请。

申请人在人民法院采取保全措施后三十日内不起诉的，人民法院应当解除保全措施。"

据此，商标注册人或利害关系人可以向侵权行为地或者被申请人住所地对商标案件有管辖权的人民法院提出诉前保全证据的申请。

（五）当事人申请人民法院调查收集证据

《民事诉讼法》第六十四条第二款规定："当事人及其诉讼代理人因客观

原因不能自行收集的证据，或者人民法院认为审理案件需要的证据，人民法院应当调查收集。"《最高人民法院关于民事诉讼证据的若干规定》第三条第二款规定："当事人因客观原因不能自行收集的证据，可申请人民法院调查收集。"第十六条规定："除本规定第十五条规定的情形外，人民法院调查收集证据，应当依当事人的申请进行。"因此，商标民事诉讼的当事人可以申请人民法院调查收集相关证据。

四、诉前临时保护措施

《商标法》第六十五条规定："商标注册人或者利害关系人有证据证明他人正在实施或者即将实施侵犯其注册商标专用权的行为，如不及时制止将会使其合法权益受到难以弥补的损害的，可以依法在起诉前向人民法院申请采取责令停止有关行为和财产保全的措施。"

人民法院处理前款申请，适用《民事诉讼法》第一百条至第一百零三条和第一百零八条的规定。

据此，诉前临时保护措施有两种：一是诉前责令停止侵犯注册商标专用权行为；二是诉前财产保全。

（一）诉前责令停止侵犯注册商标专用权行为

根据《商标法》第六十五条和《商标权解释》，商标纠纷案件的当事人可以申请采取诉前停止侵犯注册商标专用权行为的临时保护措施。

诉前请求停止侵权行为的申请人是商标注册人或者利害关系人。诉前责令停止侵犯注册商标专用权行为的申请，应当向侵权行为地或者被申请人住所地对商标案件有管辖权的人民法院提出。申请人提出诉前停止侵犯注册商标专用权行为的申请时应当提供担保。根据《商标权解释》第九条的规定，人民法院接受商标注册人或者利害关系人提出责令停止侵犯注册商标专用权行为的申请后，经审查符合本规定第四条的，应当在四十八小时内作出书面裁定；裁定责令被申请人停止侵犯注册商标专用权行为的，应当立即执行。当事人对诉前责令停止侵犯注册商标专用权行为裁定不服的，可以在收到裁定之日起十日内申请复议一次，复议期间不停止裁定的执行。责令停止侵权行为的措施是对商标注册人或者利害关系人提供的临时救济，商标注册人或者利害关系人在人民法院采取停止有关行为或者保全证据的措施后三十日内不起诉的，人民法院应当解除裁定采取的措施，申请人不起诉或者申请错误造成被申请人损失的，被申请人可以向有管辖权的人民法院起诉请求申请人赔偿，也可以在商标注册人或者利害关系人提起的侵犯注册商标专用权的诉讼中提出损害赔偿请求，人民法院可以一并处理。

（二）诉前财产保全

根据《商标法》第六十五条、《民事诉讼法》第一百条至第一百零三条和第一百零八条，以及《最高人民法院关于人民法院对注册商标进行财产保全的解释》的规定，商标纠纷案件当事人可以申请诉前财产保全的临时保护措施。

申请诉前财产保全必须在情况紧急，不及时采取保全措施，将会使申请人的合法权益受到难以弥补的损害。必须是商标注册人或者利害关系人提出申请。申请人应当提供担保。诉前财产保全的申请应当向被保全财产所在地的人民法院提出。自人民法院采取保全措施后三十日内，申请人应当向人民法院起诉，超过三十日不起诉的，人民法院应当解除诉前财产保全。财产保全的措施包括查封、扣押、冻结及法律规定的其他方法。申请人申请诉前财产保全措施错误，如果给被申请人造成财产损失引起诉讼的，由采取财产保全措施的人民法院管辖，经查实确已造成被申请人财物损失的，人民法院即应从申请人的担保财物中给予被申请人赔偿。人民法院关于财产保全的裁定一经作出，就立即执行，该裁定的效力一般应维持到生效的法律文书执行时止。如果当事人对财产保全的裁定不服，当事人有权向受诉人民法院申请复议一次。但是，在复议期间，当事人不得停止原裁定的执行。人民法院对当事人提出的财产保全裁定的复议应当及时进行审查。人民法院经过复议，认为原裁定正确的，应驳回当事人复议申请，驳回应当使用通知书形式；认为裁定不当的，应以裁定的形式变更或撤销原裁定。

第九章　专利代理概论

第一节　专利代理概述

一、专利代理的概念

（一）专利代理

专利代理是指专利代理机构以委托人的名义，在代理权限范围内办理专利申请或者其他专利事务的活动。

（二）专利代理关系

专利代理是民事代理的一种，专利代理行为所产生的关系属于民法上的代理关系，涉及三方当事人，并由此形成三个方面的关系，一是专利代理机构与委托人之间的关系，由委托人基于委托授权行为而形成的关系，二是专利代理机构与第三人之间的关系，三是委托人与第三人之间的关系。在三方当事人中，专利代理机构是指依法经批准成立的，具有专利事务代理资质的组织，专利代理机构包括专门办理专利事务的专利代理机构和兼营办理专利事务的律师事务所；委托人主要是专利申请人、专利权人或其他利害关系人；第三人可以是国家知识产权局，或地方专利管理机关，还可能是与委托人有利害关系的人。

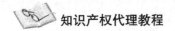

（三）专利代理权的产生

专利代理属于委托代理。❶ 这种代理是基于委托人的委托授权而产生的代理，也就是根据委托人的意思表示，将代理权授予代理人。代理人必须经委托人委托授权之后，才具有代理权。根据《民法通则》的规定，民事法律行为的委托代理既可以采用书面形式，也可以采用口头形式。但是，根据《中华人民共和国专利法实施细则》（以下简称《专利法实施细则》）的规定，对于专利代理这种委托代理来说，委托人必须以委托书的方式进行书面授权。这样的要求有利于明确代理人的权限，同时也使作为第三人的国家知识产权局能够准确地确认委托人与代理机构之间的代理关系，并能够有效地与代理人进行联系。

在专利代理活动中，接受委托的专利代理机构向国家知识产权局办理申请专利和其他专利事务，必须在提交专利申请文件的同时向国家知识产权局提交委托书，写明委托权限。如前所述，委托授权是委托人单方的民事行为，是指委托人将代理权授予专利代理机构的行为，所以委托书上只要有委托人签名或盖章，就产生委托的法律效力。另外，在委托书上还要有委托事项、委托日期、代理机构盖章，其意义在于让第三人知道相关情况，以判断代理人是否有权从事某些行为，从而依法做出相应处理。

为了避免专利代理机构和委托人之间可能发生的纠纷，保障专利代理机构和委托人各自的权益，必要时专利代理机构还应该与委托人订立委托代理合同。委托代理合同是确定委托人和专利代理机构之间权利和义务关系的协议，是双方民事法律行为，合同书上必须有双方的签名或盖章，才能产生法律效力。

在专利代理关系中，法律意义上的代理人是专利代理机构，而不是具体办理代理事项的专利代理人个人。专利代理人不直接与委托人发生法律关系，他只是作为代理机构的工作人员具体从事代理事宜。如果专利代理人履行职责中的行为损害了委托人的利益，应由作为代理人的专利代理机构对委托人承担责任。

---

❶ 吴观乐. 专利代理实务[M]. 北京:知识产权出版社,2006:16.

二、专利代理的特征

专利代理具有一般民事代理的特点，同时又具有区别于一般民事代理的特征。

（一）专利代理的内容仅限于专利事务

在专利代理关系中，专利代理人所进行的代理主要是围绕专利权的取得、运用、保护等内容而进行的，仅限于专利事务或与专利有关的事务。

（二）法律对专利代理人的资格有特殊要求

在专利代理关系中，由于专利代理人所进行的代理活动主要是围绕专利权的取得、运用、保护等内容开展活动，内容涉及科学技术领域，这就要求代理人必须具有较为广泛的技术知识和较为深入的专利实践技能，熟悉相关法律法规。按照相关法律规定，专利代理人必须具有大专以上理工科学历，熟悉其所属技术领域的技术知识，熟悉授予专利权的标准，既懂技术又懂法律，必须通过国家统一的全国专利代理人资格考试，获得专利代理人资格以后，才能开展专利代理业务。

三、专利代理制度的发展和作用

（一）我国专利代理制度的建立

我国专利代理制度是随着专利制度的建立而逐步建立起来的。1984 年 3 月 12 日，我国颁布了第一部专利法，该法自 1985 年 4 月 1 日起施行。为了配合专利法的实施，原中国专利局从 1984 年下半年开始选派具有专业技术和法律基础、又经过系统专利知识培训的人员，在全国各地举办专利代理人学习班，学习班的学员来自全国科研系统、大专院校、国有企业。经过专利法、专利申请文件撰写、专利审批程序等内容的专门培训，六千余人通过了结业考试，并取得了原中国专利局颁发的为期两年的专利代理人临时证书。这些取得临时证书的人员就是我国最早的一批专利代理人。在此后的一年多时间里，全国有 200 多个由这些取得专利代理人临时证书的人员组建的专利代理机构在原中国专利局备案。

为了规范专利代理工作，原中国专利局于 1985 年 9 月 12 日发布了经国务院批准的《专利代理暂行规定》对专利代理机构的设置、专利代理的业务范围、专利代理人的考试及专利代理人的执业要求等作出了明确的规定。《专利代理暂行规定》的颁发，为我国专利代理奠定了初步的规范基础，标志着我国专利代理制度的初步建立。

（二）我国专利代理制度的发展

为了使专利代理机构的设立、专利代理人的执业、专利代理的管理工作走向法治化，原中国专利局依据《专利代理暂行规定》对专利代理工作展开了一系列的工作。首先是对持有专利代理人临时证书的人员进行了考核换证工作。考核的具体要求包括持证人员的学历和经历是否符合规定的条件，是否在专利代理机构从事过专利代理工作。凡是不符合规定条件或者是未曾从事专利代理工作的人员均不予换证。通过考核的人员换领了专利代理人证书。其次是组建了专利代理人考核委员会，该委员会由原中国专利局、教育部、司法部和专利代理机构的代表组成。考核委员会分别于 1988 年、1990 年组织了两次专利代理人的全国统一考试。

1991 年 4 月 1 日，国务院颁布《专利代理条例》，标志着我国专利代理制度逐步完善。与《专利代理暂行规定》相比，《专利代理条例》在三个方面对专利代理制度进行了完善：①将专利代理人资格与从业相分离。《专利代理条例》规定，取得专利代理人资格的人员必须接受专利代理机构的聘用，领取专利代理人工作证之后，才能够以专利代理人的名义从事专利代理业务。②实行专利代理人资格的全国统一考试。《专利代理条件》对专利代理人资格考试的组织机构、参考人员的条件、考试的形式、资格证书的名称和颁发方式等都作出了具体规定。③明确了对专利代理机构和专利代理人的管理要求。《专利代理条件》规定，由原中国专利局履行对专利代理机构和专利代理人的管理职责。《专利代理条件》还对专利代理机构的性质和业务范围、责任承担、设立条件和审批程序等问题作出了具体规定，对专利代理人的职业道德和执业纪律也提出了原则性的要求。

1988 年，中华全国专利代理人协会成立，标志着中国专利代理人有了自己的行业团体。中华全国专利代理人协会是中国专利代理机构和专利代理人的行业社会团体。凡是经过国务院专利管理部门批准备案的专利代理机构都是该协会的团体会员，在专利代理机构执业的专利代理人都是该协会的个人会员。协会的主要工作是：维护专利代理人的合法权益，加强专利代理人的职业道德和执业纪律教育，交流总结专利代理的工作经验，培训提高专利代理人的业务水平，加强同国外专利代理组织之间的联系与合作。

（三）专利代理制度的作用

专利代理在专利制度中的作用可以概括为以下几个方面：

1. 有利于发明创造获得专利保护

对发明创造授予专利权是一项专业性、技术性很强的工作，就专利申请而言，专利申请属于专业性、技术性很强的工作，普通的发明创造者如果没有接受过专门训练和必要的实践经验，自己申请专利的难度很大。专利代理人受过专门的专利代理业务培训，他们不仅有科技专业知识，有《专利法》及相关法律知识，更为重要的是有撰写专利申请文件、办理专利申请事宜的能力和实践经验。他们可以帮助申请人撰写申请文件，办理具体的申请事务。通过专利代理人的代理工作，申请人获得专利权和有效专利保护的机会将大为提高，因此有利于对发明创造的专利保护。

2. 有利于提高专利审批机关的工作效率

国家知识产权局专利审批工作的效率与专利申请文件的撰写质量密切相关。经过专门培训、具有执业经验的专利代理人撰写的专利申请文件一般可以防止不应有的失误。专利代理人能够对国家知识产权局发出的审查意见做出及时而适当的答复，做出有说服力的陈述，从而避免因为反复修改、补正、非必要的意见陈述和会晤而拖延审批时间，使审查工作顺利地进行。因此，专利代理人的工作可以减轻国家知识产权局专利审查部门的工作负担，有助于加速审批程序的进行。

3. 有利于维护当事人的合法权益

专利制度的核心是对授予专利权的发明创造给予法律保护，专利申请文件是国际上公认的写作难度较高的文件之一，在技术性、法律性及文件的规范性等方面均有严格的要求，发明人对自己发明创造的技术性了如指掌，但是对专利申请文件的规范性和法律性不一定十分熟悉，这将不利于发明人在专利的申请、确权或维权中为自己争取更大的权利。专利代理人通常具有较为丰富的专利文件撰写经验，通过专利代理可以为申请人争取较大的权利保护范围，使授权后的专利尽量稳定，避免发明创造所保护的权利范围被别人轻易绕开。专利诉讼同样如此，对专利授权的判断和对专利权的确定不仅涉及较为复杂的法律问题，还涉及复杂的技术问题，没有经过专利方面的培训或者没有相应技术背景的律师往往难以胜任，对这种情况比较适宜的做法是同时委托专利代理机构和律师共同承办专利诉讼。可见，专利代理制度无论在专利申请还是专利维权方面都有利于维护当事人的合法权益。

4. 有利于促进专利技术的推广应用

根据我国《专利法》第一条的规定，制定《专利法》的宗旨是：为了保护专利权人的合法权益，鼓励发明创造，推动发明创造的应用，提高创新能力，促进科学技术进步和经济社会发展。推动发明创造的应用，提高创新能力离不开专利代理制度。专利代理人与科研部门、高等院校和企业联系密切，参与了专利申请、审查和批准等各阶段专利事务，对专利的技术细节和技术指标、功能、用途及其法律状态了解深入，也了解高新技术的供需情况，可以在许可贸易中发挥积极作用，推动发明创造的应用，促进创新。

5. 有利于对外开放和便于涉外专利事务的开展

我国专利制度是适应我国对外开放政策建立的，因而专利制度建立后必定会出现不少涉外专利申请，在我国专利制度实施的最初几年，涉外的发明专利申请量高于国内专利申请量，随着全球经济一体化进程的加快，涉外的发明专利申请还会占有相当大的比重。为方便涉外专利申请和其他涉外专利事务的开展，专利代理既成为外国专利申请人或外国专利权人与国家知识产权局或国内其他相关第三人之间的桥梁，又成为我国单位或个人与外国专利局或国外其他相关第三人之间的桥梁。因此，专利代理制度的建立方便了涉外专利事务的开展，适应了我国对外开放政策的需要。

第二节　专利代理机构和专利代理人

一、专利代理机构的设立

（一）专利代理机构的组织形式

目前，专利代理机构包括经批准能够办理专利代理事务的专利代理机构和律师事务所。其中，专门办理专利代理事务的专利代理机构的组织形式分为合伙制专利代理机构和有限责任制专利代理机构两种。

（二）专利代理机构的设立条件

申请设立专利代理机构的，应当符合以下条件：

1. 具有机构的名称和章程（合伙协议）

专利代理机构的名称应当由该机构所在城市名称+字号+专利代理事务所或专利代理有限公司或知识产权代理事务所或知识产权代理有限公司组成。其字号不得在全国范围内与正在使用或者已经使用过的专利代理机构的字号相同或者相近似。律师事务所开办专利代理业务的，可以使用该律师事务所的名称。

合伙制的专利代理机构应该提供合伙协议，有限责任制代理机构应该提供公司章程。专利代理机构章程是指代理机构依法制定的、规定机构名称、住所、经营范围、经营管理制度等重大事项的基本文件，也是代理机构必备的规定公司组织及活动基本规则的书面文件。

2. 具有规定数量的专利代理人

申请设立合伙制专利代理机构的，应当由 3 名以上具有专利代理人资格的人员共同出资发起设立，对该专利代理机构的债务承担无限连带责任。

申请设立有限责任制专利代理机构的，应当由 5 名以上具有专利代理人资格的人员共同出资发起设立，以该专利代理机构的全部资产对其债务承担责任。

律师事务所申请开办专利代理业务的，在该律师事务所执业的专职律师中应当有 3 名以上具有专利代理人资格。

3. 具有必要的资金

申请设立合伙制专利代理机构的应当有不低于 5 万元人民币的资金，申请设立有限责任制专利代理机构的应当有不低于 10 万元人民币的资金。

4. 具有固定的办公场所和必要的工作设施

需要提供房屋产权证、租赁合同设备、设施清单等证明材料。

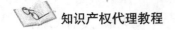

5. 机构负责人应当具有专利代理人资格

此外，出资发起人员还应当符合如下条件：

具有专利代理人资格；

专职从事专利代理业务；

具有良好的职业道德；

年龄不得超过 65 周岁；

不属于《专利代理条例》第二十五条规定所列情形人员。

根据《专利代理条例》第二十五条规定，专利代理人有下列行为之一，如不履行职责或者不称职以致损害委托人利益的；泄露或者剽窃委托人的发明创造内容的；超越代理权限，损害委托人利益的；私自接受委托，承办专利代理业务的，收取费用的；情节轻微的，由其所在的专利代理机构给予批评教育。情节严重的，可以由其所在的专利代理机构解除聘任关系，并收回其专利代理人工作证；由省、自治区、直辖市专利管理机关给予警告或者由中国专利局给予吊销专利代理人资格证书的处罚。

每个专利代理机构只能享有和使用一个名称，该名称不得在全国范围内与正在使用或者已使用过的专利代理机构名称相同或者相近似。合伙制专利代理机构的名称应当为所在城市名称+字号+专利事务所；有限责任制专利代理机构的名称应当为所在城市名称+字号+专利代理有限责任公司。律师事务所开办专利代理业务的，可以使用该律师事务所的名称。

（三）设立专利代理机构应准备和提交的申请材料

《专利代理条例》第五条及《专利代理管理办法》第八条中规定，在设立专利代理机构报批过程中，应当向审批机关提交与专利代理机构设立条件相对应的、符合要求的各种证明文件和材料。例如，专利代理机构的合伙协议书或章程、验资证明、办公场所和工作设施的证明等。

（四）设立专利代理机构的审批程序

申请设立专利代理机构的，应当以一名专利代理人身份在国家知识产权局专利代理管理系统（http：//dlgl. sipo. gov. cn/）中进行注册，登录系统后提出申请。办理流程如下：

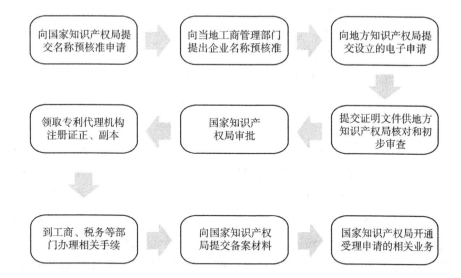

1. 名称预核准

提出设立申请前，首先通过国家知识产权局专利代理管理系统向国家知识产权局提出名称预核准申请，其中可包含一个或多个有意向的机构名称，在线填写专利代理机构名称预核准申请表，由国家知识产权局核准可用的机构名称。

拟申请合伙制代理机构的，需要在申请时明确选择组织形式具体为普通合伙或者特殊普通合伙。并应当首先咨询当地工商行政管理部门，以确定注册的名称中是否需要在字号后面区分合伙制的组织形式。例如，名称可以仅为"XX专利代理事务所"，或者应当为"XX专利代理事务所（普通合伙）"字样。提出名称预核准时，应当填报符合当地工商行政管理部门要求的名称。

名称预核准通过后，申请人应当持核准同意使用的名称，向所在地的工商行政管理部门提出企业名称预核准。工商行政管理部门企业名称预核准通过后，申请人可以提出设立专利代理机构的申请。

2. 提交设立申请

通过专利代理管理系统向代理机构所在地的省、自治区、直辖市知识产权局提出设立申请，在线填写下列表格：设立专利代理机构申请表；专利代理人登记表，每人一份；专利代理机构工作设施登记表。同时，上传下列文件的电子扫描件：合伙协议书或章程；验资证明；每个专利代理人的专利代理人资格证、身份证；每个专利代理人的人事档案存放证明或离退休证件，曾在专利代理机构执业的，还应当提交其所在原专利代理机构出具的解聘证明；办公场所证明（房屋租赁合同等）；当地工商行政管理部门出具的企业名称预核准通知；其他必要的证明材料。❶

3. 电子审批、文件核实及备案

经所在地知识产权局电子审查通过后，申请人应当提交下述证明文件的原件或复印件供所在地知识产权局核实：合伙协议书或章程原件 1 份；验资证明原件 1 份；专利代理人资格证、身份证原件及复印件每人 1 份；专利代理人的人事档案存放证明原件或离退休证件原件及复印件每人 1 份，曾在专利代理机构执业的，还应当提交其所在原专利代理机构出具的解聘证明原件 1 份；办公场所证明（房屋租赁合同等）原件或者复印件 1 份；当地工商行政管理部门出具的企业名称预核准通知原件及复印件 1 份；其他必要的证明材料的纸件。所有材料应当采用 A4 纸张打印或将相应的证明文件粘贴在空白的 A4 纸张上。

经所在地知识产权局审查合格，国家知识产权局批准后发放专利代理机构注册证正、副本。专利代理机构领取专利代理机构注册证正、副本后需尽快到工商、税务等部门办理相关手续，并及时向国家知识产权局提交下列材料进行备案：盖有工商行政管理部门骑缝章的章程原件一份；盖有专利代理机构公章的合伙企业营业执照或企业法人营业执照、税务登记证的复印件各一份；专利代理机构有业务专用章的，还需提交盖有业务专用章和专利代理机构公章的表格一式两份。

4. 办理专利代理人执业证书

经国家知识产权局正式批准后的专利代理机构应当自颁发专利代理机构注册证之日起 30 日内，向中华全国专利代理人协会申请办理从业的专利代理人执业证书。办理完执业证书后，专利代理机构才能正式接受委托人的委托，开展专利代理业务。

二、专利代理机构的业务范围

《专利代理条例》第八条规定了专利代理机构的业务范围。包括以下范围：

---

❶ 证明材料应当是在申请设立专利代理机构之前的 6 个月内出具的。

1. 提供专利事务方面的咨询；

2. 代写专利申请文件，办理专利申请；请求实质审查或者复审的有关事务；

3. 提出异议，请求宣告专利权无效的有关事务；

4. 办理专利申请权、专利权的转让及专利许可的有关事务；

5. 接受聘请，指派专利代理人担任专利顾问；

6. 办理其他有关事务。

从目前专利代理机构的实际业务开展情况来看，专利代理机构开展的业务活动包括：代理发明、实用新型、外观设计，以及 PCT 专利申请、专利复审、专利权无效、专利行政诉讼和侵权诉讼、专利价值评估、专利权许可与转让；管理专利授权后的有关缴费及专利流程管理；专利检索和专利监视；专利权海关备案；技术合同纠纷的仲裁及诉讼，制定知识产权保护战略等。

三、专利代理人的执业条件

根据《专利代理条例》第十四条的规定，专利代理人是指获得专利代理人资格证书，持有专利代理人工作证的人员。可见，专利代理人必须获得专利代理人资格证书，持有专利代理人工作证。

通常，专利代理人就是指经国家知识产权局考核后认可具有专利代理人资格，并已被某一具体专利代理机构聘用，经国家知识产权局批准认可的工作人员。

（一）专利代理人必须具有专利代理人资格

我国的《专利代理条例》第十五条规定，拥护中华人民共和国宪法，并具备下列条件的中国公民，可以申请专利代理人资格：

第一，18 周岁以上，具有完全民事行为能力；

第二，高等院校的理工科专业毕业（或具有同等学力）并掌握一门外语；

第三，熟悉《专利法》和有关法律知识；

第四，从事过两年以上的科学技术工作或者法律工作。

具备上述条件的人员，经本人申请通过专门的全国统一考试之后才能取得专利代理人资格。

（二） 专利代理人必须持有专利代理人执业证书

取得专利代理人资格的人员，只有在接受专利代理机构的聘任，由专利代理机构发给专利代理人工作证，并向国家知识产权局备案后，才能从事专利代理工作。

四、专利代理人的执业规范

（一） 专利代理人的执业纪律

根据《专利代理条例》和中华全国专利代理人协会 1998 年制定的《专利代理人职业道德和执业纪律规范》，专利代理人应当遵守的执业纪律包括：

1. 专利代理人在代理机构从业的纪律

（1）专利代理人必须接受专利代理机构的委派承办专利代理事务，不得自行接受委托或以其他形式私自开展专利代理业务。按照《专利代理条例》规定，专利代理机构接受委托，按照规定收取费用，同时也承担民事责任，具有专利代理人资格的人员，必须受聘于国家知识产权局正式批准的专利代理机构，承办由专利代理机构委派的专利代理业务，不得自行接受委托。

（2）专利代理人只能在一个专利代理机构中任职。《专利代理条例》第十八条规定，专利代理人不得同时在两个以上的专利代理机构从事专利代理业务。这种规定是基于专利代理业务是一种既复杂又要花费较多时间和精力的业务，无论是兼职还是专职代理人，很难在两个或两个以上专利代理机构中同时执行任务。另一方面，一个专利代理人在两个或两个以上的专利代理机构中从事专利代理业务，很难使申请人的专利技术处于保密状态，特别是在不同的专利代理机构内就同一内容接受有利害关系的双方当事人委托的情况下，必然会损害委托人的合法权益，也必然会有损于专利代理机构的声誉。

国家机关工作人员不得到专利代理机构中任职。这是因为国家机关工作人员是就职于国家立法机关、行政机关、审判机关、检察机关、军事机关及党的机关内的公务员，他们代表国家执行公务的同时，也拥有人事、财政、行政管理等权力。如果他们作为专利代理人接受当事人委托办理专利事务则属于代表个人或某个单位的利益进行工作，这种行为可能与他们享有的国家所赋予的某种权力、代表国家利益的本职工作相抵触，有可能会损害国家或者当事人的利益。

（3）专利代理人不得违反专利代理机构收费制度和财务纪律，挪用、私分、侵占业务收费。除规定的业务收费外，专利代理人不得以其他名义向委托人收取额外报酬或财物。

（4）专利代理人不得以所在专利代理机构的名义从事其业务范围以外的其他活动。

2. 专利代理人开展专利代理业务的纪律

（1）不得就同一内容的专利事务接受有利害关系的双方或多方当事人的委托。

（2）不得在明知的情况下，为追求经济利益目的，为委托人非法的、不道德的或具有欺诈性的要求或行为提供帮助。

（3）不得超越委托权限，不得利用委托关系从事与委托代理事务无关的活动。专利代理的权限是由委托人授权的，具体体现在专利代理委托书中。委托人在委托代理机构办理专利申请时是全程委托，还是分阶段委托，这种授权可以在委托书上约定，也可以在委托协议上约定。例如，委托人委托办理名称为××××的实用新型专利申请，在委托书上有明显的委托栏目，如专利代理人按照发明标示时，则超越了代理权限。这种情况属于无权代理，其法律后果由专利代理人自负。此外，专利代理人在未取得委托人的同意就私自做主撤回专利申请或放弃答辩或不按委托人的要求代理，也属于超越代理权限的无权代理。

（4）在从事专利代理业务期间和脱离专利代理业务工作之后的一年内，不得申请专利。

（5）在业务活动中，不得用不正当的手段对政府工作人员和司法机关工作人员施加影响，不得向上述人员行贿，或指使、诱导当事人向上述人员行贿。

（6）在与委托依法解除委托关系后，不得在同一内容的专利事务中接受有利害关系的他方当事人的委托。

3. 专利代理人处理与同行之间关系的纪律

（1）不得贬损或诋毁其他专利代理人或专利代理机构的工作能力和声誉。

（2）不得阻挠或拒绝委托人再委托其他专利代理人或律师参与法律服务；

共同提供服务的受托人之间应明确分工，密切协作，意见不一致的时候应及时告知委托人，并由委托人作出决定。

（3）禁止以下列方式进行不正当竞争：利用新闻媒介或商业关系排斥同行、抬高自己；不合理地降低收费标准，进行压价竞争；给委托人或介绍人各种名义的财物和利益许诺；为招揽业务，向委托人宣传自己与政府机关、执法机关及其工作人员有密切关系；利用与行政机关、社会团体及经济组织的关系进行业务垄断；擅自在国家知识产权行政机关办公场所或办公场所门口以任何方式招揽业务；其他不正当的竞争手段。

（二）专利代理人的职业道德规范

根据我国《公民道德建设实施纲要》的要求，根据《专利法》《专利代理条例》和《专利代理人职业道德和执业纪律规范》的有关规定，专利代理人从事其职业时必须遵循下列职业道德规范：①尊重事实，依法执业；②维护委托人的合法权益；③诚实守信；④遵守社会公德；⑤谦虚谨慎，文明服务；⑥尊重同行，公平竞争。

（三）专利代理人应有的业务素质

专利代理人的业务素质，主要是指专利代理人的业务知识水平及对于这些知识加以综合运用的能力。专利代理人在办理专利申请事务、参与专利纠纷解决及开展专利技术贸易等工作中会遇到各方面的问题，这就要求专利代理人必须具备优良的业务素质、广博的知识、丰富的经验和科学的思维方式。

1. 具有扎实、深入的法学知识

专利代理工作从其整体性质上看属于法律事务的中介服务工作。专利申请的提出和审批、专利纠纷的处理、专利许可合同的订立等项业务涉及多方面的法律知识，各种不同知识产权之间也存在密切联系，因此专利代理人只熟悉、了解专利法显然是不够的，应当对民事、行政、经济法律法规及其他知识产权法律法规有一个全面的了解，才能胜任其业务工作的需要。具体说来，专利代理人应当重点掌握的法律包括《专利法》《商标法》《著作权法》《反不正当竞争法》《民法通则》《民事诉讼法》《行政诉讼法》《行政复议法》《合同法》及其他一些涉及新技术领域的知识产权法规。其中，专利代理人应该对《专利法》《专利法实施细则》及《专利审查指南》尤为精通。从事涉外专利代理工作的专利代理人还应当了解其他国家的相关法规和国际上保护知识产权的条约。

2. 具有扎实、广博的科学技术知识

专利权的保护对象是发明创造，专利代理人在代理工作中不可避免地需要涉及科学技术，因此专利代理人必须具有足够的科技知识。正因为如此，《专利代理条列》规定，申请获得专利代理人资格的人应当具有高等院校理工科专业毕业的学历。这是专利代理人与律师之间的一个显著区别点。专利代理人的职业性质决定了他们所涉及的技术领域往往相当广泛，而不仅仅局限在某个专门的技术领域。这就要求专利代理人不仅精通自己所学的专业领域，还应当对其他技术领域有相当的了解。随着现代科学技术的发展，技术进步的步伐不断加快，不仅导致现有各技术领域中知识迅速更新，同时也导致出现了一大批新兴学科。因此，专利代理人在掌握传统科学技术知识的同时，还必须随时学习和了解现代的高新技术知识。对于专利代理工作中碰到的技术疑难问题，专利代理人要虚心求教于有关专家、技术人员和科技书刊。专利代理人只有不断地拓宽自己的科技知识面，才能为委托人提供更好的代理服务。

3. 具有良好的语言表达能力

在专利代理事务中，无论是撰写专利申请文件、起草专利诉讼文书或者签订专利许可贸易合同，专利代理人都离不开文字表达。专利代理人应当提高语文培养，提高驾驭语言文字的能力。专利代理人撰写的申请文件及其他法律文书不仅应当符合有关法规的要求，还应当文字流畅、条理清晰、内容准确、观点明确，尤其是法律文书，还应该达到精练、严谨、论证有力的标准。专利代理人经常与他人进行语言交流，在专利申请、咨询、会晤、口头审理及专利诉讼等代理事务中，都需要充分的说理和简洁、流畅的语言表达。因此专利代理人应当具有良好的文字素养和善于辞令的口头表达能力。

4. 具备足够的外语运用能力

在专利代理事务中，专利代理人需要阅读与其代理的专利申请内容相关的外国文献资料，有时还需要检索外文文献。因此，专利代理人应当至少具备一门科技专业的外语知识。在涉外专利代理事务中，专利代理人要与外国的专利代理人合作，要通信联系或以其他方式进行交流，甚至参与涉外诉讼和合同事务，这就要求专利代理人了解有关国家的法规及有关科技领域的状况，外语更是必不可少的重要工具。涉外专利代理人不仅必须懂一门科技专业外语，还需

要比较全面地掌握一门外语，即除了阅读专业文献之外还应具有一定的听、说、写作的能力。专利代理人应当努力提高自己在知识产权领域及法律、经济等相关领域应用外语的能力，以适应在国际环境中工作。

5. 积累丰富的实践经验

专利代理人的专业技能，即从事专利代理工作的业务能力，不仅仅是书本学习的结果，也是学习和实践共同的结果。专利代理人在专利代理工作中获得的实践经验、体会及对某些问题的特有认识是理论知识中没有的，也是书本上学不到的。因此，新加入专利代理机构的科技人员，包括已经持有专利代理人资格证书的初次从事专利代理工作的人员，要在有经验的资深专利代理人指导下工作一定年限之后，才能独立承担专利代理工作任务，这也是国际上通行的做法。专利代理人在工作中应当注意随时积累经验，总结工作的体会，逐步丰富自己的实践知识和办案经验。专利代理工作的实践经验对专利代理人的成就和影响力起着十分重要的作用。

6. 掌握科学的思维方式

专利代理人工作的复杂性和重要性要求专利代理人必须具备科学的思维方式，要有科学的分析问题和解决问题的能力。无论是撰写专利申请文件、陈述意见，还是制作法律文书，只有正确地进行逻辑分析，才能正确地理解发明创造的内容和专利纠纷的本质，才能从纷繁的材料中发现问题、分析问题并找到解决问题的途径。专利代理人必须具有正确的思维方式、良好的逻辑思维能力，才能施展其专业技能，发挥专利代理人应有的作用。逻辑分析能力、科学的分析解决问题的能力是专利代理人应当具备的基本素质。

五、专利代理人的权利义务

(一) 专利代理人的权利

专利代理人的权利来自于两个方面：一是法律赋予的权利，二是委托人授予的权利，现简述如下。

1. 专利代理人在执行职务时享有法律的保障权

《专利代理条例》第二十一条规定，专利代理人依法从事专利代理业务，受国家法律的保护，不受任何单位和个人的干涉。

因此，专利代理人到国家知识产权局或其他与专利事务有关的部门办理业务是一种权利，任何单位和个人不得干涉。

2. 查阅案卷、会晤和出席口头审理的权利

专利代理人就自己承办的专利案件，具有到国家知识产权局查阅案卷材料、约见会晤审查员、出席专利复审委员会口头审理及向有关单位、个人调查访问的权利，国家知识产权局和其他有关单位应该在有关法律规章规定的范围内提供方便。

3. 有辞去委托和拒绝专利代理的权利

在符合有关规定和约定的条件下，在不损害委托人利益的前提下，专利代理人有权拒绝接受代理或辞去委托。这是指专利代理人根据法律规定或其他充足的理由，拒绝接受委托或拒绝承办某种业务的一种做法。例如，对于明显违背法律或者根本没有可能获得专利权的发明创造，当事人委托专利代理人办理专利申请时，专利代理人应当从维护法律的实施和维护专利代理工作的严肃性出发，向当事人解释、讲明并有拒绝代理的权利。但为了慎重起见，在拒绝代理之前，具体接案或办案人员应征得专利代理机构负责人的同意。

（二）专利代理人的义务

1. 专利代理人应恪尽职守

专利代理人必须认真履行职责，恪守工作纪律和职业道德，依法维护委托人的合法权益，不得从事不利于委托人合法权益的活动。一个专利代理人一旦接受了某一项专利事务，他就是委托人的代言人，应在不违背法律的前提下尽一切努力去为委托人争取最大权益。

2. 严格保密

由于专利代理人是最先了解委托人所委托的专利事宜内情或具体内容的当事人，因此在发明创造未公开之前，一定要替委托人保密。这不仅是专利代理人的义务，也是专利代理人的职业道德和专利代理机构的一种制度。专利代理人对委托人提供的发明创造的具体技术内容、专利诉讼的策略步骤等当事人不愿意向外透露的内容应当严格保密，而且要从文档及有关申请材料的保密措施入手。比如，专人管理文档、禁止外人进入档案室，各类有关文件应在专利代理机构内完成，并最好不要带回家中以免遗失。在无委托人书面指令的情况下，禁止将未公开的申请文件及专利审批的动态、结论告知他人。

3. 专利代理人不得弄虚作假

专利代理人不得协同委托人弄虚作假、捏造事实，欺骗专利主管机关。例如，委托人申请的专利是别人已经申请的专利，专利代理人也知道这一事实，代理人则不应该再进行专利代理。同样，专利代理人不得为委托人制造有利于委托人的伪证。

4. 不得私自接受委托

专利代理人不得违反纪律私自接受当事人的委托，不得私下收取报酬。因为，这样做表面上看是为委托人省了一些钱，专利代理人多得了一些利，但实际上是一种既违法又容易损害当事人权益的行为。因为专利代理人进行私自代理，一旦专利申请未被授权或其结果委托人不满意的话，则专利代理人很难推卸责任，也无法解释清楚或到有关主管机关办理。而委托人由于未进行正式委托，一旦专利申请未被授权只能自己去找审查员解释说明，而委托人既不懂专利法，又不懂得如何与审查员会晤，且不知如何说明问题，则可能导致专利权不被批准，甚至导致较大的经济损失。

六、专利代理的法律责任

专利代理机构和专利代理人在从事专利代理活动的过程中，如果其行为违反了国家法律法规的规定，就应当承担相应的法律责任。法律责任分为民事责任、行政责任和刑事责任。这里主要阐述专利代理机构和专利代理人可能承担的行政责任和民事责任。

（一）行政责任

1. 专利代理机构的行政责任

根据《专利代理条例》和国家知识产权局 2002 年 12 月 12 日发布的《专利代理惩戒规则（试行）》的规定，国家知识产权局和各省、自治区、直辖市知识产权局分别设立专利代理惩戒委员会，负责实施对专利代理机构和专利代理人的违法行为的惩戒工作。

专利代理机构有下列情形之一的，应当责令其改正，并给予惩戒：①申请设立时隐瞒真实情况，弄虚作假的；②擅自改变主要登记事项的；③擅自设立分支机构的；④年检逾期又不主动补报的；⑤以不正当手段招揽业务的；⑥接受委托后，无正当理由拒绝进行代理的；⑦就同一专利申请或者专利案件接受有利害关系的其他委托人的委托的；⑧因过错给当事人造成重大损失的；⑨从事其他违法业务活动或者违反国务院有关规定的。

对专利代理机构的惩戒分为：警告、通报批评、停止承接新代理业务 3 至 6 个月、撤销专利代理机构。

2. 专利代理人的行政责任

专利代理人有下列情形之一的，应当责令其改正，并给予惩戒：①同时在两个以上专利代理机构执业的；②诋毁其他专利代理人、专利代理机构的，或者以不正当方式损害其利益的；③私自接受委托、私自向委托人收取费用、收受委托人财物、利用提供专利代理服务的便利牟取当事人争议的权益、或者接受对方当事人财物的；④妨碍、阻挠对方当事人合法取得证据的；⑤干扰专利审查工作或者专利行政执法工作的正常进行的；⑥专利行政部门的工作人员退休、离职后从事专利代理业务，对本人审查、处理过的专利申请案件或专利案件进行代理的；⑦泄露委托人的商业秘密或者个人隐私的；⑧因过错给当事人造成重大损失的；⑨从事其他违法业务活动的。

对专利代理人的惩戒分为：警告、通报批评、收回专利代理人执业证书、吊销专利代理人资格。

有下列情形之一的，应当给予直接责任人收回专利代理人执业证书或者吊销专利代理人资格的惩戒，并可以同时给予其所在专利代理机构停止承接新代理业务 3 至 6 个月或者是撤销代理机构的惩戒：①违反《专利法》第十九条的规定，泄露委托人的发明创造内容的；②剽窃委托人发明创造的；③向专利行政部门的工作人员行贿的，或者指使、诱导当事人行贿的；④提供虚假证据、或者隐瞒重要事实的，或者指使、引诱他人提供虚假证据、隐瞒重要事实的；⑤受刑事处罚的；⑥从事其他违法业务活动后果严重的。

撤销专利代理机构和吊销专利代理人资格的惩戒由国家知识产权局惩戒委员会决定，报经国家知识产权局批准，并以国家知识产权局的名义作出。其他惩戒决定由各省、自治区、直辖市知识产权局作出。专利代理机构和专利代理人对惩戒决定不服的，可以自收到决定之日起 2 个月内依法申请行政复议或者直接提起行政诉讼。

（二）民事责任

专利代理的民事责任包括违约责任和侵权责任。专利代理机构在接受当事人的委托时，都要与委托人签订委托合同。如果专利代理机构未履行委托合同约定的义务，专利代理机构就应当对委托人承担违约责任。由于专利代理人不是委托合同的当事人，因此专利代理人并不对委托人承担违约责任。如果专利代理人的行为给委托人造成经济损失，应当由专利代理机构向委托人承担责任。专利代理机构承担责任之后，可以按过错责任的一定比例向有过错的专利代理人追偿。

在某些特定情形下，专利代理机构或专利代理人可能会向当事人承担侵权责任。比如，专利代理人泄露或者剽窃当事人的发明创造的，当事人就可以侵权为由要求专利代理人和专利代理机构承担侵权责任。如果当事人以侵犯商业秘密为由要求专利代理人承担侵权责任，专利代理人就是直接的侵权人，当事人只能向专利代理机构追究责任。

第十章　专利申请文件的撰写

专利申请代理是专利代理中最为常见的工作，也是十分重要的工作。而代理专利申请文件的撰写则是专利申请代理中十分重要的基础性工作。根据申请人申请专利的种类不同，法律规定提交的专利申请文件也不相同。申请发明或实用新型专利的，申请文件应当包括：发明或实用新型专利请求书、说明书（必要时应当有附图）、权利要求书、摘要及其附图。申请外观设计专利的，申请文件应当包括：外观设计专利请求书、图片或者照片。我国《专利法》和《专利实施细则》对专利申请文件均有具体规定。

第一节　请求书的填写

请求书有三种。分别是发明专利请求书、实用新型专利请求书及外观设计专利请求书。它们的主要栏目和填写要求基本相同。

一、请求书的主要内容

请求书是专利申请的必备文件之一。请求书的格式和内容都是由国家知识产权局规定的。在填写发明、实用新型和外观设计的请求书时，都应当按照专利法及其实施细则的规定，在国家知识产权局统一制定的表格上打字或印刷。请求书的内容主要包括专利申请的一些基本情况，如申请人及其联系人、专利代理机构和专利代理人的详细情况，发明名称和发明人，要求优先权、不丧失新颖性的宽限期声明，保密请求，生物材料样品保藏，申请文件和附加文件清单等。此外，请求书上还有一些内容是由国家知识产权局填写的，如申请号、申请日、分案提交日、费用减缓审批、专利局对文件清单的审核等。

二、请求书的填写要求

发明和实用新型专利的请求书内容基本是相同的，只有四项不同，即发明专利请求书中 16、17、18、22 栏涉及生物材料样品保藏、核苷酸或氨基酸序列表、发明创造是否依赖于遗传资源完成的声明及提前公布的声明，而实用新型专利请求书则没有该四栏内容。现主要以发明专利请求书为例，说明各栏的填写要求和注意事项：

1. 第 1、2、3、4、5、6 栏

第 1-6 栏分别为申请号、分案提交日、申请日、费减审批、向外申请审批、挂号号码，由国家知识产权局填写。第一栏专利申请号，专利申请号用 12 位阿拉伯数字表示，包括申请年号、申请种类号和申请流水号三个部分。第二栏分案提交日，分案提交日指提交专利分案申请的日期，专利的分案申请是将一项专利申请分立成两项以上的专利申请的申请。第 3 栏申请日，申请日是指专利申请文件递交到国务院专利行政部门之日。如果申请文件是邮寄的，以寄出的邮戳日为申请日，申请人享有优先权的，优先权日视为申请日。第 4、5 栏为费减审批、向外申请审批栏，填写费用减免和对外申请专利的审批情况。第 6 栏为挂号号码，填写当申请人以挂号信方式邮递申请文件时的挂号信件号码。

2. 第 7 栏：发明名称（或实用新型名称、使用该外观设计的产品名称）

（1）发明或实用新型名称应当简单、明确地表达发明创造的主题，一般以 15 个字为宜，最长不超过 25 个字；使用该外观设计的名称应当具体、明确反映该产品所属的类别，一般不应超过 10 个字。

（2）发明创造名称不应过于烦琐，也不能太抽象笼统。发明或者实用新型应当根据发明主题的宽窄，确定一个与国际专利分类表（IPC）中的类组相适应的名称。外观设计产品名称应当尽量使用外观设计国际分类表（洛迦诺分类表）上列出的产品名称。

（3）发明创造的名称不应当包含人名、地名、单位名称和产品型号、商标、代码等，也不允许使用含义不确定的词汇，如"……及其类似物"，因为这样会使发明主题模糊。外观设计产品名称不应当包含描述产品功能、用途的词汇。

（4）请求书中的发明创造名称应当与说明书及其他各种申请文件中的发明创造名称一致。

3. 第8、9栏：发明人

第8栏：发明人

（1）发明人必须是自然人。可以是一个人，也可以是多个人，但不能是单位或"××研究室""××协作组"之类的组织机构。

（2）发明人不受国籍、性别、年龄、职业或居住地的限制，只要对发明创造做出实质性贡献的人均可成为发明人。

（3）发明权不能继承、转让，发明人死亡的，仍应注明原发明人，但是可以注明死亡，例如："刘学（死亡）"。

（4）发明人姓名由申请人代为填写，但应将填写情况通知发明人。发明人有两个以上的应当自左向右顺序填写，发明人姓名之间应当用分号隔开。

（5）发明人因特殊原因，要求不公布姓名的，应当在本栏填写"本人请求不公布姓名"。如果发明人中有人愿意公布姓名，有人不愿意时，将愿意公布姓名的填入本栏，在其后填上"其他人请求不公布姓名"。发明人请求不公布姓名的，应当由本人书面提出，说明理由，并由发明人本人签字或盖章。请求批准以后，发明人姓名在专利公报、说明书单行本和专利证书上均不公布其姓名，并且发明人以后不得再要求重新公布姓名。

第9栏：填写第一发明人的国籍及身份证号码

4. 第10栏：申请人

（1）申请人可以是个人，也可以是单位。如果是单位时，应当是法人或者是可以独立承担民事责任的组织。

（2）申请人如果是个人，应当写明本人的真实姓名，不能用笔名或者其他非正式的姓名。外国人的姓名允许用简化形式。例如：约·维·斯捷潘诺夫。学位、头衔等不属于人名部分的内容应当删去。申请人是单位的，应当写明其正式的全称，并与公章中的单位名称一致。

（3）申请人是中国单位或者个人的，应当填写其名称或者姓名、地址、邮政编码、组织机构代码或者居民身份证件号码；申请人是外国人、外国企业或者外国其他组织的，应当填写其姓名或者名称、国籍或者注册的国家或者地区、经常居所地或者营业所所在地。

（4）申请人的国籍，可以用国家全称，也可以用简称。例如，中华人民

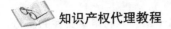

共和国或中国。

（5）国家知识产权局只对外国人的申请资格按照《专利法》第十八条的规定进行审查，对国内申请人，除有申请权纠纷的以外，凡填写在请求书"申请人"栏目中的单位或者个人，在专利审批程序中均被视为有权申请专利的合法申请人。

5. 第 11 栏：联系人

（1）申请人是单位的必须指定联系人，其应当是本单位的工作人员。申请人是个人的也可以指定联系人，其应当是便于收到国家知识产权局专利局信函并可迅速交给申请人本人的人。

（2）联系人应当是自然人，而且应该是该案的具体办案人员。若申请人未委托专利代理机构，指定了联系人的，国家知识产权局的各种文件将送交第11 栏所指明的联系人。但委托专利代理机构的，可以不指定联系人。

6. 第 12 栏：代表人

（1）申请人有两个或两个以上，又未委托专利代理的，应当指定其中一人为代表人。代表人应当填写在申请人栏目的第一申请人位置，如果第一申请人之外的其他申请人被指定为代表人，应当在请求书相应的第 12 栏中声明，未声明的，国家知识产权局视请求书中的第一申请人为代表人。

（2）在专利审批程序中，国家知识产权局一般只与代表人联系，代表人有义务将国家知识产权局的文件或复印件转送其他申请人。除涉及共同权利的事项外（如撤回申请、放弃专利权、变更权利人等），代表人可以代表全体申请人办理各项手续。

7. 第 13 栏：专利代理机构

（1）申请人申请专利时，办理申请手续有两种选择：一是自己办理；二是委托专利代理机构办理。只有委托专利代理机构办理的需要填写本栏目。

尽管委托专利代理是非强制性的，但是考虑到核心撰写申请文件的重要性，以及审批程序的法律严谨性，对经验不多的申请人来说，委托专利代理是值得提倡的。

（2）申请人未曾办理专利代理委托手续的，不得自行填写本栏目，否则不但构成对专利代理机构的侵权行为，而且还可能会造成对申请人严重不利的法律后果。

（3）我国实行专利代理机构负责制，申请人委托专利代理时，应当与专利代理机构订立委托合同，签署专利代理委托书，写明委托权限。委托书应使用国家知识产权局统一制定的表格。委托书应当由申请人签字或盖章，申请人有两个以上的，应当由全体申请人签字或盖章，并由代理机构加盖印章。然后由专利代理机构指定本机构的代理人为申请人办理申请手续。一件申请最多可以指定两名代理人办理。

（4）申请人委托的专利代理机构应当是在国家知识产权局正式备案的，代理机构指定的本机构的代理人应当是经过国家知识产权局考核认可并在国家知识产权局注册登记的。为此，本栏目不仅要填明专利代理机构的名称，还应当注明其注册代码和地址，代理人应当填写姓名及专利代理人工作证的证书号码。

8. 第14栏：分案申请

当专利申请不符合单一性要求时，申请人除应当对该申请进行修改使其符合单一性要求外，还可以将申请中包含的其他发明、实用新型或者外观设计，按照一申请一发明的原则重新提出一件或者多件分案申请。分案申请享有原申请的申请日，如果原申请有优先权要求的，分案申请可以保留原申请的优先权日。申请人提出分案申请的应在请求书中第14栏予以声明。

9. 第15栏：生物材料样品；第16栏：序列表；第17栏：遗传资源

这三栏内容只有发明专利请求书涉及，实用新型和外观设计专利请求书都不涉及此内容。当发明涉及生物材料样品并且需要对生物材料样品进行保藏时才需要考虑填写本栏目。

第15栏：生物材料样品

（1）需要保藏的生物材料样品有两种情况：一类是公众无法获得的新的生物材料样品；另一类是生物材料本身不是新的，但使用该生物材料的方法或其产品是新的，当这种或这些新的生物材料是公众无法获得的时候，也应当保藏。

（2）生物样品材料的保藏日期应当在提出专利申请之前，最迟在申请的同一天，因为它被看作是专利申请的一部分。以实物——生物材料，作为专利申请的一部分，这是专利书面申请原则的唯一例外情况。

（3）保藏单位应是国家知识产权局认可的生物材料样品国际保藏单位。申请人在该栏目中应当准确地填写国际保藏单位的名称，以便国家知识产权局核对。

（4）保藏编号：申请人在上述单位保藏生物材料以后，可以获得保藏编号。申请人如果因为提交菌种保藏的手续是在提出申请的同一天办理的，因而无法将保藏编号填入请求书中时，可以在请求书上先填上保藏单位和保藏日期，然后在4个月之内以书面补正形式提交保藏编号。

（5）涉及生物样品并需要保藏的专利申请，除需要在请求书中填明保藏单位、日期和编号以外，还要在4个月之内提交保藏单位的保藏证明和生物材料存活证明。

未在规定期限内办理上述（4）（5）手续的，视为生物材料未提交保藏。

第16栏：序列表

专利申请涉及核苷酸或氨基酸序列表，需要在此栏勾选。

第17栏：遗传资源

专利申请涉及的发明创造是依赖于遗传资源完成的，需要在此栏勾选。同时填写遗传资源来源披露登记表，写明该遗传资源的直接来源和原始来源。

10. 第18栏：要求优先权声明

我国专利法规定：优先权有两种，一种是外国优先权；另一种是本国优先权。这两种优先权都不是自动产生的，必须在申请的同时提出声明，并办理规定手续，经国家知识产权局审查后才能享有。

（1）要求优先权的申请人应当在本栏填写3项内容，一是填写作为优先权基础的在先申请的受理国或受理局（当受理局是一个《巴黎公约》成员的国际组织时，如欧洲专利局时，可以填写受理局）；二是填写由在先申请的受理局确定的在先申请的申请日；三是填写受理局给予的在先申请的申请号。

要求优先权而未填写本栏目的，或者要求外国优先权而未填写受理国（局）和申请日的，要求本国优先权而未填明申请日、申请号的均视为未提出优先权声明。

（2）受理国（局）可以用国家或局的简称填写，如中国、欧洲专利局；也可以用国际标准国别代码填写，如CN、EP。要求本国优先权的，不得省略受理国名称，不得填写成"我国"，而应当填写中国或CN。

申请日应当用阿拉伯数字按照年、月、日顺序填写。例如，2008年8月8日申请号应当按照在先申请的受理国（局）给予的形式填写。

（3）要求多项优先权的，应当写明每一项在先申请的受理国（局）确定的申请日及申请号。

要求多项优先权的，其提出优先权请求的12个月的期限从申请日期最早的在先申请的申请日起算。

（4）要求优先权的申请人与在先申请的申请人应当一致或者是在先申请的申请人之一。如果不一致（包括申请人有增加或减少），应当在申请前办理好优先权转让手续。要求本国优先权的，如果在先申请仍然是有效的，则不能单独转让优先权，应当与在先申请的申请权一起转让。因为从要求本国优先权的申请提出之日起，在先申请即被视为撤回。

（5）要求优先权的申请人，还应当在提出申请日起 2 个月内，按照要求优先权的项数缴纳优先权要求费（每项 80 元）。要求外国优先权的，还应当在申请日起 3 个月内，就每一项优先权提交经原受理局证明的在先申请文件副本。逾期未缴纳优先权要求费，或者未提交申请文件副本的，优先权请求视为未提出。

（6）外观设计专利申请不能要求本国优先权，但是可以要求外国优先权，外观设计专利申请要求外国优先权的期限是 6 个月。

11. 第 19 栏：不丧失新颖性宽限期声明

我国《专利法》规定，在某些特殊情况下，申请人在提出专利申请前 6 个月内公开自己的发明创造，不损害自己提出的专利申请的新颖性。

这些特殊情况中的三项印在本栏"□"后，一是，申请前已在中国政府主办或者承认的国际展览会上首次展出过；二是，申请前已在规定的学术会议或技术会议上发表过；三是，申请前他人未经申请人同意而泄露其内容。

有上述情况的应当在"□"中打勾。如果申请时忘记打勾，以后补交声明是不允许的。

提出上述声明（即在"□"中打勾）的，应当自申请日起 2 个月内提交有关证明。例如展览会展出或者会议召开的日期、地点、展览会或会议的名称、该发明创造内容展出或发表的日期及内容副本。

12. 第 20 栏：请求保密处理

本栏只有发明专利请求书才有。按照规定，发明专利申请涉及国防方面的国家秘密需要保密的，应当向国防专利机构提出申请。在其他发明专利申请中，如果申请人认为该申请的技术内容可能涉及国家重大利益，不宜公开，可以在本栏打勾，要求保密审查。但是，是否予以保密由主管该技术的国务院主管部门决定。确定保密的，由国家知识产权局按照保密专利申请处理，并且通知申请人。保密专利申请及批准的保密专利在解密以前不向社会公开，也不得向国外申请专利，保密专利的转让和实施除须经专利权人同意以外，还必须经原决定保密的部门批准。

13. 第21栏：同时申请发明与实用新型专利的声明

如果申请人对同样的发明创造在申请发明专利的同日申请了实用新型专利，应该勾选此栏。申请人应当在同日提交实用新型专利申请文件。未作说明的，依照《专利法》第九条第一款关于同样的发明创造只能授予一项专利权的规定处理。

14. 第22栏：提前公布

申请人要求提前公布的，应当填写此栏。若填写此栏，不需要再提交发明专利请求提前公布声明。

15. 第23、24栏：申请文件及附加文件清单

（1）清单由申请人填写，国家知识产权局负责核对，以证实申请文件的完整性，并检查申请文件是否还夹带或附有其他文件。

（2）申请文件清单包括请求书、说明书摘要、摘要附图、权利要求书、说明书、说明书附图、核苷酸或氨基酸序列表、计算机可读形式的序列表等，附加文件清单包括费用减缓请求书、费用减缓请求证明、实质审查请求书、实质审查请求参考资料、优先权转让证明、保密证明材料、专利代理委托书、在先申请文件副本、在先申请文件副本首页译文、向外国申请专利保密审查请求书、其他证明文件。申请人应当在清单上填写每一种文件的份数和页数。申请人提交的文件或附件，清单上未列出的，可以补写在后面。

（3）文件提交情况以国家知识产权局核实为准。国家知识产权局将申请文件核实情况打印在受理通知书上寄给申请人。

（4）当申请涉及核苷酸或氨基酸序列表时，除在申请文件的说明书中有该表之外，还应提交按国家知识产权局规定的格式制作的光盘或软盘。

16. 第25栏：全体申请人或专利代理机构签字或者盖章

签章是文件产生法律效力的基本条件。

（1）申请人是个人的，应当由申请人亲自签字或盖章；申请人是单位的应当加盖公章。多个申请人的应当由全体申请人签字或盖章。

（2）委托专利代理机构的，应当由专利代理机构加盖印章，并同时提交有全体申请人签字或盖章的专利代理委托书。

（3）签章应当与请求书中填写的申请人或专利代理机构的姓名或名称一

致。签章不得复印，不得代签。

（4）不符合上述要求的，视为签字手续未履行。例如，请求书由专利代理机构盖章，但未同时提交有效的专利代理委托书的，该手续无效。

17. 第26栏：国家知识产权局审核意见

此栏由国家知识产权局填写。

第二节 发明或实用新型权利要求书的撰写

一、权利要求书概述

权利要求书是用于确定发明或实用新型专利权保护范围的法律文件。

权利要求书由权利要求组成，权利要求按其撰写形式和保护范围的不同分为两种，即独立权利要求和从属权利要求。从整体上反映发明或实用新型的技术方案，记载实现发明或实用新型必不可少的技术特征的权利要求称为独立权利要求；引用独立权利要求或者别的权利要求，并用附加的技术特征对它们作进一步限定的权利要求称为从属权利要求。权利要求用技术特征的总和来表示发明或实用新型的技术方案，限定发明和实用新型要求保护的范围。独立权利要求从整体上反映发明或者实用新型的技术方案，记载解决其技术问题的必要技术特征，一般情况下一件专利申请只有一项独立权利要求。属于一个总的发明构思、符合合案申请要求的几项发明或实用新型可以在一件发明或者实用新型专利申请中提出，这时权利要求书中可以有两项以上的独立权利要求。

每一个独立权利要求可以有若干个从属权利要求。在撰写时，独立权利要求应当排在前面，它的从属权利要求紧随在后面。独立权利要求限定的发明或实用新型的保护范围是最宽的。从属权利要求引用在前权利要求，并记载发明或实用新型的附加技术特征，对引用的权利要求作进一步限定。由于它包含了引用权利要求的全部技术特征，其保护范围落在所引用权利要求的保护范围之内。

一份专利申请的主题是否属于能够授予专利权的范围，所要求保护的发明创造是否具备新颖性、创造性和实用性，说明书是否对发明创造做出了充分的说明，申请是否符合单一性的规定，他人的实施行为是否侵犯了专利权，都取决于权利要求书的内容或者与权利要求的内容有直接的关联。因此，权利要求书是发明或实用新型专利申请文件中最重要的部分，其撰写是一项法律性、技术性很强的工作。权利要求书撰写的好坏将会直接影响发明创造能否获得专利，以及其所取得专利保护范围的大小，也会影响该专利申请在专利局的审批进度。为早日取得专利权，撰写必须符合《专利法》及其实施细则和《审查指南》的规定。

撰写权利要求书和说明书应在充分理解发明或实用新型具体技术内容以及了解其现有技术状况的基础上进行。通常，在发明或实用新型技术内容比较简单的情况下，可以先撰写权利要求书，再撰写说明书。如果该项发明或实用新型技术内容比较复杂，可以将两者的撰写结合起来；先起草说明书中指示该发明或实用新型详细内容的第五部分"具体实施方式"；再撰写权利要求书；最后完成说明书的其他部分和进一步完善对发明或实用新型具体实施方式的描述。❶ 但在实际撰写中，权利要求书和说明书往往不是一次定稿，通常可以根据后写的这一部分内容修改在先完成的那一部分，不断完善。

二、撰写权利要求书的准备工作

专利代理人在撰写专利申请文件之前应做好两项准备工作：理解发明或实用新型技术内容的实质及对其所属技术领域的相关现有技术进行调研。这是撰写好权利要求书和说明书的基础。

（一）理解发明或实用新型的内容

当申请人向专利代理人介绍发明或实用新型的具体内容、委托专利代理人撰写申请文件时，专利代理人首先要将其实质内容吃透，弄清楚哪些技术特征是解决本发明或实用新型技术问题的关键，只有这样，才有可能写出质量较高的权利要求书和说明书。

专利代理人在理解发明或实用新型时，至少要弄清下述四个方面的问题。

1. 判断是否属于能够授予专利权的主题

根据专利法实施细则的规定，发明是指对产品、方法或者其改进所提出的新的技术方案；实用新型是指对产品的形状、构造或者其结合所提出的适于实

---

❶ 尹新天．专利代理概论[M]．北京：知识产权出版社，2002：77—78．

用的新的技术方案。提出发明或实用新型专利申请的主题必须符合上述规定，否则就不会被授予专利权。此外，专利法还将一些主题排除在可授予专利的主题之外，在理解发明或实用新型时，还应当注意是否属于被专利法排除的主题。《专利法》第五条规定，违反国家法律、社会公德或者妨害公共利益的发明创造，不授予专利权；第二十五条规定，下列各项主题，不授予专利权：①科学发现；②智力活动的规则和方法；③疾病的诊断和治疗方法；④动物和植物品种；⑤用原子核变换方法获得的物质；⑥对平面印刷品的图案、色彩或者二者的结合作出的主要起标识作用的设计。

2. 确定是产品发明还是方法发明

专利领域的发明分为产品发明和方法发明，其取得的专利也分别称为产品专利和方法专利。产品发明既可以申请发明专利，又可以申请实用新型专利，而方法发明则只能申请发明专利。产品专利和方法专利不但保护的对象不同，而且其权利要求书的撰写方式也有很大差别。因此，专利代理人应当帮助申请人进行认真分析，以确定其申请专利的发明创造究竟属于何种发明。当然，有的发明创造既可以描述为产品发明，也可以描述为方法发明。在这种情况下，专利代理人就应当结合专利法对不同发明的保护方法、申请人的商业目的、发明被实施的情况、证明他人侵权的难易程度等内容，帮助申请人确定是提出产品专利申请，或是方法专利申请，或者是同时提出产品专利和方法专利申请。

3. 确认发明创造所要解决的技术问题及解决技术问题的必要技术特征

发明创造所要解决的技术问题，也就是发明的目的。解决技术问题的必要技术特征是指为实现发明目的所必不可少的技术特征，也就是使申请人提出的技术方案得以实施的那些关键技术特征。如果缺少了这些特征，申请人提出的技术方案就无法实施。反之，如果在缺少某些技术特征的情况下，技术方案能够实施的话，则那些技术特征就不是必要技术特征。解决技术问题的必要技术特征，不仅要在专利说明书中公开，权利要求书也必须包括解决技术问题的所有必要技术特征。如果对必要技术特征判断失当，撰写的专利申请文件就不符合要求，提出的专利申请就可能得不到授权；即使能够授权，其授予的专利也可能被宣告无效，或者是保护范围被不必要地缩小了。这对专利申请人来说，都是非常严重的损失。

4. 初步判断合案申请的多项发明创造是否属于一个总的发明构思

有些申请人希望将几项发明或实用新型合案申请。此时专利代理人应分析这几项发明或者实用新型是否属于一个总的发明构思。判断几项发明或实用新型是否属于一个总的发明构思，主要是看这些技术方案之间是否具有技术上的关联，是否具有相同或相应的特定技术特征。如果存在相同或相应的特定技术特征，则几项发明创造可以合案申请；如果不存在相同或相应的特定技术特征，则不能提出合案申请。特定技术特征是指独立权利要求相对于现有技术作出新颖性和创造性贡献的那些技术特征。

如果两项以上的发明创造属于一个总的发明构思，其权利要求可以按以下六种方式之一撰写：①不能包括在一项权利要求内的两项以上产品或者方法的同类权利要求；②产品和专用于制造该产品的方法的独立权利要求；③产品和该产品的用途的独立权利要求；④产品、专用于制造该产品的方法和该产品的用途的独立权利要求；⑤产品、专用于制造该产品的方法和为实施该方法而专门设计的设备的独立权利要求；⑥方法和为实施该方法而专门设计的设备的独立权利要求。

（二）现有技术的检索和调查

此时专利代理人应帮助申请人考虑三个方面的问题：

（1）确定一个合适的保护范围；

（2）进一步判断多项发明创造相对于检索到的现有技术是否符合单一性的规定；

（3）初步判断可否将一些技术要点作为技术秘密予以保留。

三、权利要求书的撰写规范

（一）权利要求书撰写的一般规范

权利要求书的撰写应当符合下列要求：

第一，权利要求书应当说明发明或者实用新型的技术特征，清楚、简要地表述请求保护的范围。

第二，权利要求书有几项权利要求的，应当用阿拉伯数字顺序编号。

第三，权利要求书中使用的科技术语应当与说明书中使用的科技术语一致，可以有化学式或者数学式，但是不得有插图。除绝对必要的外，不得使用如说明书……部分所述或者如图……所示的用语。

第四，权利要求中的技术特征可以标注说明书附图中相应的标记，以帮助理解权利要求所记载的技术方案，这些标记应当用括号括起来，并放在相应的技术特征后面。权利要求书中如使用附图标记，应与说明书附图标记一致。如果不用附图标记已能够清楚表达技术方案中的技术内容，以不加注附图标记为宜。

第五，每一项权利要求只允许在结尾处使用句号，但中间允许使用分号。可用一个自然段表述，也可用多行或多个自然段表述。以强调其意思不可分割的单一性和独立性。

第六，权利要求书中应当尽量避免使用括号。

第七，权利要求书不应有标题行。

第八，权利要求只讲发明或实用新型的技术特征，不允许陈述发明或实用新型的目的、功能等。

专利号为 201080052089.6 的权利要求书范例

一种用于产生氮化硼纳米管的工艺

（1）一种用于产生氮化硼纳米管的工艺，所述工艺包括加热包含硼颗粒和金属化合物的液体组合物，其中在 800℃–1300℃ 的温度下在使氮化硼纳米管生长的包含氮的气态气氛中进行加热，且其中所述硼颗粒具有小于 100 nm 的平均粒度，且其中所述金属化合物被选择为使得其在加热期间促进氮化硼纳米管的生长。

（2）根据权利要求 1 所述的工艺，其中所述硼颗粒具有 10nm 至 100nm 的平均粒度。

（3）根据权利要求 1 所述的工艺，其中所述硼颗粒通过在干燥且惰性的气体气氛中碾磨较大尺寸的硼颗粒来产生。

（4）根据权利要求 3 所述的工艺，其中在无水氨中进行碾磨。

（5）根据权利要求 4 所述的工艺，其中使用硬化钢球进行碾磨。

（6）根据权利要求 5 所述的工艺，其中在还原性气氛中进行碾磨。

（7）根据权利要求 1 所述的工艺，其中所述金属化合物选自 Fe、Cr、Ni、Co、Mo 和 W 中的一种或多种。

（8）根据权利要求 7 所述的工艺，其中所述金属化合物以可溶于所述液体组合物中的盐的形式被使用。

（9）根据权利要求 7 所述的工艺，其中所述金属化合物选自 Fe（NO_3）$_3$

和 Co（NO$_3$）$_3$。

（10）一种用于在基材上产生氮化硼纳米管的工艺，所述工艺包括以下步骤：

1）向所述基材施用包含分散在媒介物中的硼颗粒和溶解或分散在所述媒介物中的金属化合物的油墨，其中所述硼颗粒具有小于100nm的平均粒度；

2）在800℃-1300℃的温度下，在包含氮的气态气氛中加热所述基材，由此使氮化硼纳米管在所述基材上生长，其中所述金属化合物被选择为使得其在步骤（2）中的加热期间促进所述氮化硼纳米管的生长。

（11）一种用于在基材上产生氮化硼纳米管的工艺，所述工艺包括以下步骤：

1）用溶解或分散在媒介物中的金属化合物涂布所述基材；

2）向所涂布的基材施用包含具有小于100nm平均粒度的硼颗粒的油墨；

3）在800℃-1300℃的温度下，在包含氮的气态气氛中加热所述基材，由此使氮化硼纳米管在所述基材上生长，其中所述金属化合物被选择为使得其在步骤（3）中的加热期间促进所述氮化硼纳米管的生长。

（12）一种用通过权利要求10或权利要求11所述的工艺产生的氮化硼纳米管涂布的基材。

（13）如权利要求12所述的基材在激光装置、固体润滑剂机械加工零件、场致发射装置或其他电子装置中的用途。

（14）一种保护基材免受氧化或化学侵蚀的方法，所述方法包括根据权利要求10或权利要求11所述的工艺用氮化硼纳米管涂布所述基材。

（二）独立权利要求的撰写规范

1. 独立权利要求的撰写模式

发明或者实用新型的独立权利要求应当从整体上反映发明或者实用新型的技术方案，记载解决技术问题的必要技术特征。独立权利要求应当包括前序部分和特征部分，前序部分应写明要求保护的发明或者实用新型技术方案的主题名称和发明或者实用新型主题与最接近的现有技术共有的必要技术特征。

特征部分应使用"其特征是……"或者类似的用语，写明发明或者实用新型区别于最接近的现有技术的技术特征。这些特征和前序部分写明的特征合在一起，限定发明或者实用新型要求保护的范围。

例1：一种荧光计算器，包括计算器本体，该计算器本体内设有字符按键和具有背光调节功能的电子显示屏；其特征是：所述计算器本体的底面设有橡胶吸盘，所述字符按键内设有荧光层。

例2：一种荧光护手鼠标，包括鼠标本体和安装在鼠标本体内的电路板，所述鼠标本体由底座、设在底座上面后部的托盖、设在底座上面前部的按键板以及位于按键板的左、右按键之间的滚轮构成；其特征是：所述鼠标本体的后部设有手腕托垫；所述按键板的外表面和底座的外侧壁都设有荧光层。

例3：一种压力锅，由一顶部开口并在侧壁装是有手柄的容器和中央设置有调节阀并在边缘装有手柄的上盖组成，其特征是所述的上盖上装有安全阀，所述的容器的底部装有电加热器。

2. 独立权利要求撰写规范

独立权利要求除了要按照上述模式来撰写外，更重要的是必须满足下述实质性的要求，符合撰写规范。

（1）独立权利要求应当清楚、正确地描述发明或实用新型，表述其要求保护的范围。

限定该独立权利要求保护范围的技术特征的用词应当清楚，即应当采用国家统一规定的技术术语，不得使用行话、土话或自行编造的词语，不得使用含义不确定的词语，不得使用导致保护范围不清楚的词语。

（2）独立权利要求应反映出与现有技术的区别，使其限定的发明或实用新型的技术方案相对于已获知的现有技术具有新颖性和创造性。

在撰写独立权利要求时，首先将发明中最接近现有技术共有的必要技术特征写入前序部分；在这之后，一定要将反映发明突出的实质性特点或反映实用新型实质性特点的区别技术特征写入特征部分，使该独立权利要求满足新颖性、创造性的要求。

（3）独立权利要求应当从整体上反映发明或实用新型的技术方案，记载解决技术问题的必要技术特征。第一，独立权利要求应当包括解决发明或实用新型技术问题所必须具备的全部必要技术特征。对产品权利要求，不仅要给出解决技术问题所必需的部件，对于这些部件，还应写明对解决技术问题来说必不可少的、又不同于该领域技术人员普通知识范畴的具体结构及其相对位置关系或作用关系；对方法权利要求来说，不仅要写明该方法的步骤，对每一步骤还应给出解决技术问题必不可少的、又不属于该领域技术人员普通知识范畴的操作过程和工艺条件。第二，独立权利要求只需从整体上反映发明或实用新型的技术方案，不必写入该发明或实用新型的非必要技术特征，即不必写入进一步解决其技术问题的附加技术特征。否则，独立权利要求保护范围过窄，将使该专利申请得不到充分的保护。

（4）独立权利要求所限定的技术方案应当以说明书为依据。

对独立权利要求来说，为了得到说明书的支持，在撰写时应该注意下述三点：

第一，独立权利要求描述的技术方案至少应体现在说明书第五部分的一个具体实施方式中。如果说明书中任何一个具体实施方式都未包含独立权利要求的全部技术特征，那么该权利要求就没有得到说明书的支持。

第二，独立权利要求中出现的概括性描述（包括上位概念）或功能性描述应能从说明书第五部分具体实施方式中记载的内容自然而合理地推出。

第三，独立权利要求描述的技术方案应当记载在说明书第三部分，即发明和实用新型内容部分，以发明或者实用新型必要技术特征总和的形式阐明其实质。

（三）从属权利要求的撰写规范

1. 从属权利要求的撰写模式

发明或者实用新型的从属权利要求应当包括引用部分和限定部分，引用部分应写明引用的权利要求的编号及其主题名称；限定部分应写明发明或者实用新型附加的技术特征。

例 1：

（1）一种荧光计算器，包括计算器本体，该计算器本体内设有字符按键和具有背光调节功能的电子显示屏；其特征是：所述计算器本体的底面设有橡胶吸盘，所述字符按键内设有荧光层。

（2）根据权利要求 1 所述的荧光计算器，其特征是：所述字符按键包括透明键帽、位于透明键帽下方的字符基底、设在字符基底上的字符，所述荧光层设在所述字符上。

（3）根据权利要求 1 所述的荧光计算器，其特征是：所述字符按键包括透明键帽、位于透明键帽下方的字符基底、设在字符基底上的字符，所述荧光层设在所述字符基底上。

（1）根据权利要求 1 或 2 或 3 所述的荧光计算器，其特征是：所述荧光层为夜光漆涂覆层。

例 2：

（1）一种人造花叶，其特征是花瓣或叶片连接在一个包含空气和液体的可变形的封闭腔体上。（1 为独立权利要求，后面 2-6 为从属权利要求。）

（2）根据权利要求 1 所述的人造花叶，其特征是封闭腔体内的液体可以是水、可挥发的有机液或者其混合物，也可以是溶解有气体的溶液。

（3）根据权利要求 1 所述的人造花叶，其特征是封闭腔体不与花瓣或叶片相连接的部分可以是不变形的。

（4）根据权利要术 1 所述的人造花叶，其特征是封闭腔体上可以用不同材料联接而成。

（5）根据利权要求 1 所述的人造花叶，其特征是封闭腔体可以设置一个可封闭孔。

（6）根据权利要求 5 所述的人造花叶，其特征是封闭腔体内的液体是可挥发的香料、药物或者其与水的混合物，且封闭腔体有轻微的透气性。

例 3：

（1）一种压力锅，包括锅盖、调节阀、锅体和手柄，其特征是，所述的锅盖上设置有安全阀，所述的锅体的外底部设置有电加热器。（1 为独立权利要求，后面 2-4 为从属权利要求。）

（2）根据权利要求 1 所述的压力锅，其特征是，所述的安全阀由低熔点合金制成。

（3）根据权利要求 2 所述的压力锅，其特征是，所述的低熔点合金为铅锡合金。

（4）根据权利要求 1 所述的压力锅所述的锅体的外底部设置的电加热器为远红外加热器。

2. 从属权利要求的撰写规范

第一，从属权利要求的引用部分只能引用在前的权利要求。引用两项以上权利要求的多项从属权利要求，只能以择一方式引用在前的权利要求，并不得作为另一项多项从属权利要求的基础。即多项从属权利要求不得直接或间接地引用另一项多项从属权利要求。

第二，作为权利要求书的一部分，从属权利要求也应当清楚地描述发明或实用新型。从属权利要求的限定部分应当用附加技术持征对引用的权利要求作进一步限定，这些附加技术特征可以是对引用权利要求技术特征的进一步限定的技术特征，也可以是增加的技术特征。在前者情况下，这些附加技术特征应尽量从引用的权利要求的技术特征出发来加以说明；而在后一种情况下，应清楚地表达这些附加技术特征与引用权利要求中的某个或某些技术特征之间的结构位置关系或作用关系。此外，在限定部分不要重复其引用权利要求中的技术特征，以免造成对其保护范围的错误表达。

第三，从属权利要求的类型和主题名称应当与其引用权利要求的类型和主题名称相一致。即其要求保护的仍应该是其引用权利要求的整个产品或方法，不可变为其引用权利要求中的一个部件或一个工艺步骤。

第四，从属权利要求的保护范围是对其引用权利要求的保护范围作进一步限定，其保护范围应当落在其引用权利要求的保护范围之内，比其引用权利要求的保护范围小。

（四）权利要求书撰写中的常见问题

1. 形式上的错误

（1）计量单位使用了非国家法定计量单位。例如，"1 英寸"应写成"2.54 厘米"，必要时，也可写成"1 英寸（2.54 厘米）"，又如，"过××目筛"，应写成"颗粒度为××微米（毫米）"。

（2）使用的科技术语及符号不规范。例如，"m/秒"应写为"米/秒"或"m/s"。

（3）在一项权利要求中用了两个或两个以上的句号。应删除句子中间的句号，只保留句子结尾处的一个句号，以强调其意义的不可分割性。

（4）要求保护的主题名称不清楚。例如，"一种焊接用的机器人及其制造方法"，应将上述要保护的主题名称分别写成两个独立权利要求，一个为"一种焊接用的机器人"，另一个为"一种焊接用的机器人的制造方法"，这样构成两个清楚的保护主题。

（5）从属权利要求引用关系不正确。例如，独立权利要求的主题名称为"1.一种焊接用的机器人……"，而权利要求 2 写成"2.根据权利要求 1 所述的传感器，其特征是……"。应写成"2.根据权利要求 1 所述的机器人，其特征是，所述传感器……"。

（6）多项从属权利要求采用了"和"字结构。例如，"4. 根据权利要求1、2和3所述的机器人"，应写成"4. 根据权利要求1或2或3所述的机器人"或者写成"4. 根据权利要求1至3中的任一项所述的机器人"。

（7）权利要求书的技术特征引用说明书附图中相应的标记，该标记未置于括号内。例如："螺钉1，螺母2"应写成"螺钉 [1]，螺母 [2]。"

（8）在权利要求中使用了含糊不清的词语。例如，使用了"厚""薄""强""弱""大约""等""接近""类似方法""类似物"等。应将这些词语删去。

（9）权利要求书中包括了插图或附图，应将插图或附图删去。

（10）发明创造的主题名称写入了人名、地名、商标、型号或者商品名称。例如，"一种 GCQ 型磁化防垢除垢器"，应当将产品型号"GCQ 型"删除。

2. 实质上的错误

（1）权利要求技术特征表述不清楚

将产品技术特征用方法技术特征来描述。例如，"经过热处理，然后进行钻、膛、磨方法加工而成的轴承架内装入滚动轴承"，应写成"轴承架内设置有滚动轴承"。

特征部分的撰写只写出了产品的各部件名称，而未写明各部件之间的连接关系或位置关系。例如，"一种试电笔，包括绝缘外壳、测试触头、限流电阻、氖管和手触电极，其特征是，它还包括分流电阻和识别电极。"应写成"一种试电笔，包括绝缘外壳、测试触头、限流电阻、氖管和手触电极，其特征是，测试触头与一个分流电阻一端电连接，分流电阻另一端与一个人体可接触的识别电极电连接。"

（2）在权利要求中写入了原因、理由等词语。例如，"为了提高加热体的抗压强度，延长其使用寿命，所述加热体为热敏电阻"，应写成"所述加热体为热敏电阻"。

（3）在独立权利要求中写入了一些非必要的技术特征，导致专利保护范围十分狭窄。假设发明自行车之前的现有技术中，只有手拉车和马拉双轮车。自行车发明人在独立权利要求中，不仅写入车架、车轮、车把、脚蹬等必要技术特征，而且还写入了铃、灯、闸、锁等非必要技术特征。例如，没有铃或灯等，便有可能不构成侵权。因此，在起草权利要求时，必须仔细解剖发明的内容，确定发明的目的。例如，本例的发明目的是制造一种用脚蹬作为动力的陆上行走车辆。然后弄清楚，为实现此目的，哪些技术特征是必不可少的，将它们写入独立权利要求中，这样的写法可获得最宽保护范围。那些次要的技术特征可写入从属权利要求中。需要指出的是，必要的技术特征是与发明的目的密切相关的。假如本发明的目的是制造一种夜间安全行走的自行车，那么灯就成了必要的技术特征。

（4）把不符合单一性的两个技术主题写在一件专利申请案中。例如，把一种一次性餐盒及冲床合案申请，应将其分案申请。

（5）独立权利要求缺少必要的技术特征，未能构成完整的技术方案。例如，"一种电暖鞋，包括鞋帮、鞋中底和鞋大底，其特征是所述鞋中底或鞋大底设置有空腔，在空腔中放置加热体，在加热体上设置导热板。"该独立权利要求缺少了必要的技术特征，达不到电发热的目的，因此应该增加"电源接头和直流电源"这两个必要的技术特征。

（6）权利要求书的内容得不到说明书的支持。例如，权利要求中采用上位概念的技术特征，但说明书中没有足够的实施例给予支持。

（7）把发明的目的、功能、效果等作为技术特征写入权利要求书中。例如，一位发明人巧妙地将计算尺的原理应用于量杯，发明了杯式浓度计数器的新型量杯。写出的独立权利要求是："一种玻璃量杯，其特征是，在配制各种溶液的浓度时，可以不必度量各种溶液的体积，也不必计算，就可以直接在杯内配制所需浓度的溶液，或者可直接求出各种溶液在杯内混合后的浓度。"在该权利要求中，描述的是发明的目的和效果，丝毫没有涉及为实现此发明目的的必要技术特征。因此，这样的权利要求书是不能被批准的。

3. 权利要求书撰写中的注意事项

（1）权利要求书应该正面、清楚、完整、准确地限定说明书中所描述的发明的技术特征。

所谓正面，就是不得采取反面的方式描述技术特征。因为反面描述往往会将发明人从未做过研究的事物，甚至把将来的发明也包括进去了。例如，在发明塑料之前，有一项权利要求将"木材"这一个技术特征写成"非金属材料"，这种描述由于采用了反面描述方式，是不允许的，因为它包括了当时尚未被发明的塑料等非金属材料。

　　所谓清楚，就是不能模棱两可、含糊不清。英国某公司就一项塑料羽毛球的发明在日本获得了专利。该专利申请的权利要求书是这样撰写的："以竖杆及与其一体的多根横肋为特征的，由球头和连成一体的竖杆组成的球裙构成的羽毛球。"后来，这家公司向东京地方法院控告日本四家公司侵犯了该羽毛球的专利权，要求禁止制造和销售该公司发明的塑料羽毛球。这四家公司联合提出反诉，他们抓住原先专利权利要求书里的语言漏洞，因为原告专利权利要求书中写的是"……由球头和连成一体的竖杆组成的球裙构成的羽毛球"，但被告生产和销售的羽毛球头和球裙并没有连成一体，而是分别制造后再接合成的。而且被告对塑料羽毛球的球裙还拥有专利，所以他们自认为不构成侵权。显然，"由球头和连成一体的竖杆组成的球裙构成的羽毛球"这句话十分关键。原告辩驳说："该专利的请求权项应理解为"由球头和连成一体的竖杆组成的球裙构成的羽毛球，'连成一体'这四个字是竖杆的定语，该权利要求书既包括了球头和球裙连成一体的羽毛，也包括球头和球裙分别制造后再接合而成的羽毛球"。他们认为这种语法解释在日语中是无懈可击、甚为严密的。这场持续了 5 年的官司最后以四家公司败诉而告结束。但这件案例给我们很大的借鉴作用。其实，原告若将权利要求书改写成："……由球头和连成一体的竖杆的球裙构成的羽毛球"就不致引起这场风波了。❶

　　所谓完整，就是实施发明所必要的技术特征必须全部列出。必须构成一个完整的技术方案。所谓准确，就是文字要严谨，不能使用"大约""可能""也许"等词语。

　　（2）独立权利要求中不应当写入非必要的技术特征，以避免专利保护范围过窄。

　　（3）撰写权利要求，尤其是独立权利要求时，应当善于恰如其分地选用一般性概念用语或上位概念用语，这样做有利于扩大专利的保护范围。例如，权利要求若提出保护一种木制的靠背椅，其保护范围是极小的，如果有人制作出塑料靠背椅，便有可能不算侵权了。相反，权利要求如果撰写为保护一种椅子，那么不仅木制的靠背椅和塑料的靠背椅都在保护范围之内，其他的转椅、折叠椅、沙发也都在保护之列。再如，书写工具、笔、圆珠笔，这三者的保护范围是大不相同的。实践中常采取概念或功能上位化的方式，如写一个部件以

---

❶　http://www.hzip.gov.cn/newsmanage/News_View.asp? NewsID＝2078,20150101616;07 访问.

"功能词+万用词"作为部件名称，如一件弹簧能起到压缩复位的作用，那么就不写成弹簧，写成"弹性部件"或者"复位部件"即可。或者进行功能性定语限定，在功能描述较长的时候，就要用到功能性定语。例如，2007年专利代理人考试卷三"还包括牵拉部件，其将所述外包装撕开"，这样的写法就不行的，但是写成"还包括能够将所述外包装撕开的牵拉部件"，就符合要求，这就是功能性定语限定，把功能性的描述写成定语，不仅符合专利法要求，而且实现了功能性上位化，扩展了保护范围。

（4）权利要求书中使用的技术术语应与说明书中使用的一致。

权利要求中可以有化学式或数学式，但不得有插图。除非绝对必要，不得使用"如说明书……部分所述"或者"如图……所示"的用语。

（5）在机械领域的权利要求中应尽量避免写入功能特征、效果特征等，以免表述不清楚。但在电路产品的权利要求中，往往允许写入功能特征，因为，它往往起到限定的作用，使技术特征更明确，更清楚。

（6）在权利要求中尽量避免使用括号作为解释用语。

（7）在权利要求中如引用附图标记，则必须使用括号。

（8）从属权利要求的引用关系要正确，多项权利要求不得作为另一项多项权利要求的引用基础。

阅读与体会

2013年全国专利代理人资格考试试题

客户A公司向你所在的专利代理机构提供了技术交底材料1份、3份对比文件（附件1至附件3）以及公司技术人员撰写的权利要求书1份（附件4）。现委托你所在的专利代理机构为其提供咨询意见并具体办理专利申请事务。

第一题：请你撰写提交给客户的咨询意见，逐一解释其自行撰写的权利要求书是否符合专利法及其实施细则的规定并说明理由。

第二题：请你综合考虑附件1至附件3所反映的现有技术，为客户撰写发明专利申请的权利要求书。

第三题：简述你撰写的独立权利要求相对于现有技术具备新颖性和创造性的理由。

第四题：如果所撰写的权利要求书中包含两项或者两项以上的独立权利要求，请简述这些独立权利要求能够合案申请的理由；如果认为客户提供的技术内容涉及多项发明，应当以多份申请的方式提出，则请说明理由，并撰写分案申请的独立权利要求。

技术交底材料：

我公司致力于大型公用垃圾箱的研发与制造，产品广泛应用于小区、街道、垃圾站等场所。经调研发现，市场上常见的一种垃圾桶/箱，在桶体内设有滤水结构，能够分离垃圾中的固态物和液态物，便于垃圾清理和移动（参见对比文件1）。但是垃圾内部仍然残存湿气，尤其是对于大型垃圾桶/箱，其内部由于通风不畅容易导致垃圾缺氧而腐化发臭，不利于公共环境卫生。有厂家设计了一种家用垃圾桶，其桶低设有孔，方便空气进出（参见对比文件2）。在上述现有技术的基础上，我公司提出改进的大型公用垃圾箱。

公用垃圾桶如图1和图2所示，主要包括箱盖1，上箱体2和下箱体3。箱盖上设有垃圾投入口4，上箱体和下箱体均为顶部开口结构，箱盖盖合在上箱体的顶部开口处，上箱体可分离地安装在下箱体上。上箱体的底部为水平设置的滤水板5，在下箱体的侧壁上还开设有通风孔6，通风孔最好为两组，并且分别设置在下箱体相对的侧壁上。垃圾倒入后，固态物留在滤水板上，液态物经滤水板进入下箱体。空气从通风口进入下箱体，会同垃圾箱内的湿气向上流动，依次经上箱体的滤水板和固体垃圾存放区，从垃圾投入口向外排出。如有相对的两组通风孔，空气可从一侧的通风口进入，从另一侧的通风孔排出。通过设置在下箱体的侧壁上部的通风孔以及在箱盖上的垃圾投入口，垃圾箱内产生由下而上的对流和向外循环，从而起到防止垃圾腐化，减少臭味，提高环境清洁度的作用。

当上箱体内堆积垃圾较多时，空气流动受阻。为提高通风效果，如图3和图4所示，在上箱体的侧壁内侧设置多个竖直布置的空心槽状隔条，其与上箱体的侧壁之间形成多个空气通道。空心槽状隔条上端与上箱体的上边缘基本齐平，以避免空气通道的入口被垃圾堵塞；下端延伸至接近滤水板。

在使用时，空气从通风孔进入下箱体，会同垃圾箱内的湿气向上流动，由于受到上箱体内固体垃圾的阻碍，部分空气从空心槽状隔条与滤水板之间的缝隙，进入到空心槽状隔条中，并沿空心槽状隔条与上箱体的侧壁之间形成的空气通道向上流动，最终从垃圾投入口向外排出。

此外，也可以在上箱体的侧壁上设置其他通风机构（例如通风孔）或者将两种通风口结构组合在一起使用。

我公司此前设计了一种自卸式垃圾箱，将垃圾箱的底板设计成活动的，该

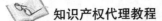

活动底板可沿着箱体底部的导轨水平拉出以便从底部卸出垃圾，从而解决了从垃圾箱顶部开口处向外倾倒垃圾容易造成扬尘的缺陷（参见对比文件3）。但这种垃圾箱的导轨容易积尘从而卡住底板。针对该问题，滤水板5进一步设置成可活动的。如下图所示，滤水板一端通过铰接件8与上箱体的侧壁底边连接，相对的另一端通过锁扣件9固定在水平闭合位置。当打开锁扣件时，滤水板的在重力的作用下以铰接件为轴相对于上箱体2向下转动从而卸出垃圾。锁扣见包括设置在上箱体侧壁上的活动插舌91和对应设置在滤水板上的插口92，所述活动插舌与插口可以互相咬合或脱离。锁扣件还可以采用其他形式，各种现有的锁扣均可以使用。当垃圾箱内垃圾装满需要清理时，吊起上箱体，使得上箱体与下箱体分离；上箱体被移至合适位置后，打开锁扣件，滤水板在重力作用下铰接件为轴向下转动，打开上箱体的底部，内部的固体垃圾掉落到垃圾车或者传送带上运走。下箱体内的液体垃圾则另行处理。

　　与导轨结构的垃圾箱相比，这种垃圾箱的底部不容易损坏，使用寿命更长，需要说明的是，垃圾箱的箱体不限于本技术交底材料所涉及的具体形式，其他垃圾箱也可以采用上述底部结构。

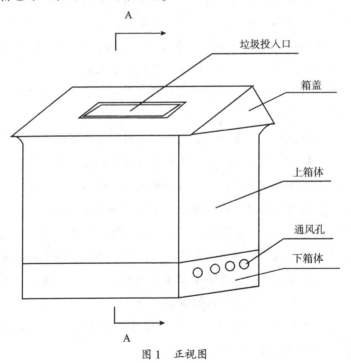

图1　正视图

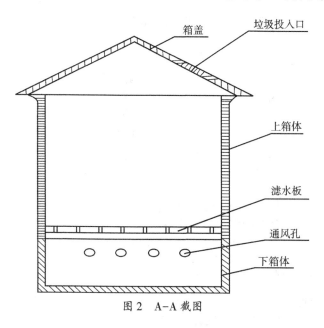

图 2　A-A 截图

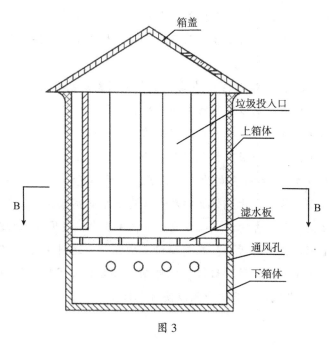

图 3

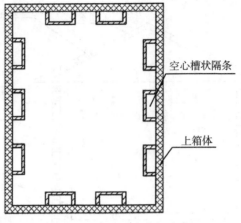

空心槽状隔条

上箱体

图4 B-B截图（滤水板略去）

对比文件一（附件1）

防臭垃圾桶/箱

本实用新型涉及一种防臭垃圾桶/箱。

常用的垃圾桶/箱通常固液不分，污水积存在垃圾中容易造成垃圾腐烂，发出酸臭气味，不利于环境卫生；而且垃圾运输和处理中也存在很多问题，增加了处理成本。

为了克服上述现有技术存在的缺点，本实用新型提供了一种垃圾桶/箱、通过对垃圾进行固液分离以获得防臭的效果。

图1是本实用新型垃圾桶的正面剖视图。

如图1所示，该防臭垃圾桶包括桶盖1，上桶体2和下桶体3，桶盖1上设有垃圾投入口4。下桶体3的上边缘设置成L形台阶状，上桶体2放置在下桶体3的该L形台阶上。上桶体2的底部设有多个滤水孔5。在使用时，垃圾中的污水经上桶体2底部的滤水孔5流至下桶体3中，实现固态物和液态物分离。积存在下桶体3中的污水，在需要时集中倾倒。这种防臭垃圾桶/箱可大可小。既可制成小型的家用垃圾桶，也可制成大型的公用垃圾桶/箱，对于大型垃圾桶/箱，可在底部设置排出阀以便污水排出。

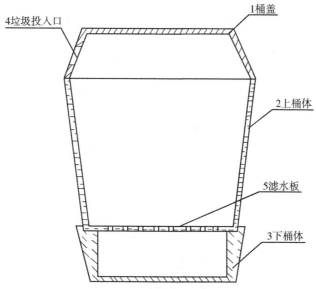

1桶盖

4垃圾投入口

2上桶体

5滤水板

3下桶体

对比文件二（附件2）

防臭垃圾桶/箱

本实用新型涉及一种家用垃圾桶。

目前人们收集日常生活垃圾的方式，普遍是使用一次性塑料垃圾袋套在垃圾桶内，但是，在套垃圾袋的过程中由于垃圾袋与桶壁之间构成封闭空间，空气留在垃圾桶里面不易排出，导致垃圾袋无法完全展开。

本实用新型的目的是提供一种家用的功能性垃圾桶。

图1是本实用新型的结构示意图。

如图1所示，本实用新型的垃圾桶由桶罩1、桶壁2和桶底3组成。桶底3上设有多个通气孔4；捅壁2和桶底3一次性注塑而成。桶口上设有可分离的桶罩1，用于固定住垃圾袋。使用时，将垃圾袋套在垃圾桶上，通气孔4的设计方便排出垃圾袋与桶壁2、桶底3之间的空气，使垃圾袋在桶内服帖地充分展开；取垃圾袋的时候，空气经通气孔4从底部进入，避免塑料垃圾袋与桶壁2、桶底3之间产生负压，从而可以轻松地取出垃圾袋，不会摩擦弄破垃圾袋。

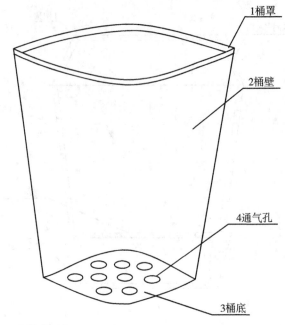

1桶罩

2桶壁

4通气孔

3桶底

对比文件三（附件3）

自卸式垃圾桶

本实用新型涉及一种垃圾箱，尤其是一种适合与垃圾车配合使用的自卸式垃圾箱。

图1是本实用新型垃圾箱装垃圾状态的正视图；

图2是本实用新型垃圾箱卸垃圾状态的正视图；

在图1和图2中，箱体2的下部被局部剖开。本实用新型的自卸式垃圾箱，该垃圾箱的顶盖1可开启，垃圾箱的箱体2下部和底板3均为方形，底板3水平插接在箱体2的底部，底板3的一侧设有把手31，与把手31相对的一侧设有限位块32。箱体2的底部设有供底板3滑动的导轨4。卸垃圾时，拉住底板3的把手31，底板3向一侧水平滑动，垃圾就从箱体2底部自动卸出。所述自卸式垃圾箱不需要把箱体2翻转过来倾倒垃圾，既省力又避免灰尘飞扬。

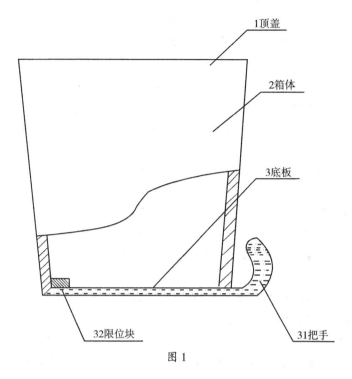

图 1

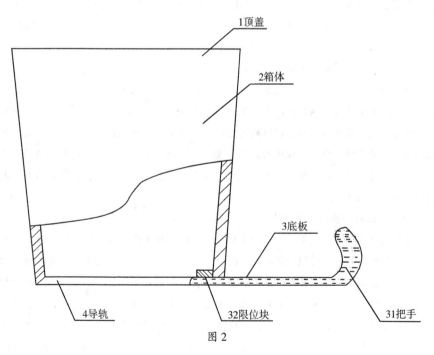

图 2

附件 4（客户公司技术人员所撰写的权利要求书）

1. 一种大型公用垃圾箱，其特征在于：主要包括箱盖（1）、上箱体（2）和下箱体（3），箱盖（1）上设有垃圾投入口（4），上箱体（2）和下箱体（3）均为顶部开口结构，箱盖（1）盖合在上箱体（2）的顶部开口处，上箱体（2）可分离地安装在下箱体（3）上，上箱体（2）的底部为水平设置的滤水板（5）。

2. 根据权利要求1所述的箱体，其特征在于：所述下箱体（3）的侧壁上部开设有通风孔（6）。

3. 根据权利要求2所述的大型公用垃圾箱，其特征在于：所述上箱体（2）内设有数根空心槽状隔条（7）。

4. 根据权利要求2所述的大型公用垃圾箱，其特征在于：所述空心槽状隔条（7）的上端与上箱体（2）的上边缘基本齐平，下端延伸至接近滤水板（5）。

5. 根据权利要求1所述的大型公用垃圾箱，其特征在于：所述滤水板（5）是可活动的。

6. 一种利用公用垃圾箱进行广告宣传的方法，所述垃圾箱具有箱体，其特征在于：在箱体的至少一个外侧面上印有商标、图形或文字。

答题思路

在撰写权利要求书时，考生应当认真阅读、全面了解技术交底材料和现有技术的相关内容，撰写出既符合《专利法》，《专利法实施细则》和《专利审查指南2010》的相关规定，又能最大化地维护客户利益的权利要求书。在答题时可以按照以下的思路和步骤进行。

1. 确定技术交底材料相对于现有技术所解决的技术问题

技术交底材料涉及对大型公用垃级箱的改进，由此可以以"一种大型公用垃圾箱"作为要求专利保护的主题。将技术交底材料与现有技术（对比文件1至3）进行比较，可知其解决了现有技术中存在的两个技术问题：一是通过设置在垃圾箱下箱体的侧壁上部的通风孔以及箱盖上的垃圾投入口，垃圾箱内形成由下而上的对流和内外循环，从而起到防止垃圾腐化、减少臭味、提高环境清洁度的作用（第一个技术问题）；二是将垃圾箱的底部设置成可以相对于箱体向下转动以卸出垃圾，从而解决了导轨式垃圾箱的底部易积尘损坏的问题（第二个技术问题）。

2. 确定独立权利要求的保护范围

为了达到使委托人的利益最大化的目标，需要独立权利要求能够从整体上反映发明的技术方案，记载解决技术问题的必要技术特征，同时避免将非必要技术特征写入独立权利要求，以使得独立权利要求的保护范围最宽。存在多个实施方式时，在不超出题目素材公开的范围的前提下，要考虑对这些实施方式进行适当概括。对于第一个技术问题，技术交底材料中给出了唯一的实施方式，即：在垃圾箱下箱体的侧壁上部开设通风孔，其与箱盖上的垃圾投入口配合，使得垃圾箱内产生由下而上的对流和内外循环，从而防止垃圾腐化，减少臭味的产生。技术交底材料中没有给出或暗示还存在其他实施方式，本领域的技术人员也难以预测除了技术交底材料给出的实施方式之外，是否还存在其他的等同替代或明显变型的方式，可以同样解决上述技术问题。因此，考生在撰写第一组独立权利要求时，不应当对上述实施方式中的通风孔进行不恰当的概括，以免撰写的权利要求得不到技术交底材料的支持。

与第一个技术问题密切相关的技术特征，包括上箱体、下箱体、箱盖、垃圾投入口、滤水板、通风孔均属于必要技术特征，不应遗漏。而上箱体与下箱体之间是否可分离与通风无关。属于非必要技术特征，不应写入独立权利要求中，以避免独立权利要求的保护范围过于窄而损害委托人的利益。

技术交底材料中还涉及将滤水板以一端铰接、另一端锁扣固定的方式与上箱体连接，以解决第二个技术问题。此外，技术交底材料中还指出垃圾箱的箱体不限于本技术交底材料所设计的具体形式，其他垃圾箱也可以采用上述底部结构。因此，不论垃圾箱的箱体采取何种结构或与底部的配合方式如何，只要底部能够向下转动从而打开箱体底部即可解决第二个技术问题。所以，可以对上述实施方式中垃圾箱的箱体结构以及与底部的配合方式进行概括，形成解决第二个技术问题的一个独立权利要求。而箱体的具体结构（包括上箱体、下箱体、滤水版、通风孔）及其与底部的配合方式（一端铰接、另一端通过锁扣件固定）等属于非必要技术特征。不应写入该独立权利要求中。

3. 确定独立权利要求之间是否符合单一性要求

由上可知，技术交底材料中涉及两个技术问题，可以形成用于分别解决每个技术问题的两个独立权利要求。此时，就需要进行独立权利要求之间是否具备单一性的判断，以确定是提出一份专利申请，还是提出两份专利申请。

经过分析，两个独立权利要求分别涉及对通风结构和底部卸垃圾结构的改进，不属于一个总的发明构思，彼此之间在技术上无相互关联，不存在相同或相应的特定技术特征。所以，应将两个独立权利要求分别单独提交一份专利申请。

4. 根据具体实施方式确定从属权利要求

为了形成较好的保护梯度，使得专利申请在面临不得不缩小独立权利要求保护范的情况时具有充分的修改余地，还应根据技术交底材料中给出的实施方式，撰写出数量合理、适当的从属权利要求。

技术交底材料中针对在下箱体的侧壁上部开设通风孔给出了优选的实施方式，即通风孔为两组，并且分别设置在下箱体相对的侧壁上。因此，可以将上述优选实施方式撰写成一个从属权利要求（从属权利要求2）。

在技术交底材料的第5段至第7段中指出，为了解决上箱体内垃圾堆积阻碍空气流动的技术问题，进一步提高通风效果，可以在上箱体的侧壁内侧设置多个竖直布置的空心槽状隔条，或设置其他通风结构（例如通风孔），或者将两种通风结构组合在一起使用，即技术交底材料给出了更有利于上箱体通风的三种实施方式：空心槽状隔一条、通风孔、通风孔与空心槽状隔条的组合。虽然上述三种实施方式的具体结构有差异，但其均是设置在上箱体侧壁上的通风结构，由此可以将上述三种实施方式概括成一个从属权利要求（从属权利要求3）。

接下来，针对上箱体侧壁的通风结构的三种实施方式，可以以从属权利要求3为引用基础，撰写出一个从属权利要求，该从属权利要求包括三个并列技术方案（从属权利要求4）。然后，再以从属权利要求4为基础，对空心槽状隔条的上下端位置作进一步限定来撰写相对应的从属权利要求（从属权利要求5），以形成有层次的保护。在分析和撰写的过程中，要注意避免因引用关系问题而出现保护范围实质相同的从属权利要求。

此外，针对技术交底材料中提及的第二个技术问题，将上箱体与下箱体设置成可分离的以及上箱体与滤水板的具体配合方式也可以作为附加技术特征，形成从属权利要求，作为对上述权利要求的进一步限定。以确定是提出一份专利申请，还是提出两份专利申请。

经过分析，两个独立权利要求分别涉及对通风结构和底部卸垃圾结构的改进，不属于一个总的发明构思，彼此之间在技术上无相互关联，不存在相同或相应的特定技术特征。所以，应将两个独立权利要求分别单独提交一份专利申请。

撰写的权利要求书范文

1. 一种大型公用垃圾箱，主要包括：箱盖（1）、上箱体（2）和下箱体（3），箱盖（1）上设有垃圾投入口（4），所述上箱体（2）和下箱体（3）均为顶部开口结构，箱盖（1）盖合在上箱体（2）的顶部开口处，上箱体（2）安装在下箱体（3）上，上箱体（2）底部为水平设置的虑水板（5），其特征在于：所述垃圾箱还包括开设在下箱体（3）侧壁上部的通风孔（6）。

2. 如权利要求1所述的大型公用垃圾箱，其特征在于：所述通风孔（6）为两组，并且分别设置在下箱体（3）的相对侧壁上。

3. 如权利要求1或2所述的大型公用垃圾箱，其特征在于：所述垃圾箱还包括设置在上箱体（2）侧壁上的通风结构。

4. 如权利要求3所述的大型公用垃圾箱，其特征在于：所述通风结构为开设在上箱体（2）侧壁上的通风孔和/或竖直布置在上箱体（2）的侧壁内侧的空心槽状隔条（7），所述空心槽状隔条（7）与上箱体（2）的侧壁之间限定形成空气通道。

5. 如权利要求4所述的大型公用垃圾箱，其特征在于：所述空心槽状隔条（7）的上端与上箱体（2）的上边缘基本齐平，下端延伸至接近滤水板（5）。

6. 如权利要求1，2，4，5中任一项所述的大型公用垃圾箱，其特征在于：所述上箱体（2）可分离地安装在下箱体（3）上。

7. 如权利要求6所述的大型公用垃圾箱，其特征在于：所述滤水板（5）可以相对于上箱体（2）运动从而打开上箱体（2）的底部以卸出垃圾。

8. 如权利要求 7 所述的大型公用垃圾箱，其特征在于：所述滤水板（5）可以相对于上箱体（2）向下转动从而打开上箱体（2）的底部。

9. 如权利要求 8 所述的大型公用垃圾箱，其特征在于：所述滤水板（5）的一端通过铰接件（8）与上箱体（2）的侧壁底边连接，相对的另一端通过锁扣件（9）固定在水平闭合位置。

10. 如权利要求 9 所述的大型公用垃圾箱，其特征在于：所述锁扣件（9）包括设置在上箱体（2）侧壁上的活动插舌（91）和对应设置在滤水板（5）上的插口（92），所述活动插舌（91）与插口（92）互相咬合或脱离。

11. 如权利要求 7 所述的大型公用垃圾箱，其特征在干：所述滤水板（5）可以沿着上箱体（2）底部的导轨水平滑动从而打开上箱体（2）的底部。

12. 如权利要求 1，2，3，5，7 至 11 中任一项所述的大型公用垃级箱，其特征在于：所述下箱体（3）上设置排水阀。

第三节　发明或实用新型说明书的撰写

一、说明书的功能

发明和实用新型专利申请文件中的说明书主要有以下功能：①用来详细说明发明或实用新型的具体内容，主要起着向社会公众公开发明或实用新型技术内容的作用。②支持权利要求、解释权利要求。专利的保护范围是根据权利要求的内容确定的，不是严格按照权利要求的字面含义来确定。如果权利要求中的文字可以有多种解释或各对其所表示的技术特征有疑义时，可用说明书（包括附图）来解释，以确定权利要求的保护范围。由此可知，说明书是发明或实用新型专利申请的基础文件，其撰写好坏也会影响到该专利申请能否被授予专利权和专利申请的审批速度。因此对专利代理人来说，也应当重视说明书的撰写。③表明发明与现有技术相比，以何种方式构成专利法所要求的创新，并说明其在工业中的实际用途。

二、说明书的撰写要求

说明书应当对发明或者实用新型作出清楚、完整的说明，以所属技术领域的技术人员能够实现为准。也就是说，说明书应当满足《专利法》第二十六

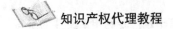

条第三款规定的充分公开的要求。何谓充分公开，就是本领域的技术人员通过阅读说明书，不需要付出创造性劳动，就能够实施该发明或实用新型。

（一）说明书撰写的一般要求

为了使说明书满足充分公开的要求，说明书的撰写应当符合清楚、完整和能够实现的要求。

1. 清楚

说明书应当从现有技术出发，清楚地描述发明或实用新型的内容，使所属技术领域的技术人员能够确切地理解该发明或实用新型要求保护的主题、所要解决的技术问题、解决该技术问题所采用的技术方案及其有益效果。说明书应当使用发明或实用新型所属技术领域的技术名词和术语，不能使用行话。说明书的用语应当准确表达发明创造的技术内容，不得含糊不清或模棱两可，以至所属技术领域的技术人员不能清楚、正确地理解。在说明书的发明名称和正文中，不能使用商业性宣传用语，以地点、人名等命名的名词，商标、广告等，也不得使用"大约""左右""相当少的"等不确切的用语。

2. 完整

说明书应当满足完整的要求，一是说明书应当完整地公开专利申请要求保护的技术方案，二是说明书的结构应当完整。结构完整，是指说明书应当包括《专利法实施细则》第十八条规定的内容：要求保护的技术方案所属的技术领域；对发明、实用新型的理解、检索、审查有用的背景技术；发明或者实用新型所要解决的技术问题以及解决技术问题采用的技术方案，以及对照现有技术的有益效果；申请人认为实现发明或者实用新型的优选方式等。

3. 能够实现

能够实现，是指所属技术领域的技术人员按照说明书记载的内容，不需要付出创造性的劳动，就能够再现发明或实用新型的技术方案，解决其技术问题，并产生预期的技术效果。如果说明书存在以下情形，就会被认为无法实现：

（1）说明书中只给出了任务和/或设想，或者只表明一种愿望和/或结果，而未给出任何使所属技术领域的技术人员能够实施的技术手段；

（2）说明书中给出了解决手段，但对所属技术领域的技术人员来说，该手段是含糊不清的，根据说明书记载的内容无法具体实施；

（3）说明书中给出了解决手段，但所属技术领域的技术人员采用该手段并不能解决所述的技术问题；

（4）申请的主题为由多个技术措施构成的技术方案，对于其中一个技术措施，所属技术领域的技术人员按照说明书记载的内容并不能实现；

（5）说明书中给出了具体的技术方案，但未提供实验证据，而该方案又必须依赖实验结果加以证实才能成立。

（二）说明书撰写的其他要求

1. 对不同科技术语的规定

说明书应当使用发明或者实用新型所属技术领域的技术术语，对于自然科学名词，国家有规定的，应当采用统一的术语，国家没有规定的，可以采用所属技术领域约定俗成的术语，也可以采用鲜为人知或者最新出现的科技术语，或者直接使用外来语（中文音译或意译），但是其含义对所属技术领域的技术人员来说必须是清楚的，不会造成理解错误；必要时可以采用自定义词，在这种情况下，应当给出明确的定义或说明。一般来说，不应使用在所属技术领域中具有基本含义的词汇来表示其本意之外的其他含义，以免造成误解和语义混乱。说明书中使用的科技术语与符号应当前后一致。

2. 对个别词语和外国文献的文字规定

说明书应当使用中文，但是在不产生歧义的前提下，个别词语可以使用中文以外的其他文字。在说明书中第一次使用非中文技术名词时，应当用中文译文加以注释或者使用中文给予说明。

在下述情况下可以使用非中文表述形式：

（1）本领域技术人员熟知的技术名词可以使用非中文形式表述，例如，用"CPU"表示中央处理器。

（2）所引用外国专利文献、专利申请、非专利文献的出处和名称可以使用原文，必要时给出中文译文，并将译文放置在括号内。

（3）计量单位、数学符号、数学公式、各种编程语言、计算机程序、特定意义的表示符号，所使用的字母或符号等可以使用非中文形式。

3. 对计量单位的规定

说明书中的计量单位应当使用国家法定计量单位，包括国际单位制计量单位和国家选定的其他计量单位。必要时可以使用本领域公知的其他计量单位，

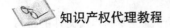

但是，应当同时标注国家法定计量单位。

4. 对使用商品名称的规定

说明书中不可避免地使用商品名称时，其后应当注明其型号、规格、性能及制造单位。

三、说明书的构成及其撰写

说明书除写明发明或者实用新型的名称外，通常应当包括下列五部分内容：技术领域、背景技术、发明（或实用新型）内容、附图说明和具体实施方式。按上述方式和顺序撰写的说明书，在每一部分前面写明标题。

(一) 名称

发明或者实用新型的名称，应当按照下列各项要求撰写：

第一，发明或者实用新型的名称应当清楚，简明，写在说明书正文部分的居中位置；

第二，清楚、全面地反映发明或实用新型要求保护的技术方案的主题名称以及发明的类型；

第三，采用所属技术领域通用的技术术语，不要采用非技术术语或杜撰的技术名词；

第四，最好与《国际分类表》中的类、组名相应，以利于专利申请的分类；

第五，不得使用人名、地名、商标、型号或商品名称等使用商业性宣传用语；

第六，简单明确，一般不超过 25 个汉字；

第七，有特定用途和应用领域的，应在名称中体现；

第八，尽量避免写入发明或实用新型的区别技术特征，否则独立权利要求的前序部分很可能就写入了应当写入特征部分的区别技术特征。

名称的常用撰写模式是：一种……的装置（或……方法，或……装置及方法）。

(二) 技术领域

发明或者实用新型的技术领域，应当是发明或者实用新型要求保护的技术方案所属或者直接应用的具体技术领域，而不是上位的或者相邻的技术领域，也不是发明或者实用新型本身（即不应写入发明或者实用新型的区别技术特征）。例如，一项关于挖掘机悬臂的发明，其改进之处是将背景技术中的长方形悬臂截面改为椭圆形截面。其所属技术领域可以写成"本发明涉及一种挖掘机，特别是涉及一种挖掘机悬臂"（具体的技术领域），而不宜写成"本发明涉及一种建筑机械"（上位的技术领域），也不宜写成"本发明涉及挖掘机悬臂的椭圆形截面"或者"本发明涉及一种截面为椭圆形的挖掘机悬臂"（发明本身）。确定技术领域时通常可按国际专利分类表确定其直接所属技术领域，尽可能确定在其最低的分类位置上，同时应体现发明或者实用新型要求保护的技术方案的主题名称和发明的类型，不应写入发明或者实用新型相对于最接近的现有技术做出改进的区别技术特征。

本部分的撰写模式通常是：本发明（实用新型）涉及一种……装置（或方法），特别（尤其）涉及一种……或者：本发明（实用新型）关于……装置（或方法），具体地说，是关于……

（三）背景技术

这一部分应当写明对发明或者实用新型的理解、检索、审查有用的背景技术，并且尽可能引证反映这些背景技术的文件。尤其要引证包含发明或者实用新型权利要求书中的独立权利要求前序部分技术特征的现有技术文件，即引证与发明或者实用新型专利申请最接近的现有技术文件。说明书中引证的文件可以是专利文件，也可以是非专利文件，如期刊、杂志、手册和书籍等。引证专利文件的，至少要写明专利文件的国别、公开号，最好包括公开日期；引证非专利文件的，要写明这些文件的标题和详细出处。

此外，在说明书背景技术部分中，还要客观地指出背景技术中存在的问题和缺点，但是，仅限于涉及由发明或者实用新型的技术方案所解决的问题和缺点。在可能的情况下，说明存在这种问题和缺点的原因及解决这些问题时曾经遇到的困难。

引证文件还应当满足以下要求：

第一，引证文件应当是公开出版物，除纸件形式外，还包括电子出版物等形式。

第二，所引证的非专利文件和外国专利文件的公开日应当在本申请的申请日之前；所引证的中国专利文件的公开日不能晚于本申请的公开日。

第三，引证外国专利或非专利文件的，应当以所引证文件公布或发表时的原文所使用的文字写明引证文件的出处及相关信息，必要时给出中文译文，并将译文放置在括号内。

如果引证文件满足上述要求，则认为本申请说明书中记载了所引证文件中的内容。

通常对背景技术的描述应当包括三方面内容。

第一，注明其出处。通常可采用引证对比文件或指出公知公用两种情况：对专利文件至少要写明专利文件的国别和公开号，最好包括公开日期，对非专利文件要写明这些文件的详细出处，使公众和审查员能从现有技术中检索到这些对比文件；对公知公用情况也要给出其具体发生的时间、地点以及可使公众和审查员调研和了解到该现有技术的其他相关信息；

第二，简要说明该现有技术的相关技术内容，即简要给出该现有技术的主要结构和原理；

第三，客观地、实事求是地指出该现有技术存在的主要问题，切忌采用诽谤性语言。

本部分的撰写模式通常为：×××××（文献名称及出处等）公开了一种……装置（或方法），其构成（方法）是……，不足之处（缺点）是……例如，中国专利公开号 CN××××××，公开日××××年××月××日，发明创造的名称为××××××，该申请案公开了……其不足之处是……

（四）发明或实用新型内容

说明书这一部分应当写明发明或者实用新型所要解决的技术问题以及解决其技术问题采用的技术方案，并对照现有技术写明发明或者实用新型的有益效果。实际上，这部分内容应该从三个方面撰写：

1. 要解决的技术问题

发明或者实用新型所要解决的技术问题，是指发明或者实用新型要解决的现行技术中存在的技术问题，通常针对最接近的现有技术中存在的技术问题并结合本发明所取得的效果提出，也就是发明或实用新型所要解决的任务。

发明或者实用新型所要解决的技术问题在撰写时应当满足下面几点要求：

（1）应当采用正面语句直接、清楚、客观地说明要解决的技术问题；

（2）反映发明或者实用新型要求保护的技术方案的主题名称以及发明的类型；

（3）应当具有体现出其要解决的技术问题方案的具体内容；

（4）不得采用广告宣传用语。

本部分的撰写模式通常为：本发明（实用新型）克服了现有技术中的缺点（或不足），提供了一种……装置（或方法）。

2. 技术方案

技术方案是说明书的核心部分，是申请人对其要解决的技术问题所采取的技术措施的集合，其技术措施是由技术特征来体现的。技术方案的描述应使所属技术领域的技术人员能够理解，并能解决所要解决的技术问题。

发明或者实用新型的技术方案在撰写时应当满足下面几点要求：

（1）清楚完整地写明独立权利要求的技术方案，应当包括解决具技术问题的全部必要技术特征；

（2）用语应当与独立权利要求的用语相应或相同，以发明或实用新型必要技术特征的总和形式阐明其实质；

（3）必要时还可描述从属权利要求的技术方案，写明对其进一步限定的附加技术特征，为避免误解应当另起段描述；

（4）若有几项独立权利要求时，这一部分的描述应当反映这几项独立权利要求技术方案的内容，并在描述时尽量体现它们之间属于一个总的发明构思。

最简便、最可靠的撰写办法是：将权利要求书的独立权利要求原封不动地复制到技术方案部分来，然后把"其特征是"的语句去掉，略加订正即可。权利要求书中的从属权利要求部分，即附加技术特征可综合起来写成另一段。

本部分的撰写模式是：为了解决上述技术问题，本发明（实用新型）是通过以下技术方案实现的：（写入独立权利项的要求）。本发明还可以（写入从属权利要求项的内容）。

另外一种写作模式是：本发明（实用新型）的技术方案是（的技术方案概述如下）……

3. 有益效果

说明书应当清楚、客观地写明发明或者实用新型与现有技术相比所具有的有益效果。

有益效果是指由构成发明或者实用新型的技术特征直接带来的，或者是由所述的技术特征必然产生的技术效果。

有益效果是确定发明是否具有"显著的进步"，实用新型是否具有"进步"的重要依据。

通常，有益效果可以由产率、质量、精度和效率的提高，能耗、原材料、工序的节省，加工、操作、控制、使用的简便，环境污染的治理或者根治，以及有用性能的出现等方面反映出来。

有益效果可以通过对发明或者实用新型结构特点的分析和理论说明相结合，或者通过列出实验数据的方式予以说明，不得只断言发明或者实用新型具有有益的效果。

但是，无论用哪种方式说明有益效果，都应当与现有技术进行比较，指出发明或者实用新型与现有技术的区别。

机械、电气领域中的发明或者实用新型的有益效果，在某些情况下，可以结合发明或者实用新型的结构特征和作用方式进行说明。但是，化学领域中的发明，在大多数情况下，不适于用这种方式说明发明的有益效果，而是借助于实验数据来说明。

对于目前尚无可取的测量方法而不得不依赖于人的感官判断的，例如味道、气味等，可以采用统计方法表示的实验结果来说明有益效果。在引用实验数据说明有益效果时，应当给出必要的实验条件和方法。

本部分的撰写模式通常是：与现有技术相比，本发明（实用新型）的有益效果（优点）是……

（五）附图说明

说明书有附图的，说明书文字部分应在描述发明或实用新型的具体实施方式之前集中对说明书中的各幅附图作简略说明。

附图说明部分应当满足下述几方面要求。

（1）应当按照机械制图国家标准对附图的图名、图示的内容作简要说明。

（2）附图不只一幅时，应当对所有的附图按顺序做出说明，且每幅附图应当单编一个图号。

例如，一件发明名称为"电压测量仪"的专利申请，其说明书包括三幅附图，这些附图的附图说明如下：

例如，一件发明名称为"燃煤锅炉节能装置"的专利申请，其说明书包括四幅附图，这些附图的图面说明如下：

图 1 是燃煤锅炉节能装置的主视图；

图 2 是图 1 所示节能装置的侧视图；

图 3 是图 2 中的 A 向视图；

图 4 是沿图 1 中 B-B 线的剖视图（图略）。

（六）具体实施方式

实现发明或者实用新型的优选的具体实施方式是说明书的重要组成部分，它对于充分公开、理解和实现发明或者实用新型，支持和解释权利要求都是极为重要的。因此，说明书应当详细描述申请人认为实现发明或者实用新型的优选的具体实施方式。在适当情况下，应当举例说明；有附图的，应当对照附图进行说明。

优选的具体实施方式应当体现申请中解决技术问题所采用的技术方案，并应当对权利要求的技术特征给予详细说明，以支持权利要求。

对优选的具体实施方式的描述应当详细，使发明或者实用新型所属技术领域的技术人员能够实现该发明或者实用新型。

实施例是对发明或者实用新型的优选的具体实施方式的举例说明。实施例的数量应当根据发明或者实用新型的性质、所属技术领域、现有技术状况及要求保护的范围来确定。

当一个实施例足以支持权利要求所概括的技术方案时，说明书中可以只给出一个实施例。当权利要求（尤其是独立权利要求）覆盖的保护范围较宽，其概括不能从一个实施例中找到依据时，应当给出至少两个不同实施例，以支持要求保护的范围。当权利要求相对于背景技术的改进涉及数值范围时，通常应给出两端值附近（最好是两端值）的实施例，当数值范围较宽时，还应当给出至少一个中间值的实施例。

在发明或者实用新型技术方案比较简单的情况下，如果说明书涉及技术方案的部分已经就发明或者实用新型专利申请所要求保护的主题作出了清楚、完整的说明，说明书就不必在涉及具体实施方式部分再作重复说明。

对于产品的发明或者实用新型，实施方式或者实施例应当描述产品的机械构成、电路构成或者化学成分，说明组成产品的各部分之间的相互关系。对于可动作的产品，只描述其构成不能使所属技术领域的技术人员理解和实现发明或者实用新型时，还应当说明其动作过程或者操作步骤。

对于方法的发明，应当写明其步骤，包括可以用不同的参数或者参数范围表示的工艺条件。

在具体实施方式部分，对最接近的现有技术或者发明或实用新型与最接近的现有技术共有的技术特征，一般来说可以不作详细的描述，但对发明或者实用新型区别于现有技术的技术特征以及从属权利要求中的附加技术特征应当足够详细地描述，以所属技术领域的技术人员能够实现该技术方案为准。应当注意的是，为了方便专利审查，也为了帮助公众更直接地理解发明或者实用新型，对于那些就满足《专利法》第二十六条第三款的要求而言必不可少的内容，不能采用引证其他文件的方式撰写，而应当将其具体内容写入说明书。

对照附图描述发明或者实用新型的优选的具体实施方式时，使用的附图标记或者符号应当与附图中所示的一致，并放在相应的技术名称的后面，不加括号。例如，对涉及电路连接的说明，可以写成"电阻3通过三极管4的集电极与电容5相连接"，不得写成"3通过4与5连接"。

本部分的撰写模式通常是：下面结合附图与具体实施方式对本发明（实用新型）作进一步详细描述……

（七）说明书附图

附图是说明书的一个组成部分，用图形补充说明文字部分的描述，帮助本领域的普通技术人员直观地、形象地理解发明和实用新型的每个技术特征和整体技术方案。

对于发明和实用新型的附图，应该注意下面几个方面：

第一，实用新型的说明书书必须有附图。机械、电学、物理领域中及有结构的产品的发明说明书也应当有附图。

第二，发明或者实用新型的说明书有几幅附图时，用阿拉伯数字顺序编号，且每幅附图编一个图号；几幅附图可绘制在一张图纸上，按顺序排列，彼此应明显地分开。

第三，附图通常应竖直绘制，当零件横向尺寸明显大于竖向尺寸必须水平布置时，应当将该图的顶部置于图纸的左边。同一页上各附图的布置应采用同一方式。

第四，同一部件的附图标记在前后几幅附图中应当一致，即使用相同的附图标记，同一附图标记不得表示不同的部件。

第五，说明书中未提及的附图标记不得在附图中出现，说明书中出现的附图标记至少应在一幅附图中加以标注。

第六，附图应当用制图工具和黑色墨水绘制，线条应当均匀清晰、足够深，并不得着色和涂改；附图的大小及清晰度应当保证在该图缩小到了三分之二时仍能清楚地分辨出图中的各个细节。

第七，附图中除必须的文字外，不得含有其他注释，但对于流程图、框图一类的附图，应当在其框内给出必要的文字或符号。

第八，说明书附图集中放在说明书文字部分之后。

四、说明书摘要的撰写

（一）说明书摘要的撰写要求

说明书摘要是与专利有关的科学技术的重要情报，用于概括说明书所公开的内容。它仅是一种技术情报，不具有法律效力。说明书摘要既不属于专利申请原始公开的内容，不能作为以后修改权利要求书或说明书的根据，也不能用来解释专利权的保护范围。说明书摘要的撰写应当满足以下要求：

第一，说明书摘要应当写明发明或者实用新型所公开内容的概要，即写明发明或者实用新型名称和所属技术领域，并清楚地反映所要解决的技术问题、解决该技术问题的技术方案的要点及主要用途，其中以技术方案的要点为主。

第二，说明书中有附图的，应当指定并提供一幅图能说明该发明或实用新型技术方案要点的附图作为摘要附图，附图的大小及清晰度应当保证在该图缩小到三分之二时仍能清楚地分辨出图中的各个细节。摘要中可以包含发明的化学式，该化学式视为摘要附图。

第三，说明书摘要应当简单扼要，全文（包括标点符号）不超过 300 字，摘要不分段。

第四，说明书摘要中不得出现商业性宣传用语。

第五，说明书摘要文字部分的附图标记应当加括号，且摘要文字部分出现的附图标记应当在摘要附图中加以标注。

（二） 说明书摘要的撰写方法

说明书摘要在实际撰写中，通常可采用两种简便方式：一种是将说明书中发明内容中的前两部分的内容，即所要解决的技术问题和技术方案复制后，略加修改补充即可；另一种将说明书中所要解决的技术问题部分和权利要求书中的独立权利要求的内容复制后，略加修改补充即可。当技术方案中的技术特征含有附图标记时，以第二种方式为宜。

所谓修改补充通常是指：

第一，在开始处写入"本发明（或实用新型）公开了发明创造的名称"；

第二，将所要解决的技术问题部分的内容略加修改，这部分内容不宜过长，应简要明了；

第三，将独立权利要求中的编号"1"和"其特征是"等用语删去；

第四，可写入发明或实用新型的主要用途，通常采用"本发明（或实用新型）的主要用途是……"，或"本发明（或实用新型）适用于……"等用语。

五、说明书撰写中的常见错误

（一） 发明创造名称

要求保护的主题名称类型不清楚。例如，"电镀锌的技术"，应写清楚是产品还是方法。例如，可写为"电镀锌的工艺方法"，或"电镀锌的装置"，或"电镀锌的装置及其工艺方法"。

在名称中写入了产品的型号、人名、地名、商标或商品名称等。例如，"AGC—5 型家用电器遥控系统"，应写为"家用电器遥控系统"。

（二） 技术领域

把技术领域写成上位的技术领域。例如，发明创造的技术主题是"图像显示装置"，而将技术领域写成了"本发明涉及广播电视领域"，可写为"本发明涉及一种应用于广播电视的图像显示装置"。

（三）背景技术

在背景技术部分中含有故意贬低他人的词语。例如，"现有技术表明，设计人在磁路设计上的无知，其磁路设计极不合理，技术落后"，这类贬低他人的语句应删去。

未写明引证的对比文件的出处。例如，中国知识产权局授权公告的实用新型名称为"×××××××"中公开了"……"，应写成："中国专利公告号 CN×××××××，公告日是××××年××月××日，名称为'×××××××'中公开了……"。又如，"最近出版的《无线电》杂志，介绍了……"，应写成"《无线电》杂志×××年××期中×××××××一文中介绍了……"。

（四）发明所要解决的技术问题

对发明或实用新型所要解决的技术问题的描述包含有广告式宣传用语。例如，"技术先进、效果显著而无副作用"，应将其删去。

所要解决的技术问题中没有写明解决技术问题的具体的目的。例如，"本发明所要解决的技术问题就是改进现有技术中存在的缺点，从而获得高质量的图像显示"。可写成："本发明所要解决的技术问题是要提供一种与现有技术相比失真度小的图像显示装置，从而可获得高质量的图像显示"。

（五）附图说明

说明书附图的图号使用了罗马数字或者中国数字"图 I"或"图一"，应写成"图 1"。

（六）具体实施方式

说明书附图标记置于括号内。例如："法兰盘（2），通过螺栓（3）和螺孔（4）固定于箱体（5）上"，应将括号去掉。需要注意的是，在权利要求书中，附图标记必须置于括号内，但在说明书中则不得置于括号内。

实施例中技术特征的描述超出权利要求书记载的范围。例如，权利要求书中记载的加热温度为"85℃–150℃"，而在实施例中记载的"加热温度是155℃"，这样起不到支持权利要求书的作用。正确的写法是，"加热温度是85℃"，或者"135℃"等，即加热温度指标应当是在"85℃–150℃"范围之

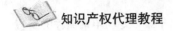

内的任何具体温度。

实施例中涉及数值时，应写出具体的数值，而不是一个范围。例如，"实例1：杏仁12到30克、川贝20到40克，……"，应写成"实例1：杏仁20克、川贝25克，……"。由于实施例是具体的例子，因而数值是一个具体的值，而不是一个范围。

对权利要求书中上位概念的技术特征，未能提供足够数量的实施例支持该上位概念。当一个实施例足以支持权利要求所概括的技术方案时，说明书中可以只给出一个实施例。当权利要求（尤其是独立权利要求）覆盖的保护范围较宽，其概括的特征不能从一个实施例中找到依据时，应当给出一个以上的不同实施例，以支持权利要求保护的范围。当权利要求涉及较宽的数值范围时，应绘出两端值附近的实施例和至少一个中间值的实施例。

第四节　外观设计专利申请文件的撰写

外观设计是我国专利法保护的发明创造之一。根据《专利法》第二条规定："外观设计，是指对产品的形状、图案或者其结合以及色彩与形状、图案的结合所做出的富有美感并适于工业上应用的新设计。"外观设计专利的保护客体一般不需用文字来描写，而是通过绘制图纸或拍摄照片来表现。根据《专利法》第二十七条的规定，申请外观设计专利的，应当提交请求书、该外观设计的图片或者照片以及对该外观设计的简要说明等文件；申请人提交的有关图片或者照片应当清楚地显示要求专利保护的产品的外观设计。因此，申请外观设计专利时，不需要撰写说明书、权利要求书、说明书摘要等文件，只需要提交请求书、外观设计图片或照片及简要说明三种文件。

一、请求书的填写

请求书应采用国家知识产权局统一制订的表格，按照要求填写设计人姓名、申请人姓名和名称、专利代理机构名称、代理人姓名、地址等项目。

（一）关于产品名称

使用外观设计的产品名称对图片或者照片中表示的外观设计所应用的产品

种类具有说明作用。使用外观设计的产品名称应当与外观设计图片或者照片中表示的外观设计相符合，准确、简明地表明要求保护的产品的外观设计。产品名称一般应当符合国际外观设计分类表中小类列举的名称。产品名称一般不得超过 20 个字。

（二）产品名称通常还应当避免下列情形

第一，含有人名、地名、国名、单位名称、商标、代号、型号或以历史时代命名的产品名称；

第二，概括不当、过于抽象的名称，如"文具""炊具""乐器""建筑用物品"等；

第三，描述技术效果、内部构造的名称，如"节油发动机""人体增高鞋垫""装有新型发动机的汽车"等；

第四，附有产品规格、大小、规模、数量单位的名称，如"21 英寸电视机""中型书柜""一副手套"等；

第五，以外国文字或无确定的中文意义的文字命名的名称，如"克莱斯酒瓶"，但已经众所周知并且含义确定的文字可以使用，如"DVD 播放机""LED 灯""USB 集线器"等。

此外，申请人还应当在外观设计专利请求书相应栏目内写明产品所属类别，即该产品在国际外观设计分类表中的类别。申请人不明确该产品所属类别的，可以写明技术领域或使用场所。

二、外观设计图片或照片的绘制

外观设计专利权的保护范围以表示在图片或者照片中的该外观设计专利产品为准。由此可知，外观设计图或照片是确定专利权范围的文件。因此，准确、完整、清晰的外观设计图或照片是十分重要的。

（一）对外观设计图片或照片的总体要求

《专利法》第五十九条第二款规定，外观设计专利权的保护范围以表示在图片或者照片中的该产品的外观设计为准，简要说明可以用于解释图片或者照片所表示的该产品的外观设计。《专利法》第二十七条第二款规定，申请人提交的有关图片或者照片应当清楚地显示要求专利保护的产品的外观设计。

就立体产品的外观设计而言，产品设计要点涉及六个面的，应当提交六面正投影视图；产品设计要点仅涉及一个或几个面的，应当至少提交所涉及面的正投影视图和立体图，并应当在简要说明中写明省略视图的原因。

就平面产品的外观设计而言，产品设计要点涉及一个面的，可以仅提交该面正投影视图；产品设计要点涉及两个面的，应当提交两面正投影视图。

必要时，申请人还应当提交该外观设计产品的展开图、剖视图、剖面图、放大图以及变化状态图。

此外，申请人可以提交参考图，参考图通常用于表明使用外观设计的产品的用途、使用方法或者使用场所等。

（二） 对申请外观设计专利的图片、照片的具体要求

1. 视图名称及其标注

六面正投影视图的视图名称，是指主视图、后视图、左视图、右视图、俯视图和仰视图。其中主视图所对应的面应当是使用时通常朝向消费者的面或者最大程度反映产品的整体设计的面。例如，带杯把的杯子的主视图应是杯把在侧边的视图。

各视图的视图名称应当标注在相应视图的正下方。

对于成套产品，应当在其中每件产品的视图名称前以阿拉伯数字顺序编号标注，并在编号前加"套件"字样。例如，对于成套产品中的第 4 套件的主视图，其视图名称为：套件 4 主视图。

对于同一产品的相似外观设计，应当在每个设计的视图名称前以阿拉伯数字顺序编号标注，并在编号前加"设计"字样。例如，设计 1 主视图。

组件产品，是指由多个构件相结合构成的一件产品。分为无组装关系、组装关系唯一或者组装关系不唯一的组件产品。对于组装关系唯一的组件产品，应当提交组合状态的产品视图；对于无组装关系或者组装关系不唯一的组件产品，应当提交各构件的视图，并在每个构件的视图名称前以阿拉伯数字顺序编号标注，并在编号前加"组件"字样。例如，对于组件产品中的第 3 组件的左视图，其视图名称为：组件 3 左视图。对于有多种变化状态的产品的外观设计，应当在其显示变化状态的视图名称后，以阿拉伯数字顺序编号标注。

2. 图片的绘制

图片应当参照我国技术制图和机械制图国家标准中有关正投影关系、线条

宽度以及剖切标记的规定绘制，并应当以粗细均匀的实线表达外观设计的形状。不得以阴影线、指示线、虚线、中心线、尺寸线、点划线等线条表达外观设计的形状。可以用两条平行的双点划线或自然断裂线表示细长物品的省略部分。图面上可以用指示线表示剖切位置和方向、放大部位、透明部位等，但不得有不必要的线条或标记。图片应当清楚地表达外观设计。

图片可以使用包括计算机在内的制图工具绘制，但不得使用铅笔、蜡笔、圆珠笔绘制，也不得使用蓝图、草图、油印件。对于使用计算机绘制的外观设计图片，图面分辨率应当满足清晰的要求。

3. 照片的拍摄

（1）照片应当清晰，避免因对焦等原因导致产品的外观设计无法清楚地显示。

（2）照片背景应当单一，避免出现该外观设计产品以外的其他内容。产品和背景应有适当的明度差，以清楚地显示产品的外观设计。

（3）照片的拍摄通常应当遵循正投影规则，避免因透视产生的变形影响产品的外观设计的表达。

（4）照片应当避免因强光、反光、阴影、倒影等影响产品的外观设计的表达。

（5）照片中的产品通常应当避免包含内装物或者衬托物，但对于必须依靠内装物或者衬托物才能清楚地显示产品的外观设计时，则允许保留内装物或者衬托物。

4. 色彩

色彩包括黑白灰系列和彩色系列。对于简要说明中声明请求保护色彩的外观设计专利申请，图片的颜色应当着色牢固、不易褪色。

（三）对外观设计图片或照片的绘制要求

外观设计专利申请文件制作可以绘制图片也可以拍摄照片，在绘制时应当满足下述要求。

第一，各视图的比例应一致，投影关系应对应，一般情况下，在一件申请案中照片和图不得混合使用。当一组六面视图仍不能很清楚表达该外观设计时，最好再提交剖视图、展开图、局部放大图、使用状态参考图等。

第二，图片或照片中不得有不是构成外观设计的图形或文字，如人物肖像、商标、标志、国旗、国徽、名著、著名的建筑物等，同时也不得保留阴影线、指示线、虚线、中心线、尺寸线等。

第三，照片不得采用复印件，并且产品的照片中不得有任何与产品无关的陪衬物。必要时提交的产品使用状态参考图除外。

第四，外观设计产品有几种方向变化状态时应分别提交不同变化状态的视图，如可以折叠的家具、玩具等，除提交打开状态的视图外，还要提交折叠状态的相应视图。

第五，能够分离的两件以上的组合件，除提交组合状态相应视图以外，还需提交每一单件的主视图或立体图。

第六，对于积木类产品应以每一单件的相应视图为基础提交每一单件的相应视图以及一组组合状态立体图，对于插接件玩具应以组合状态为基础提交组合状态的相应视图及每一单件立体图。对于平面拼图玩具可以提交组合状态主视图，不必提交单件视图。

第七，成套产品，如餐具、茶具等，作为一件申请提出时，应当分别提交每件产品的六面视图，相同或对称的视图可以省略。

第八，对于透明物品，应按照透明可见部分的真实情况绘制，当内层和外层有两种以上形状、图案和色彩时，要分别表示出来。

第九，细长或按一定规律变化的物品，可以省略中间一段长度，将两端靠拢画出，但要用两条平行的双点划线断开，也可以用自然断裂画法表示，并在简要说明中记载该细长物品的长度。

第十，剖视图的画法应按机械制图国家标准规定的画法进行标注，标明剖切平面的位置，并以箭头指明投影方向，在箭头旁和剖视图下方写上相同的字母，如 A—A 剖视图。

第十一，请求保护的内容包含有色彩时，应提交两份彩色照片或彩色图。提交彩色图时应使用绘图纸，并使用着色牢固、不易褪色的颜料绘制。

三、简要说明的撰写

简要说明文件用来对外观设计产品的图面及该产品的设计要点进行简要的说明，不应用来说明产品的性能、结构或进行广告性宣传。

根据《专利法实施细则》第二十八条的规定，简要说明应当包括下列内容：

第一，外观设计产品的名称。简要说明中的产品名称应当与请求书中的产品名称一致。

第二，外观设计产品的用途。简要说明中应当写明有助于确定产品类别的用途。对于具有多种用途的产品，简要说明应当写明所述产品的多种用途。

第三，外观设计的设计要点。设计要点是指与现有设计相区别的产品的形状、图案及其结合，或者色彩与形状、图案的结合，或者部位。对设计要点的描述应当简明扼要。

第四，指定一幅最能表明设计要点的图片或者照片。指定的图片或者照片用于出版专利公报。

此外，下列情形应当在简要说明中写明：

第一，请求保护色彩或者省略视图的情况。

如果外观设计专利申请请求保护色彩，应当在简要说明中声明。

如果外观设计专利申请省略了视图，申请人通常应当写明省略视图的具体原因，如因对称或者相同而省略；如果难以写明的，也可仅写明省略某视图，例如大型设备缺少仰视图，可以写为"省略仰视图"。

第二，对同一产品的多项相似外观设计提出一件外观设计专利申请的，应当在简要说明中指定其中一项作为基本设计。

第三，对于花布、壁纸等平面产品，必要时应当描述平面产品中的单元图案两方连续或者四方连续等无限定边界的情况。

第四，对于细长物品，必要时应当写明细长物品的长度并采用省略画法。

第五，如果产品的外观设计由透明材料或者具有特殊视觉效果的新材料制成，必要时应当在简要说明中写明。

第六，如果外观设计产品属于成套产品，必要时应当写明各套件所对应的产品名称。

简要说明不得使用商业性宣传用语，也不能用来说明产品的性能和内部结构。

四、外观设计申请文件撰写中的常见问题

对于外观设计申请文件的撰写，掌握撰写规范是最基本的要求。专利代理人如果能够对撰写过程中经常出现的一些问题有所注意，就能够提高其撰写技巧。在外观设计申请文件的撰写中，以下问题是需要注意的。

(一) 发明创造的名称

发明创造名称中最经常出现的问题有以下几种类型：

第一，使用人名、商标名命名产品名称。例如，使用"伊利雪糕""成吉思汗宝刀"等作为产品名称都是不对的。

第二，在产品名称中出现有关产品构造、功能、作用效果等词语。例如，使用"护眼台灯""卡通服装"等作为产品名称。

第三，产品名称中带有产品规格、型号、数量等。

第四，以产品的形状、色彩、材料等命名产品名称。例如，"不锈钢套装餐具""紫砂茶具套件"等。

(二) 图片和照片

图片和照片绘制中经常出现的问题包括：

第一，"图片或照片"文件的使用方法不对。如果横向使用图片或照片，应当将图片或照片的顶部置于装订线一方。

第二，视图投影关系有错误，例如投影关系不符合正投影规则、视图之间的投影关系不对应或者视图方向颠倒等。

第三，外观设计图片或者照片不清晰，图片或者照片中显示的产品图形尺寸过小；或者虽然图形清晰，但因存在强光、反光、阴影、倒影、内装物或者衬托物等而影响产品外观设计的正确表达。

第四，外观设计图片中的产品绘制线条包含应删除或修改的线条，如视图中的阴影线、指示线、虚线、中心线、尺寸线、点划线等。

(三) 简要说明

在简要说明中，对产品的功能、优点、效益和使用方法描述过多，或者出现宣传性、广告性词语等。

第十一章　专利申请审查程序中的代理

第一节　专利申请的提交和受理

一、专利申请的受理机关

国家知识产权局是我国专利主管部门，也是依法有权接收专利申请的受理机关。专利申请人可以将专利申请文件当面提交给国家知识产权局专利局受理处，也可以邮寄方式通过邮局提交，还可以电子申请的方式提交。对于国内的首次申请（即非涉外申请、非分案申请、未要求优先权的申请）还可以向国家知识产权局设置在若干省、市的代办处当面提交或寄交，截至2013年底已经设置的省、市代办处包括：沈阳、济南、长沙、上海、武汉、南昌、成都、广州、西安、长春、哈尔滨、天津、石家庄、郑州、北京、昆明、杭州、贵阳、深圳、乌鲁木齐、南宁、福州、南京、重庆、太原、海口、兰州、苏州、银川和合肥。通过电子申请提交申请文件的，应当是已经与国家知识产权局签订电子专利申请系统注册协议，办理了有关注册手续，获得用户代码和密码的申请人和专利代理机构。电子申请的受理范围包括：①发明、实用新型和外观设计专利申请；②进入国家阶段的国际申请；③复审和无效宣告请求。此外，任何单位和个人认为其专利申请需要按照保密专利申请处理的，不得通过电子专利申请系统提交。

二、专利申请的必备文件

（一）发明专利申请的必备文件

第一，规定格式的发明专利请求书，其上载明申请人姓名或者名称及地址等；

第二，用中文撰写的经打印或者印刷的整齐清晰、没有涂改的说明书；

第三，用中文撰写的经打印或者印刷的整齐清晰、没有涂改的权利要求书；

第四，用不易擦去笔迹绘制的清晰可辨、没有涂改的说明书附图（依发明的性质需要时）。

（二）实用新型专利申请的必备文件

第一，规定格式的实用新型专利请求书，其上载明申请人姓名或者名称及地址；

第二，用中文撰写的经打印或者印刷的整齐清晰、没有涂改的说明书；

第三，用中文撰写的经打印或者印刷的整齐清晰、没有涂改的权利要求书；

第四，用不易擦去笔迹绘制的清晰可辨、没有涂改的说明书附图（依实用新型专利申请必须有附图）。

（三）外观设计专利申请必备的文件

第一，规定格式的外观设计专利请求书，其上载明申请人姓名或者名称及地址；

第二，用不易擦去的笔迹绘制、没有涂改的图片或者照片。

专利申请具备上述必备的专利申请文件是国家知识产权局受理专利申请、确定申请日的必要条件。专利申请缺少上述任何一种文件，或者上述文件不满足规定的形式条件，国家知识产权局将不予受理。此外，在中国没有经常居所或者营业所的外国人、外国企业或者外国其他组织，中国港澳台地区的法人，应当委托国家知识产权局指定的专利代理机构办理申请专利的手续。申请人是中国港澳台的个人的，可以委托国家知识产权局指定的专利代理机构办理，也可以委托普通专利代理机构办理。

（四）专利申请的其他文件

专利申请除了上述必备的文件之外，根据申请应当包括以下其他文件：

第一，发明专利申请或者实用新型专利申请的摘要；

第二，专利代理委托书；

第三，在先申请文件副本（要求优先权的）；

第四，优先权转让证明文件（专利申请的申请人与在先申请的申请人不一致的）；

第五，生物材料的保藏证明和存活证明（发明涉及生物材料的）；

第六，要求享受不丧失新颖性公开宽限期的证明文件。

在提交专利申请的时候，不提交上述其他文件，不会影响国家识产权局对申请的受理。然而，上述其他文件应当在《专利法》及其实施细则规定的法定期限或者国家知识产权局指定的期限内补交。不按期提交其他文件，会引起权利的丧失，如视为撤回申请、视为未要求优先权等。

（五）国际申请进入国家阶段应当提交的文件

我国于 1993 年正式加入《专利合作条约》（以下简称 PCT），这是我国专利制度发展过程中一个十分重要的事件。在我国，国际申请进入中国国家阶段应当提交的文件包括：

国际申请进入中国国家阶段的书面声明。国际申请以外文提出的，提交原始国际申请的说明书、权利要求书、附图中的文字和摘要的中文译文；国际申请以中文提出的，提交国际公布文件中的摘要副本。

国际申请有附图的，提交附图的副本。

此外，在提交上述文件的同时，还应当缴纳申请费、公布印刷费、宽限费（必要的话）、申请附加费。

（六）在提交专利申请文件时应注意的其他事项

第一，向国家知识产权局提交申请文件或办理各种手续的文件，应当使用国家知识产权局统一制定的表格，申请文件均应一式两份，手续性文件可以一式一份。

第二，一张表格只能用于一件专利申请。例如，一张发明专利请求书只能填写一件发明，一张意见陈述书只能就一件专利申请陈述意见。不得将几件申请的陈述意见或几件发明填写在一张意见陈述书或一张发明专利请求书上。

第三，向国家知识产权局提交的各种文件申请人都应当留存底稿，以保证申请审批过程中文件填写的一致性，并可以此作为答复审查意见时的参照。

三、专利申请的受理

专利申请提交到国家知识产权局受理处或各专利代办处，首先应进行是否符合受理条件的审查。对符合受理条件的申请，国家知识产权局即确定申请日，给予申请号，并在核实文件清单后，发出受理通知书，通知申请人，确认收到申请文件。

（一）不予受理的情形

专利申请有下列情况之一的，国家知识产权局不予受理，并通知申请人，同时退还申请文件：

第一，专利申请未以书面形式提出，或者未用中文书写的。

第二，申请文件（包括请求书）未打字、印刷，或者字迹不清、有涂改的；附图或外观设计图片未用绘图工具和黑色墨水绘制，或者模糊不清（包括外观设计照片）、有涂改的。例如，用铅笔绘制的附图和图片、模糊不清的照片。

第三，必要申请文件不齐备，如发明或者实用新型专利申请缺请求书、说明书（实用新型专利申请缺附图），或者权利要求书中任何一种的；外观设计专利申请缺请求书、图片或者照片中任何一种。例如，申请实用新型专利只提交了请求书、说明书和权利要求书，没有提交附图的，不能受理。但是受理条件审查，只检查专利申请这几个部分载体是否齐全，对每个部分内的文件是否完整不作审查。

第四，请求书中缺申请人姓名或名称及地址不详的。例如，请求书是非标准格式的，上面只打上了发明名称、发明人姓名，没有申请人姓名或名称及地址，由于专利申请没有申请主体，所以不能受理。

第五，专利申请类别（发明、实用新型或外观设计）不明确或者无法确定的。

第六，与我国既无协议或条约关系、又无专利互惠的国家所属的国民或单位，向我国提出的申请；或者在我国没有经常居所或营业所的外国人或外国单位，以及中国港、澳、台地区的单位和个人未按规定办理申请手续的。

第七，直接从外国向专利局邮寄的。

第八，直接从中国香港、中国澳门或者中国台湾地区向专利局邮寄的。

第九，分案申请改变申请类别的。

（二）不影响受理的申请文件缺陷

在下列情形下，虽然申请文件存在某些缺陷，但并不影响对专利申请的受理：①申请文件未使用国家知识产权局统一印制的表格，而是用白纸按要求的项目打字或印刷的；②请求书中漏写发明名称、发明人姓名的；③请求书中没有签章，或者签章不产生法律效力的，如由专利代理机构签章，但没有同时提交专利代理委托书；④除请求书以外，其他申请文件中提交了一份的。以上缺陷可以在审查阶段补正，但是申请人应当尽量避免出现这些缺陷，因为补正常常拖延审查程序。

四、专利申请规费

《专利法》规定，向国家知识产权局申请专利和办理其他手续，应当按照规定缴纳费用。《专利法实施细则》对此作了具体规定，现说明如下：

（一）申请费

申请费及其他费用都可以直接向国家知识产权局或专利代办处面交。通过邮寄方式申请专利的申请人，在收到国家知识产权局寄出的受理通知书及缴费通知书或费用减免审批通知书后，按要求可通过银行或者邮局汇付申请费。通过银行或邮局汇付专利费用时，应当在汇单上写明正确的申请号或者专利号。缴纳的费用名称可以使用简称，如申请费可写为"申"，实质审查费可写为"实审"，汇款人必须向银行或邮局工作人员提出在汇款附言栏中将上述缴费信息予以录入，通过邮局汇款的，还必须要求邮局工作人员录入完整通讯地址，包括邮政编码。

发明专利申请费除基本申请费 900 元以外还包括文件公布印刷费 50 元。实用新型和外观设计专利申请费为 500 元，不需要缴纳公布印刷费。

专利申请说明书包括附图在内超过 30 页的，从第 31 页起应当按照每页 50 元缴纳申请费附加费，超过 300 页的从第 301 页起每页缴纳附加费 100 元。专利申请中权利要求书的要求超过 10 项的，从第 11 项起每项应当缴纳申请附加费 150 元。说明书附加费和权利要求附加费也是申请费的一部分，所以缴纳说明书附加费和权利要求附加费的期限和要求及逾期处理与申请费相同。不同的是申请费可以请求减缓，而附加费是不能给予减缓的。

申请人要求优先权的，还应当在提出专利申请后 2 个月内，按照要求的优先权项数缴纳优先权要求费，优先权要求费每项 80 元，逾期未缴纳优先权要求费的视为未要求优先权。

（二）其他规费

在办理专利申请和维持专利权有效，或者是向专利复审委员会提出请求，应当按照规定缴纳相关的费用。费用项目和标准如下：发明专利申请维持费每年 300 元；发明专利申请审查费 2500 元；发明专利复审费 1000 元，实用新型和外观设计专利复审费 300 元；著录事项变更手续费，其中发明人、申请人、专利权人的变更费为 200 元，专利代理机构、代理人委托关系的变更费为 50 元；恢复权利请求费 1000 元；发明专利权无效宣告请求费 3000 元、实用新型和外观设计专利权无效宣告请求费 1500 元；发明专利强制许可请求费 300 元、实用新型专利强制许可请求费 200 元；强制许可使用裁决请求费 300 元；发明专利登记、印刷、印花费 255 元、实用新型和外观设计专利登记、印刷、印花费 205 元；第一次延长期限请求费每月 300 元，再次延长期限请求费每月 2000 元。

专利年费的标准如下：发明专利第 1~3 年每年 900 元；第 4~6 年每年 1200 元；第 7~9 年每年 2000 元；第 10~12 年每年 4000 元；第 13~15 年每年 6000 元；第 16~20 年每年 8000 元。实用新型和外观设计专利第 1~3 年每年 600 元；第 4~5 年每年 900 元；第 6~8 年每年 1200 元；第 9~10 年每年 2000 元。

向国家知识产权局提出的 PCT 专利申请，国际阶段缴纳的规费项目和标准如下：传送费 500 元；检索费 2100 元、附加检索费 2100 元；优先权文本制作费 150 元；初步审查费 1500 元、初步审查附加费 1500 元；单一性异议费 200 元；副本复制费每页 2 元；国际申请费 1330 瑞士法郎，申请用纸超过 30 页，从第 31 页起每页增加 15 瑞士法郎；手续费 200 瑞士法郎；滞纳金按应缴费用的 50% 计收，若低于传送费，按传送费收取，若高于国际申请费（国际申请用纸不超过 30 页情况下），按国际申请费的 50% 计收。进入国家阶段后，按照国内申请的费用项目和标准收取。

（三）申请费及其他费用的减缓

1. 国内专利申请的费用减缓

申请专利缴费确有困难的，可以请求国家知识产权局减缓申请费、审查费、维持费、复审费及授予专利权当年起3年的年费。其他各种费用不能减缓（包括与申请费一起缴纳的公布费和附加费）。在提出申请的同时请求减缓的，请求被批准后可以一并减缓上述5种费用。在申请之后请求减缓的只能请求减缓除申请费以外的尚未开始交纳的其他4种费用。除申请费以外，减缓其他费用应当在该费用应当缴纳的期限届满前2个月以前提出。

请求减缓的，应当提交国家知识产权局统一制定的费用减缓请求书。个人应填明年收入，多个申请人的填明每个人的年收入，必要时国家知识产权局可以要求提供证明。单位请求减缓的，应当写明理由（企业还应写明盈亏情况）并附具上级行政主管部门的证明。

申请费、发明审查费和授权当年起3年的年费的减缓比例为：职务发明为70%，非职务发明为85%；发明维持费和复审费的减缓比例是：职务发明为60%，非职务发明为80%。

申请人或者专利权人的发明创造取得经济效益或者有其他收入后，应当补缴减缓的费用。

2. 国际专利申请的费用减缓

根据PCT联盟大会的相关规定，国际专利申请的国际申请费和手续费可以按照一定标准减缓。如果国际申请的提出按照并符合行政规程的规定，国际申请费可以按照以下标准减缓：①如果使用PCT-SAFE软件准备请求书（纸件为法律文件），只要满足必要的条件，可减缴100瑞士法郎。②如果使用电子方式提交国际申请，且满足行政规程第7部分和附录F的要求，如以电子方式提交的说明书、权利要求和摘要未采用字符代码格式，可减缴200瑞士法郎；如果以电子方式提交的说明书、权利要求和摘要均采用字符代码格式，则可减缴300瑞士法郎。③如果国际申请的所有申请人是自然人，并且均是居住在人均收入低于3000美元的国家的国民，国际申请费和手续费可以减缴90%。我国（包括大陆、台湾、香港和澳门）属于此条规定的国家。

第二节　专利申请初步审查中的代理

初步审查是发明专利申请、实用新型专利申请和外观设计专利申请必须经过的程序。实用新型专利申请和外观设计专利申请经初步审查合格之后，国家知识产权局将做出授予专利权的决定，申请人在规定的期限内办理登记手续的，国家知识产权局将发给专利证书并予以登记和公告。发明专利申请经初步审查合格之后，国家知识产权局将会对其进行公布。

一、初步审查的内容

在初步审查程序中，国家知识产权局针对专利申请中存在的缺陷（主要是形式缺陷），将会发出各种通知书，主要包括补正通知书、视为撤回通知书、恢复权利请求审批决定、视为未要求优先权通知书、优先权恢复请求审批决定、延长期限审批通知书、驳回决定等。代理人应当根据通知书的内容，对申请文件做出修改、补交证明文件或者陈述意见。

（一）发明专利申请的初步审查内容

根据《专利法实施细则》第四十四条的规定，发明专利申请的初步审查主要包括：

（1）申请人提交的专利申请文件是否具备《专利法》第二十六条规定的文件和其他必备文件，以及这些文件是否符合规定的格式。

（2）申请人提交的专利申请是否存在明显的实质性缺陷，主要是指：专利申请的主题是否明显属于《专利法》第五条和第二十五条规定的不授予专利权的范围；专利申请的主题是否明显不符合《专利法》关于单一性的规定；申请人对申请文件的修改是否超出了原始说明书和权利要求书记载的范围；专利申请的内容是否明显不符合《专利法》第二条第二款对发明的定义；依赖遗传资源完成的发明创造，申请人是否在申请文件中说明该遗传资源的直接来源和原始来源；如果申请人是外国人，是否有权提出申请，是否可以直接向国家知识产权局提出申请。

（3）申请人在提出专利申请的同时或者随后提交的与专利申请有关的其

他文件是否符合《专利法》及其实施细则的规定，文件提交是否在《专利法》及其实施细则规定或审查员指定的期限内。

（4）申请人缴纳的相关费用及期限是否符合《专利法》及其实施细则的规定。

如果申请文件中存在允许补正的缺陷，代理人在收到补正通知书后，应当在规定或者指定的期限内补正。如果申请文件中存在明显的实质性缺陷，审查员会发出审查意见书。代理人在收到审查意见书之后，应当针对审查员指出的问题，通过陈述意见或者修改文件消除缺陷，以顺利进行专利申请。

（二）实用新型和外观设计专利申请的初步审查内容

对实用新型专利申请的审查，除了要审查发明专利申请初步审查的内容之外，还要对说明书摘要、优先权要求、先申请原则，以及发明创造是否是对产品的形状、构造或其结合作出的改进等内容进行审查。

外观设计专利申请的初步审查则是审查以下内容：专利申请是否包含《专利法》第二十七条规定的申请文件，这些文件是否符合《专利法》及其实施细则的有关规定，尤其是外观设计图片或照片是否符合要求；专利申请是否明显属于《专利法》第五条规定的，或者不符合《专利法》第十八条、第十九条第一款规定的，或者明显不符合《专利法》第三十一条第二款、第三十三条、《专利法实施细则》第四十一条、第四十三条第一款的规定的，或者依照《专利法》第九条规定不能取得专利权的；与专利申请有关的其他文件是否符合《专利法》及其实施细则的有关规定。

由于实用新型和外观设计专利申请只经过初步申请就决定是否授权，因此专利代理人对于审查员发出的补正通知书和审查意见书应当认真对待，尽量争取申请能够授权，并且要争取授予的专利权的范围与发明创造本身相适应。

二、初步审查程序中的文件、期限与费用

文件、期限和费用是专利审查程序中的三个要素。启动某项程序或者提出某项请求，都会涉及这三个要素，或者是其中的某些要素。文件是指专利申请人应当向审查机构提交的法律文书，如提出专利申请的请求书、说明书、权利要求书、说明书摘要，或者是启动实质审查程序的实质审查请求书。费用是指启动某项程序或者提出某项请求应当缴纳的专利规费。期限是指提交文件和缴

纳费用的期限。对于这三项要素，如果缺少规定的任何一项，就会造成不能启动某项程序或提出某项请求，甚至是丧失权利本身。因此，专利代理人应当予以充分的重视，不可因为自己的疏忽而给委托人造成难以挽回的损失。

《专利法》及其实施细则关于文件、期限和费用的程序较多，此处将经常适用的程序以表格形式列出。"程序"表示《专利法》及其实施细则规定的程序，"请求"指向专利审查机关或专利复审委员会提出的某项请求，"文件"表示启动该项程序或者提出该项请求应当提交的文件，"文件期限"表示提交该项文件的期限，"费用"表示启动程序或提出请求应当缴纳的费用，"费用期限"表示缴纳前述费用的期限，"处理"表示专利审查机关或专利复审委员会对未能满足三项要素的处理，"法律依据"表示该项程序、请求或处理所依据的《专利法》及其实施细则的相关条款规定。为简明起见，《专利法》简称为"法"，《专利法实施细则》简称为"细则"。

表 1　常见的文件、费用和期限要求

程序/请求	文件	文件期限	费用	费用期限	处理	法律依据
申请发明或实用新型专利	请求书、权利要求书、说明书、附图（必要时）、说明书摘要	要求外国或本国优先权的，自提出第一次专利申请之日起十二个月内	申请费、公布印刷费（指发明专利申请）和必要附加费	收到受理通知书后，最迟自申请之日起两个月内	期满未缴纳或未缴足费用的，视为撤回	法第二十六条、第二十九条、第三十条，细则第三十一条、第九十五条
申请外观设计专利	请求书、图片或照片	要求外国优先权的，指提出第一次专利申请之日起六个月内	申请费	同上	同上	法第二十七条、第二十九条、第三十条，细则第三十一条、第九十五条

续表

程序/请求	文件	文件期限	费用	费用期限	处理	法律依据
要求优先权	要求优先权的书面声明（在请求书中表明）、在先申请文件副本	书面声明在申请的同时提出；副本自申请日起三个月内提交	优先权要求费	缴纳申请费的同时	未提出书面声明或未写明在先申请的申请日和受理国家、未在规定期限内提交优先权文件、或期满未缴纳或者缴足费用的，视为未要求优先权	法第三十条，细则第三十一条、第九十五条
发明专利申请实质审查请求	实质审查请求书	自申请日或优先权日起三年内	实质审查费	自申请日或优先权日起三年内	未在期限内请求实质审查并缴纳费用的，视为撤回申请	法第三十五条，细则第九十六条
以不可抗拒为由请求恢复权利	恢复权利请求书	自障碍消除之日起两个月内，最迟不超过期限届满之日起两年内	恢复权利请求费	自障碍消除之日起两个月内，最迟不超过期限届满之日起两年内	未在期限内缴足恢复权利请求费的，视为未提出恢复权利请求	细则第六条、第九十九条
以正当理由请求恢复权利	恢复权利请求书	自收到通知书之日起两个月内	恢复权利请求费	自收到通知书之日起两个月内	同上	细则第六条、第九十九条

程序/请求	文件	文件期限	费用	费用期限	处理	法律依据
请求延长期限	延长期限请求书	在相应期限届满前	延长期限请求费	在相应期限届满前	未在期限内缴足费用的，视为未提出延期请求	细则第六条、第九十九条
要求享受不丧失新颖性宽限期	在请求书中声明；提交不丧失新颖性的证明文件	在提出申请时声明；自申请日起两个月内提交文件			未声明或未在期限内提交证明文件的，视为未要求不丧失新颖性宽限期	细则第三十条
生物样品材料保藏	在请求书中注明；生物材料保藏证明和存活证明	在申请日（有优先权的指优先权日）前保藏，自申请日起四个月内提交证明			未注明且未在规定期限内补正，或者是未在期限内提交保藏证明和存活证明的，视为未保藏	细则第二十四条
提出分案申请	发明或实用新型：请求书、说明书、权利要求书、附图（必要时）、摘要；外观设计：请求书、图片或照片	收到授予专利权通知书之日起两个月内至办理授权登记的期限之前	缴纳相关费用	相应费用缴纳期限内		细则第四十二条、第一百一十五条

程序/请求	文件	文件期限	费用	费用期限	处理	法律依据
提交外国检索资料和审查结果资料	外国检索资料和审查结果资料	在通知书指定的期限内			无正当理由逾期不提交的，视为撤回申请	法第三十六条
要求早日公布发明专利申请	要求提前公开声明	在申请日或优先权日起十五个月之前				细则第四十六条
发明专利申请文件的主动修改	修改文件	在提出实质审查请求时；在收到进入实质审查阶段通知书之日起三个月内				细则第五十一条、第一百一十二条
实用新型和外观设计专利申请文件的主动修改	修改文件	自申请日起两个月内				细则第五十一条
著录项目变更请求	著录项目变更申报书		著录事项变更费	自提出请求之日起一个月内	未在期限内缴足费用的，视为未提出变更请求	细则第九十九条
答复审查意见通知书	意见陈述书，及相关文件	指定期限内			逾期不答复的，视为撤回申请	法第三十七条，细则第四十四条

程序/请求	文件	文件期限	费用	费用期限	处理	法律依据
请求复审	复审请求书	收到驳回决定之日起三个月内	复审费	收到驳回决定之日起三个月内	请求书格式不符且未在指定期限内补正，或未缴足费用的，视为未提出复审请求	法第四十一条、细则第六十条、第六十三条、第九十六条
办理专利授权登记		自收到授予专利权通知书之日起二个月内	专利登记费、公告印刷费、授权当年的年费	在办理授权登记手续时	期满未办理授权登记的，视为放弃取得专利权；未在期限内缴足费用的，视为未办理登记手续	细则第五十四条、第九十七条
请求作出实用新型、外观设计专利权评价报告	实用新型或外观设计专利权评价报告请求书、专利说明书（或指明专利号）	授予实用新型或外观设计专利权的决定公告后	专利权评价报告请求费	提出请求之日起一个月内	未在期限内缴足费用的，视为未提出请求	细则第五十六条、第九十九条
补交专利年费			补交的年费、年费滞纳金	在缴纳年费期满之日起六个月内	专利权期限届满前终止	法第四十四条，细则第九十八条

第三节 专利申请实质审查中的代理

一、实质审查程序的启动

《专利法》规定的实质审查制度是一种请求制度。除了极少数国家知识产权局认为必要的情况外，只有在申请人的请求之下，才对发明专利申请进行实质审查。发明专利申请实质审查请求，应当在自申请日（或者优先权日）起三年内提出，其形式要求是要提交《实质审查请求书》，并缴纳规定的发明专利申请实质审查费。如果在上述期限内，申请人未办理实质审查请求手续的，该专利申请将被视为撤回。对专利代理人来说，当一件发明专利申请到了两年半后申请人尚未提出实质审查请求时，应及时提醒申请人，告知其应尽快提出实质审查请求并缴纳审查费。此外，在提出实质审查的时候，若申请人已经获得申请日前与其发明有关的参考资料，也应一并提交，因此在申请人提出实质审查请求时应提醒申请人同时提交该参考资料。

发明专利申请进入实质审查程序之后，国家知识产权局会发出《发明专利申请进入实质审查阶段通知书》。接到《发明专利申请进入实质审查阶段通知书》后，专利代理人要及时通知申请人，询问其是否有对发明专利申请的说明书、权利要求书或者附图进行主动修改的要求。如果申请人要求主动修改，则应当在自收到《发明专利申请进入实质审查阶段通知书》的三个月内，向国家知识产权局提交修改文件。收到《发明专利申请进入实质审查阶段通知书》后对申请文件进行主动修改不必缴纳费用。

二、对审查意见通知书的答复

在实质审查过程中，对于绝大多数发明专利申请，审查员都要采用审查意见通知书的方式将实质审查意见通知申请人。如果专利代理人或申请人能对审查意见通知书撰写出令人信服的意见陈述书，并修改出合格的申请文件，则发明申请就有可能在较短的时间内被授权，大大缩短实质审查程序。专利代理人从收到审查意见通知书到在指定期限内提交意见陈述书和/或修改专利申请文件，这一段时间内的专利代理工作主要包括下述五项：阅读审查意见通知书；

对审查意见通知书进行分析；向委托人转达审查意见；专利申请文件的修改；撰写意见陈述书。

（一） 审查意见通知书简介

审查意见通知书由标准表格形式的扉页和审查意见通知书正文两部分组成。

审查意见通知书扉页中列出审查意见通知书次数、实质审查依据的文本、引用的对比文件、对权利要求的结论性意见（审查权利要求所依据的《专利法》及其实施细则的条款）、对说明书的结论性意见（审查说明书所依据的《专利法》及其实施细则的条款）、审查员的倾向性结论意见、答复期限等。此外，审查意见通知书扉页还列出申请人名称或者姓名、专利代理人姓名、专利申请号、发明名称、通知书发文日、审查部门、审查员姓名、优先权核实情况、通知书的附件等等。

通知书正文部分与通知书扉页的结论性意见相对应，对权利要求书和说明书的实质问题和形式问题进行评价，指出其不符合《专利法》及其实施细则有关规定之处，有时还给出对专利申请文件修改的建议。

（二） 确定审查员的倾向性意见

在研究审查意见通知书正文的内容之前，首先应当根据审查意见通知书扉页表格的内容判断审查员的倾向性意见。

在审查意见通知书的扉页表格中，有一栏的内容为：

基于上述结论性意见，审查员认为：

□申清人应按照通知书正文部分提出的要求，对申请文件进行修改。

□申请人应在意见陈述书中论述其专利申请可以被授予专利权的理由，并对通知书正文部分指出的不符合规定之处进行修改，否则将不能授予专利权。

□专利申请中没有可以被授予专利权的实质性内容，如果申请人没有陈述理由或者陈述理由不充分，其申请将被驳回。

因此，审查员的倾向性意见分为三类：

第一，肯定性结论。审查员认为本发明专利申请在实体方面符合《专利法》及其实施细则的有关规定，申请文件只存在形式问题，只要在形式上对权利要求书和/或说明书做出必要的修改，就可以授予专利权。

　　第二，不定性结论。此时，审查员认为本发明专利申请存在实质性问题，例如新颖性、创造性问题，但对本发明专利申请的最终意见取决于申请人的意见陈述和对申请文件的修改。如果经过申请人的意见陈述和/或对申请文件的修改，审查员认为申请文件符合了《专利法》及其实施细则的有关规定，审查员将会做出授予专利权的决定，否则将会驳回专利申请。

　　第三，否定性结论。审查员认为，申请文件中不具备可以授予专利权的实质性内容，经过修改和陈述意见之后，授予专利权的可能性也不大。

　　明确审查员的倾向性意见之后，便可以确定陈述意见和修改申请文件的基本方向和内容，为制定相应的答复或者修改方案打下基础。

　　在制定答复或者修改方案之前，还应当核实审查意见通知书"审查的结论性意见"部分的内容，找出审查意见通知书的法律依据，确定权利要求或者说明书不符合《专利法》或者《专利法实施细则》的哪些规定。

　　此后，还应当核实审查意见通知书表格的其他项目，如优先权信息的记载是否正确，对比文件的公开日期是否在本申请的申请日或者优先权日之前，审查所依据的文本是否正确。

（三）研究审查意见通知书正文的内容

　　在确定审查员的倾向性意见之后，专利代理人应当重点分析、研究审查意见通知书正文的内容，这是答复审查意见通知书过程中最为重要的一项工作，是为申请人提供分析意见、撰写意见陈述书、修改申请文件的基础。审查意见通知书正文是审查员审查发明专利申请的结果，代表了审查员对发明专利申请在实质方面和形式方面的意见。因此，代理人应当全面研究和理解审查意见通知书正文的内容，不但要对审查员关于新颖性、创造性、实用性等申请的实质性方面的审查意见给予充分的重视，而且要对审查员指出的申请文件中存在的形式问题给予足够重视，为提交一份答复全面的意见陈述书作好准备。

　　对于审查员的意见，应当逐条阅读和分析，明确审查员每条审查意见的本意，不仅包括涉及实质问题的审查意见，而且包括涉及形式问题的审查意见，不仅要理解每条审查意见的结论，而且要理解该结论的法律依据和事实依据。

　　如果审查员引用了对比文件，应当结合审查员在评价权利要求的新颖性和创造性时对该对比文件的分析，研究对比文件相关部分的内容或者全部内容，以便明确该对比文件的引用是否合适，对比文件与本发明相比有哪些相同之处和不同之处。

如果审查员对某个权利要求未给出有关新颖性和创造性的评价，可能存在一种暗示：该权利要求符合《专利法》及其实施细则的有关规定，可以被授予专利权。

根据多年来的专利代理实践，专利代理人所接触到的审查意见通知书一般有以下几种类型：

第一，没有提供对比文件或虽有对比文件，但对比文件并不影响该申请的新颖性和创造性，只要经过修改，克服申请文件中的一些缺陷，专利申请即可授权。

第二，虽然没有给出对比文件，但审查员指出申请文件公开不充分，认为专利申请无授权前景。

第三，虽然提供了对比文件，但对比文件针对性不强，审查员在未完全理解该申请与对比文件区别的情况下就指出该申请不具备创造性而难以获得批准的初步意见。

第四，审查意见中不仅提供了针对性较强的对比文件，而且依据对比文件对该申请的权利要求逐项进行了评述，并在结论性意见中指出申请人若没有充分的理由说明上述专利申请具有可被授权的实质件内容和理由，该申请将被驳回。

第五，审查意见认为申请文本存在较大的形式问题和一定的实质性问题，虽提供了对比文件，但未对专利申请是否具有创造性做出评述，希望专利代理人修改专利申请文件，并对审查意见所指问题进行答复，如修改答复未能克服现有缺陷，则驳回该专利申请。

（四）理解审查意见

根据《审查指南》第二部分第八章 4.7 的规定，审查员的审查意见应当"全面"，即应当审查申请是否符合《专利法》及其实施细则有关实质方面和形式方面的一切规定。此外，根据《审查指南》第二部分第八章 4.10.1 的规定，审查员的审查意见还应当"明确、具体"，即应当使申请人能够清楚地了解其申请存在的问题。《审查指南》要求审查意见应当说明理由，明确结论，并引用《专利法》及其实施细则的相关条款，必要时可以提出修改的建议。对于具有授权前景的申请，要求审查员在第一次审查意见通知书中写明对申请的实质方面和形式方面的全部意见。

但是，需要说明的是，审查员如果认为一件专利申请由于不符合《专利法》及其实施细则中的某一项条款而不可能有授权前景时，可以不对申请作全面审查。此外，在专利审查实践中，有一部分审查意见通知书中给出的审查意见不够明确、具体。因而在这种情况下阅读审查意见通知书时正确理解审查意见是十分重要的。

在审查意见通知书中，审查员有时会将其认为不确切的问题留给申请人答复，原因在于审查员不可能在专利的所有领域都是专家，对于一些技术问题和法律问题的理解也并不一定都完全正确，有时需要同专利代理人进行讨论。讨论的内容可能涉及说明书对发明的描述是否清楚、使用的技术术语是否规范、说明书对发明的公开是否充分、对现有技术的描述是否准确、权利要求书是否得到说明的支持，甚至涉及权利要求的新颖性、创造性问题。为了使审查结果更加合理、公正，审查员有时会以审查意见通知书的形式，要求申请人回答或澄清某些问题。这就要求专利代理人通过认真阅读审查意见，体会审查员的本意，有针对性地答复审查意见。

因此，对于不同类型的审查意见通知书，应当视具体情况进行不同的处理。专利代理人应当根据发明的内容、审查员引用的对比文件及审查意见通知书扉页表格中审查员所填写的有关内容，正确理解审查意见，制定相应的修改文件和陈述意见的方案。

有时，如果仔细研究审查意见通知书后尚不能正确理解审查员的意见，例如审查意见通知书的文字表达不够清楚或者通知书中所引用的法律条款不正确，最好在书面答复之前，与审查员通过电话进行讨论，以便明确审查员在审查意见通知书中的本意。

审查意见通知书的内容和形式有多种。同时，不同审查员的审查意见的风格也不同。因此，代理人应当通过长期的实践，掌握对不同形式和内容的审查意见的理解和处理方法。

（五）确定应当采取的对策

在正确理解审查意见通知书中的审查意见后，就应当对审查意见作进一步的分析，以便在向委托人转达审查意见通知书时给出合适的建议。

如果认为通知书中的审查意见完全正确，则应当劝说申请人修改专利申请文件；如果审查意见通知书中的某些意见不正确或不完全正确，则可以与申请人商量如何争取得到更有利的保护。

（六）向委托人转达审查意见

在阅读、分析、研究审查意见通知书之后，应当起草审查意见通知书转达报告。

对于国内委托人，转达报告应当详细，不但要解释审查意见通知书涉及的《专利法》《专利法实施细则》及《审查指南》的有关规定，还要给出具体的答复审查意见通知书的建议方案，包括如何陈述意见、如何修改说明书、如何修改权利要求书、如何陈述权利要求的新颖性和创造性等，以便根据转达报告就可以撰写出意见陈述书，形成修改文件的替换页。

对于国外委托人，转达报告根据委托人的特殊要求，一般可以分成以下几种类型。

第一，建议性的转达报告：这种转达报告的内容包括翻译审查意见通知书，解释法律、法规及《审查指南》的有关规定，提供修改文件和陈述意见的详细方案。

第二，解释性的转达报告：这种转达报告除了翻译审查意见通知书之外，还对通知书中作为依据的法律、法规及指南的有关规定做出解释，帮助委托人理解审查意见，但不提供具体的修改和陈述意见的详细方案。

第三，通知性的转达报告：这种转达报告只翻译审查意见通知书，既不对法律、法规及指南的有关规定做出解释，也不提供具体的修改和陈述意见的详细方案。

在向委托人转达审查意见通知书时，应当同时告知申请人审查意见通知书的最后答复期限，并要求其在期限届满一个月前告知其对本申请案如何处置的具体意见。

（七）答复审查意见通知书

在理解审查意见通知书、转达审查意见通知书、接收委托人的答复指示之后，专利代理人应当根据审查意见通知书和委托人指示的内容，起草意见陈述书，必要时，准备申请文件的修改替换页，并在期限之内将意见陈述书和修改文件递交国家知识产权局。

意见陈述书包括扉页、意见陈述书正文和修改文件替换页。意见陈述书的扉页应当采用国家知识产权局规定格式的表格。

答复审查意见通知书应当全面。在对审查员指出的问题进行全面答复的同时，最好能够按照审查意见的顺序逐条答复。这样做一方面有利于专利代理人对照审查意见通知书的内容逐一复核意见陈述书，以防答复不全面而遗漏内容；另一方面，也便于审查员对照审查意见通知书，审查申请人的答复是否全面。

意见陈述书的内容不能过于简单。如果审查员在审查意见通知书中对申请文件的形式问题和实质问题进行了详细的评述，专利代理人应当针对审查意见，相应地做出较为详细的陈述。

意见陈述书应当使用适当的格式，包括开始部分、主体部分和结束部分。

1. 开始部分

开始部分应当写明专利申请的申请号、审查意见通知书的发文日、国家知识产权局实质审查部的编号等便于区别本案的意见陈述书与他案的意见陈述书的足够信息。通常，以这样的语句开头："本意见陈述书是针对审查员于××年××月××日第×次审查意见通知书所作的答复，并随此意见陈述书附上新修改的权利要求书和修改后的说明书替换页第×至第×页。"

开始部分应当对主体部分的内容例如文件的修改情况，尤其是权利要求书的修改情况做出较为明确的提示，使审查员通过阅读开始部分就可以基本上知道主体部分的主要观点，在阅读主体部分之前，对申请人的主要观点有一个基本的了解。

2. 主体部分

主体部分应当对申请文件的修改进行详细的说明，说明修改涉及的页、段、行的编号及修改前的内容和修改后的内容。在描述修改内容之前，最好引用审查员指出的实质问题和形式问题的原话，然后有针对性地说明做出了哪些修改，对于实质性问题还应当具体说明通过修改为什么已能克服上述缺陷。如可以采用这样的说明方式："审查员指出，说明书第××页第××段有打字错误。申请人按照审查员的要求对此进行了修改。"

需要特别强调的是，如果在审查意见通知书中对申请的实质问题提出了意见，应当逐条进行答复，不能有遗漏。

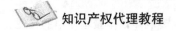

3. 结束部分

结束部分的内容应当与主体部分的内容相对应，对本次意见陈述书的主要观点和修改内容做出总结，使审查员明确申请人的结论性意见。

三、答复审查意见通知书之后的代理工作

在向国家知识产权局递交意见陈述书和修改文件之后，接下来要做的工作是取消审查意见通知书答复期限的监视，启动国家知识产权局发出再次通知书的监视，包括对第二次审查意见通知书、授予专利权通知书、驳回决定的监视。如果国家知识产权局不能在合理的时间内发出通知书，则应当及时与其联系，询问专利申请的法律状态，并及时向委托人报告。

因案情需要，专利代理人可以要求与审查员进行会晤。在会晤之前，应当事先与审查员取得联系，征得审查员的同意，约定会晤的时间。关于会晤的程序，参见《审查指南》第二部分第八章 4.12 的规定。

为了节约会晤的时间，提高会晤的效率，在会晤之前，专利代理人最好拟订讨论提纲，写明需要同审查员讨论的问题、涉及的《专利法》及其实施细则的有关规定和《审查指南》的相关规定、专利代理人的意见及对申请文件可能做出的修改。如果有可能，最好准备几套分层次的讨论方案或者修改方案，争取做到会晤之后能够使审查员接受其中的一项方案，使得会晤有收获。

此外，在会晤之前，应当事先征得委托人的同意，并向委托人报告将与审查员讨论的问题提纲及修改方案，得到委托人同意之后，再与审查员联系会晤事宜。在会晤之后，首先应当向委托人报告会晤的结果，然后按照委托人的指示，准备正式的意见陈述或者修改文件，将其提交给国家知识产权局。

四、专利登记

发明专利申请经实质审查、实用新型专利申请和外观设计专利申请经初步审查，没有发现驳回理由的，国家知识产权局将会做出授予专利权的决定，发出相应的授予发明专利权通知书、授予实用新型专利权通知书和授予外观设计专利权通知书。

接到上述通知书之后，应当及时通知委托人，然后，按照委托人的要求，在规定的期限之内办理登记手续。

此外，对于授予发明专利权通知书，专利代理人还应当核实其上记载的申请人名称或者姓名、发明名称、授予发明专利权所依据的文本等事项，一旦发现错误，应当及时请求国家知识产权局更正。

在办理登记手续时，应当缴纳专利登记费、授予专利权当年的年费、公告印刷费以及专利证书印花税。

办理登记手续之后，国家知识产权局将会按照规定的方式，将专利证书送交专利代理机构、在专利公报上公告专利权的授予、在专利登记薄上登记授予专利权事项。

第十二章　复审、无效宣告程序中的代理

第一节　复审程序中的代理

一、复审程序简述

(一) 复审委员会的组成

《专利法》第四十一条第一款规定："国务院专利行政部门设立专利复审委员会。专利申请人对国务院专利行政部门驳回申请的决定不服的，可以自收到通知之日起三个月内，向专利复审委员会请求复审。"根据国家知识产权局发布的公告，国家知识产权局专利局专利复审委员会从 2001 年 7 月 1 日起更名为"国家知识产权局专利复审委员会"。专利复审委员会设主任委员、副主任委员、复审委员、兼职复审委员、复审员和兼职复审员。主任委员由国家知识产权局局长兼任，副主任委员、复审委员和兼职复审委员由局长从局内有经验的技术和法律专家中任命，复审员和兼职复审员由局长从局内有经验的审查员和法律人员中聘任。专利复审委员会下设机械申诉处、电学申诉处、化学申诉处、通信申诉处、医药生物申诉处、光电技术申诉处、材料工程申诉处、外观设计申诉处、行政诉讼处等多个部门。

专利复审委员会的主要职责是对当事人不服专利局驳回专利申请的决定而提出的复审请求以及对宣告专利权无效的请求进行审查，作出决定。复审程序就是专利复审委员会受理、审查专利申请人因不服专利局驳回申请的决定而提出的复审请求所适用的程序。专利复审委员会在复审程序中应当遵循的原则包括：合法原则、公正执法原则、请求原则、依职权调查原则、听证原则、公开

原则、避免审级损失原则和程序经济原则。

（二）复审程序的概念

根据《专利法》第四十一条的规定，专利申请人对国务院专利行政部门驳回申请的决定不服的，可以自收到通知之日起三个月内，向专利复审委员会请求复审。复审程序就是专利复审委员会审理专利申请人提出的复审请求而启动的法律程序。在对专利申请进行审查的过程中，由于审查人员的水平、经验、对法律法规理解上的不一致，以及其他各种原因，一些依据《专利法》本来应当授予专利权的申请被错误驳回的情形是不可避免的。为了保护专利申请人的合法权利，对错误的审查决定予以纠正，《专利法》设置了由专利复审委员会对审查决定进行复审的程序。复审程序既为专利申请人提供救济途径和救济手段，也是纠正专利审查工作中失误的一种行政保障措施。

（三）复审请求的审查程序

专利复审委员会对专利申请人提出的复审请求进行审查的程序包括形式审查、前置审查、合议审查和复审决定四个阶段。

1. 形式审查

专利复审委员会收到专利申请人递交的复审请求书后，首先就要对请求进行形式审查。形式审查的主要内容包括提出复审请求是否在法律规定的期限内、复审请求人是否适格、请求复审的对象是否是针对驳回专利申请的决定、是否缴纳复审费用、复审请求书的格式是否符合规定、委托专利代理人的是否提交了委托书等。

如果复审请求不是针对驳回专利申请的决定而提出的，或者提出复审请求超过了法律规定的三个月期限，或者是复审请求人不是被驳回申请的专利申请人，专利复审委员会就不会受理该复审请求。如果复审请求人未缴纳或足额缴纳复审请求费，根据《专利法实施细则》第九十六条的规定，该复审请求视为未提出。如果复审请求书不符合规定格式，或者复审请求人没有包括一项专利申请的全部申请人，复审委员会将通知请求人，并要求请求人在指定期限内补正或者是陈述意见。请求人期满未补正或者未陈述意见的，该复审请求视为未提出。经补正或者陈述意见后仍然不符合《专利法》及其实施细则规定的，将不予受理该复审请求。委托专利代理机构提出复审请求而未提交委托书，或者是提交的委托书未写明委托权限的，也应在专利复审委员会通知书中指定的期限内补交或补正，逾期未补交或补正的，视为未委托专利代理机构。

2. 前置审查

根据《专利法实施细则》第六十二条的规定，专利复审委员会应当将经形式审查合格的复审请求书转交国家知识产权局作出驳回决定的原审查部门进行审查，原审查部门的审查就称为前置审查。复审委员会在转交复审请求书的同时，还应当将附具的证明文件和修改后的申请文件，以及原申请案卷一起转交。按照《审查指南》的规定，前置审查通常应当在收到案卷后的一个月内完成。原审查部门分为三种情况提出前置审查意见：①复审请求成立，同意撤销原驳回决定；②复审请求人提交的申请文件修改文本克服了申请中存在的缺陷，同意在修改文本的基础上撤销驳回决定；③复审请求人陈述的意见和提交的申请文件修改文本不足以使驳回申请的决定被撤销，坚持原驳回申请的决定。属于前两种情形的，专利复审委员会根据前置审查意见直接作出撤销原驳回决定的复审决定，不再进行合议审查。属于第三种情形的，专利复审委员会将成立合议组对复审请求进行合议审查。

3. 合议审查

在合议审查过程中，合议组对复审请求书、原申请案卷和原审查部门的前置审查意见进行全面的审查，而不仅仅审查复审请求书。如存在以下情形之一的，合议组将向请求人发出复审通知书：①复审决定将维持原驳回决定的；②复审请求人依照《专利法》及其实施细则和《审查指南》的有关规定修改申请文件，才有可能撤销原驳回决定的；③需要复审请求人进一步提供证据或者对有关问题予以说明的；④需要引入驳回决定未提出的理由或者证据的。复审请求人应当在收到复审通知书之日起一个月内作出书面答复，逾期未进行书面答复的，视为撤回复审请求。复审请求人提交无具体答复内容的意见陈述书的，视为对复审通知书中的审查意见无反对意见。

合议审查通常以书面形式进行。请求人也可以向合议组提出口头审理的请求，并说明理由，经合议组同意后举行口头审理。合议组也可以根据需要进行口头审理，并通知请求人按期参加。

4. 复审决定

经过合议审查，在事实清楚的情况下，合议组按照少数服从多数的原则通过表决作出复审决定。复审决定分为三种：①复审请求理由成立的，撤销原驳回决定；②专利申请文件经过复审请求人修改，克服了原驳回决定所指出的缺陷，在新的文本基础上撤销原驳回决定；③复审请求理由不成立的，维持原驳回决定。属于前两种情形的，将原专利申请发回原审查部门继续进行审批程序。原审查部门不得以同样理由和相同证据作出与该复审意见相反的决定。属于第三种情形的，复审请求人可以自收到复审决定之日起三个月内向北京市第一中级人民法院提起行政诉讼。

二、复审程序的发动

专利复审程序只能根据复审请求人的请求而开始，专利复审委员会无权自行发起专利复审程序。

（一）复审请求人

复审请求人是指有权提出复审请求，从而发动专利复审程序的人。根据《专利法》第四十一条的规定，只有专利申请被驳回的专利申请人才有权提出复审请求，专利申请人之外的任何人都没有权利提出复审请求。专利申请人为一人以上的，复审请求人必须是全部的专利申请人。如果提出复审请求的申请人不是全部申请人，应当在专利复审委员会指定的期限内进行补正。期满未能补正的，复审请求将被视为未提出。

（二）提出复审请求的期限

复审请求应当在收到专利局驳回决定之日起三个月内提出，并且在该期限内缴纳复审费。根据《专利法实施细则》第六条的规定，以存在不可抗力情形为由请求恢复权利的，最迟应自收到驳回决定之日起2个月内，说明理由，并附具相关证明文件及缴纳恢复权利请求费；以存在正当理由请求恢复权利的，应当在收到驳回决定之日起二个月内，说明理由并缴足恢复权利请求费。

（三）复审的对象

在专利审查程序中，针对不同情况，专利局会作出各种不同的决定。这些决定都会对专利申请人造成一定的影响。但不是专利局的所有决定，专利申请人都有权提出复审请求。对专利局的有些决定，申请人可以申请行政复议，如不予受理专利申请的决定、实施强制许可的决定等。专利局的有些决定则是终局性的，也就是说，申请人既不能申请复议，也不能请求复审，如专利局对期间、期日的指定等。申请人可以请求复审的决定只能是专利局驳回专利申请的决定，而不管该决定是在初步审查程序中作出的，或是在实质审查程序中作出。

（四）复审请求书的撰写

专利申请人向专利复审委员会请求复审的，应当提交复审请求书。复审请求书应当使用国家知识产权局统一印制的表格，并按照规定的要求填写。撰写复审请求书是专利代理人在复审程序发动阶段最主要的工作。

复审请求是针对专利局作出的驳回申请决定而提出的，因此复审请求书应当针对驳回决定所根据的证据和理由提出复审理由。提出的复审理由是否准确、充分，在很大程度上决定着复审请求是否成功。复审理由的确定最好是经过与专利申请人一起研究之后再予以确定，这样既有利于找出较为准确的复审理由，也有利于专利申请人了解复审请求成立的可能性，以便于申请人能够对提出复审请求的风险作出评估。

为了找出准确、充分的复审理由，专利代理人就应当对整个申请案进行认真的研究。首先，应当对专利局作出的驳回申请决定中阐明的全部理由进行仔细研究，以判断专利局驳回专利申请的理由是否属于《专利法》《专利法实施细则》《审查指南》所规定的驳回理由。其次，应当对驳回决定中引述的事实进行推敲，以决定这些事实是否能够充分支持专利局的驳回理由。如果驳回决定所引述的事实不能支持专利局的驳回理由，也就是出现专利局认定的事实与其适用的法条错位的情况，就可以此作为复审理由。再次，应当对驳回决定中认定的事实与其证据之间的关系进行推敲，以判断这些证据是否足以支持专利局所认定的事实。最后，还应当对专利审查程序中可能存在的程序错误以及驳回决定中提及的其他事实进行分析，以判断其中是否存在较有价值的复审理由。

在撰写复审请求书复审理由的时候，应当针对驳回理由或驳回决定认定的事实或证据，以事实为依据，以法律为准绳，逻辑分明，条理清晰地阐述复审理由。在论述复审理由的时候，还应当注意防止与专利申请文件之间出现矛盾或漏洞，以避免造成不可挽回的损失。比如，为论证本专利申请具备创造性，而引入在原说明书中没有记载的必要技术特征。这种论证方式必然导致得出本专利申请未充分公开发明或实用新型技术内容的结论，因此该专利申请就不可能被授予专利权。在论述复审理由的时候，还应当注意不能为专利授权以后留下后患。比如，为了获得复审成功，对权利要求进行限缩解释或者是对说明书中使用的一些用语施加限制。如果这些限缩解释或限制是恰当的，且不会影响专利授权后对专利权的保护，这样做当然没有什么问题。如果这些限缩解释或限制是不恰当的，即使专利复审成功了，也会影响对授权后的专利权的保护。因为专利复审程序中的文书都会归入专利申请案卷中，根据专利侵权中的"禁止反悔"规则，专利申请人在取得和维持专利权的过程中作出的陈述和解释，在以后不得反悔。如果因为在专利复审程序中，对权利要求进行了限缩解释或限制，而使该专利只能获得一个较小的保护范围，对专利申请人来说就可能得不偿失。

三、复审程序中的代理

专利复审委员会对复审请求的审查程序包括形式审查、前置审查、合议审查和作出复审决定四个阶段。相应地，复审程序中的代理也分为不同阶段的代理。

（一）形式审查和前置审查中的代理

1. 形式审查中的代理

在收到复审请求书后，专利复审委员会首先会对复审请求进行形式审查。形式审查的内容包括：①复审请求是否属于《专利法》第四十一条第一款规定的对专利局作出的驳回申请的决定不服的请求；②复审请求人是否为被驳回申请的申请人，被驳回申请的申请人属于共同申请人的，复审请求是否是全部申请人；③提出复审请求和缴纳复审费的日期是否在收到驳回决定之日起三个月内，如超过该期限，是否符合恢复权利的相关规定；④复审请求书是否符合标准表格规定的格式；⑤复审请求人委托专利代理机构请求复审的，是否提交了委托书和写明了委托权限。如果复审请求人提出的复审请求不符合前三项中的任何一项，专利复审委员会就会发出不予受理通知书。如果复审请求不符合后两项中的任何一项，复审请求人还可以在收到专利复审委员会发出的补正通知书之日起指定期限内进行补正。期满未补正的，复审请求则视为未提出或者视为未委托专利代理机构。因此，在代理专利申请人提出复审请求时，专利代理人应当认真检查提交的复审请求书及相关文件是否符合前述形式审查的要求。如果因为提出的复审请求不符合前述要求而未能通过形式审查，就可能会给专利申请人造成很大的损失，甚至是无法挽回的损失。

2. 前置审查中的代理

根据《专利法实施细则》第六十二条的规定，在形式审查通过后，专利复审委员会应将复审请求书连同原申请案卷一并移交作出驳回决定的原审查部门进行前置审查，并由其作出前置审查意见。前置审查意见分为三种类型：①复审请求证据充分，理由成立，同意撤销原驳回申请的决定；②复审请求人提交的申请文件修改文本克服了原申请文件中存在的缺陷，同意在修改文本的基础上撤销原驳回申请的决定；③复审请求人陈述的意见和提交的申请文件修改文本不足以使原驳回申请的决定被撤销，因而坚持原驳回申请的决定。前置审查属于专利局的内部审查程序，专利局不会向复审请求人发出审查意见书，复审请求人也没有机会见到前置审查意见，更不可能针对前置审查意见陈述自己的意见。因此，专利代理人在撰写和提交复审请求书的时候，就应当全面考虑该专利申请案所面临的所有问题。在与专利申请人研讨之后，如果认为原申请文件不存在足以使专利局作出驳回申请决定的缺陷，就应在复审请求书中充分阐述自己的理由并提交相应的证据；如果认为驳回决定阐述的理由确实成立，原申请文件确实存在缺陷，就应当对申请文件作出修改，以便能够在前置审查程序中就达到撤销原驳回决定的目的。

（二）合议审查中的代理

在前置审查之后，即使原审查部门同意撤销原驳回申请决定，原审查部门也不会直接进入专利审批程序，而是将前置审查意见提交给专利复审委员会。原审查部门同意撤销原驳回决定的，专利复审委员会不再进行合议审查，而是根据前置审查意见作出复审决定，通知复审请求人，并由原审查部门继续进行审批程序。原审查部门坚持驳回意见的，则由专利复审委员会组成合议组对复审请求进行合议审查。合议组由三人或五人组成，包括组长一人、主审员一人、参审员一人或三人。对于在国内或者国外有重大影响的案件、涉及重要疑难法律问题的案件及涉及重大经济利益的案件，应当组成五人合议组进行审查。

有下列情形之一的，合议组应当向复审请求人发出复审通知书：①复审决定将维持原驳回决定的；②需要复审请求人依照《专利法》及其实施细则的有关规定修改申请文件，才有可能撤销原驳回决定的；③需要复审请求人进一步提供证据或者对有关问题予以说明的；④需要引入驳回决定未提出的理由或者证据的。复审请求人应当自收到复审通知书之日起一个月内答复，否则，其复审请求视为撤回。复审通知书又为复审请求人提供了一次陈述理由和修改专利申请文件的机会，专利代理人应当予以重视，同专利申请人一道充分利用好这次机会。

对复审通知书的答复，应当根据合议组对复审请求案的看法有针对性地进行。合议组的看法可以通过研读复审通知书的内容作出判断。如果合议组用原审查员引用的对比文件或证据进行论述，或者是引入了原驳回决定中未提出的理由或证据的，就意味着合议组可能驳回复审请求，维持原驳回申请决定。如果合议组在复审通知书中要求复审请求人修改专利申请文件，就意味着合议组可能撤销原驳回申请决定。如果复审通知书要求复审请求人进一步提供证据或者对有关问题进行说明，通常表示合议组对该复审请求案还没有形成明确的倾向性意见。在对合议组的意见作出判断之后，专利代理人就应当与专利申请人进行研究、沟通，以选择最佳的答复意见。对于合议组要求修改申请文件的，专利代理人应提示复审请求人予以认真考虑，因为这是最后一次修改专利申请文件的机会。

如果书面答复难以准确、清晰地陈述复审请求人的意见，或者是发现复审请求人与合议组的意见差距较大时，专利代理人就应当建议复审请求人向合议组提出口头审理请求。口头审理属于正式的行政听证会，可以让复审请求人当面向合议组陈述意见，并通过证人或专家作证、实物演示等手段尽力说服合议组。口头审理，应当以书面方式向专利复审委员会提出请求。在收到合议组发出的口头审理通知书之后，专利代理人应当对口头审理进行认真准备。比如，拟定发言提纲，与证人、专家进行充分沟通，制作现场演示用的实物、挂图、视听资料等。

在收到专利复审委员会作出的复审决定书之后，如果复审决定维持原驳回申请的决定，专利代理人就应当协助复审请求人对复审决定进行分析、研究，以判断是否有必要向人民法院提出专利复审行政诉讼。决定是否提起行政诉讼的权利属于复审请求人，如果复审请求人决定提起行政诉讼，专利代理人应准

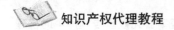

备好提起诉讼所需的法律文书，并自收到复审决定之日起的三个月内向人民法院提起诉讼。

第二节 无效宣告程序中的代理

一、无效宣告程序简述

（一）无效宣告程序的概念

《专利法》第四十五条规定："自国务院专利行政部门公告授予专利权之日起，任何单位或者个人认为该专利权的授予不符合本法有关规定的，可以请求专利复审委员会宣告该专利权无效。"专利权无效宣告程序就是专利复审委员会受理、审查宣告专利权无效的请求所适用的程序，简称"无效宣告程序"。

专利复审委员会在无效宣告程序中，除应当遵循适用于复审程序的合法原则、公正执法原则、请求原则、依职权调查原则、听证原则和公开原则之外，还应当遵循无效程序中特有的一事不再理原则、当事人处置原则、保密原则。

专利权是经过国家知识产权局以法律规定的程序审查后授予的，具有独占性和排他性的财产权利。专利权授予后，只是推定该权利的成立及其归属。由于专利权只是推定有效的，因此，一旦专利权不符合法律规定的授予条件，就存在推翻推定的问题。无效宣告程序的设立，就是为了向社会、向那些对国家知识产权局授予的专利权有不同意见的公众、尤其是那些与该专利权有直接利害关系的人提供一个请求取消该专利权的机会。在无效宣告程序中，请求人可以通过证明某些专利权的授予不符合法定条件，从而推翻专利权有效的推定。

（二）对无效宣告请求的审查程序

专利复审委员会对无效宣告请求进行审查的程序包括形式审查、合议审查和作出审查决定三个阶段。

1. 形式审查

专利复审委员会在收到无效宣告请求书之后，首先要对请求进行形式审查。形式审查及其处理如下：

（1）请求人提出的无效宣告请求是否针对已经公告授权的专利。如果请求不是针对已经公告授权的专利的，不予受理。专利权已被终止或者专利权人已经放弃专利权的，不影响对其提出的无效宣告请求。

（2）请求宣告无效的专利权是否属于已被生效的无效宣告请求审查决定宣告无效。如果已有生效的无效宣告请求审查决定宣告被请求的专利权全部无效的，不予受理。但已生效的审查决定只是宣告专利权部分无效的，请求人针对未被宣告无效的权利要求提出无效宣告请求的，不受影响。

（3）专利权人对自己的专利提出无效宣告请求的，如果请求宣告专利权全部无效，或者其提交的证据不是公开出版物的，或者请求人不是共有专利权的所有专利权人的，不予受理。

（4）无效宣告请求书不符合标准表格规定的格式的，请求人应当自收到专利复审委员会发出的补正通知书之日起一个月内补正。期满未补正的，该请求视为未提出。

（5）无效宣告请求提交有证据的，无效宣告请求没有结合提交的所有证据具体说明无效宣告请求的理由，或者是没有指明每项理由所依据的证据的，不予受理。

（6）无效宣告请求书所提出的请求理由不属于《专利法实施细则》第六十五条第二款规定的理由的，不予受理。

（7）专利复审委员会已经就一项专利作出无效宣告请求审查决定，又以相同理由和相同证据请求无效宣告的，不予受理。

（8）以授予专利权的外观设计与他人在先取得的合法权利相冲突为由，请求宣告外观设计专利权无效，但未提交生效的能够证明权利相冲突的处理决定或者判决的，不予受理。

（9）请求人自提出无效宣告请求之日起一个月内未缴纳或未缴足无效宣告请求费的，该请求视为未提出。

存在下列情形之一的，请求人在接到专利复审委员会的补正通知书后七日内未补正的，则视为请求人未委托专利代理机构：①请求人委托专利代理机构而未向专利复审委员会提交委托书或者委托书未写明委托权限的；②请求人和专利权人委托了同一个专利代理机构的，委托时间为同一天的，视为双方均未委托专利代理机构，委托时间有先后的，视为在后委托人未委托专利代理机构；③请求人在同一天委托多个专利代理机构，未指定其中一个作为联系人，且专利代理机构的署名不分先后的。

2. 合议审查

对形式审查合格的无效宣告请求，专利复审委员会即向请求人和专利权人发出无效宣告请求受理通知书，并向专利权人送达无效宣告请求书及其有关文件的副本。与此同时，专利复审委员会成立合议组对无效宣告请求进行合议审查。专利权人在收到送达的无效宣告请求书后，应在指定的一个月期限内作出答辩；无正当理由期满未答复的，视为专利权人放弃这次陈述意见的机会，且不影响专利复审委员会的审查。合议组在收到专利权人的陈述意见后，会根据不同案情，发出转送文件通知书、无效宣告请求审查通知书、口头审理通知书或者直接作出无效宣告请求审查决定。专利权人修改专利文件的，合议组应将专利权人的答复和修改的专利文件转送给请求人，以给予请求人陈述意见的机会。

存在下列情形之一的，合议组将向双方当事人发出无效宣告请求审查通知书：①当事人提供的事实不清楚或者是有问题的；②专利权人对专利文件的修改不符合《专利法》及其实施细则规定的；③合议组在无效宣告请求审查决定中需要引入请求人未提及的理由或证据的；④合议组认为存在其他有必要发出无效宣告请求审查通知书的情形的。双方当事人收到审查通知书后，应在通知书中指定的期限内按照要求作出答复或者提供证据。任何一方期满未答复的，视为对无效宣告请求审查通知书中所认定的理由、事实和证据没有反对意见。

如果合议组认为通过书面文件的审查就可以对事实和证据作出认定，合议组就会据此作出审查决定。如果合议组认为仅仅通过书面文件的审理尚难以对事实和证据作出判断的，可以决定进行口头审理，并通知双方当事人按照指定的时间和地点参加口头审理。双方当事人也可以书面形式向专利复审委员会提出口头审理请求。口头审理请求应当说明理由，并经合议组同意。

3. 无效宣告请求审查决定

合议组在对无效宣告请求进行合议审查之后，如果事实清楚，就会按照少数服从多数的原则，通过表决作出无效宣告请求审查决定。决定分为三种：①宣告专利权全部无效；②维持专利权有效；③宣告专利权部分无效，即维持专利权部分有效。请求人和专利权人对无效宣告请求审查决定不服的，可以自收到决定之日起三个月内向北京市第一中级人民法院提起行政诉讼。

二、无效宣告程序的发动

与复审程序一样，无效宣告程序只能应当事人的请求而发动，专利复审委员会不能自行发动无效宣告程序，对某项专利权是否有效展开审查。

（一）无效宣告请求人

在复审程序中，只有专利申请被驳回的专利申请人才能请求复审。而在无效宣告程序中，任何单位和个人均有权提出无效宣告请求，甚至是专利权人本人。当然，专利权人提出无效宣告请求要受到一定的限制，专利权人只能依据公开出版物为证据而请求宣告其专利权部分无效。此外，复审程序中只存在一方当事人，即复审请求人，而没有被请求人。但在无效宣告程序中，除请求人是专利权人本人之外，都存在着双方当事人，即无效宣告请求人和被请求人，且被请求人无一例外的都是专利权人。由于无效宣告程序中存在着对立的双方当事人，这也使无效宣告程序中的某些设计看起来与诉讼程序相似。如将无效宣告请求文件转送给对方当事人；口头审理中的质证与辩论；在审查决定作出之前，合议组的成员不得私自将自己、其他合议组成员、负责审批的主任委员或者副主任委员对该案件的观点明示或暗示给任何一方当事人，一般也不得与一方当事人会晤等。

专利代理机构在接受无效宣告请求人或者是被请求人的委托时，应当注意是否存在利益冲突的情形。利益冲突是指专利代理机构接受当事人委托的行为可能与其他委托人的利益存在冲突。比如，专利代理机构在无效宣告所涉专利的申请过程中，担任过专利申请人的代理人，就不能再接受无效宣告请求人的委托；专利代理机构在专利侵权案件中接受了一方当事人的委托，在无效宣告程序中就不能再接受对方当事人的委托。

（二）提出无效宣告请求的期限

与复审请求不同，向专利复审委员会提出无效宣告请求没有任何期限限制。从国家知识产权局公告授予专利权之日起，无效宣告请求人可以在任何时间，向专利复审委员会提出无效宣告请求。

（三）无效宣告请求审查的对象

无效宣告请求，就是要求专利复审委员会宣告某些专利权全部或部分无效。因此，无效宣告请求审查的对象就是已经授予专利权的某项专利。根据《专利法实施细则》第六十六条的规定，无效宣告请求的理由必须是该实施细则第六十五条第二款规定的理由之一。如果提出的无效宣告请求理由不属于该款规定的理由，则专利复审委员会对无效宣告请求不予受理。

三、无效宣告请求书的撰写

无效宣告请求书的撰写是代理人在无效宣告程序中最重要的工作之一。因为在无效宣告请求书中，不但要明确无效宣告请求的理由和证据，而且要通过无效宣告请求书来实施请求人提出无效宣告请求的策略。

（一）无效宣告请求的理由

根据《专利法实施细则》第六十五条第一款的规定，无效宣告请求人应当在请求书中具体说明无效宣告请求的理由。请求人说明的理由应当属于该条第二款规定的下列理由之一或其任意组合。

第一，授予专利权的发明或实用新型不符合《专利法》第二十二条规定的授予专利的实质要件，即不具备新颖性、创造性或实用性。

第二，授予专利权的外观设计不符合《专利法》第二十三条有关不相同和不相近似的规定。

第三，违反《专利法》第二十六条第三款的规定，授予专利权的发明或者实用新型专利说明书没有对发明或者实用新型作出清楚、完整的说明，以至所属技术领域的技术人员不能实施该发明或者实用新型。

第四，违反《专利法》第二十六条第四款的规定，授予专利权的发明或实用新型的权利要求书未以说明书为依据。

第五，违反《专利法》第二十七条第二款的规定，授予专利权的外观设计的图片或照片未能清楚地显示要求专利保护的产品的外观设计。

第六，违反《专利法》第三十三条的规定，在专利申请过程中，对发明或实用新型专利申请文件的修改超出了原说明书和权利要求书记载的范围，对外观设计专利申请文件的修改超出了原图片或者照片表示的范围。

第七，授予专利权的发明创造违反国家法律、社会公德、或者妨碍公共利益，属于《专利法》第五条规定的不授予专利权的情形。

第八，授予专利权的发明创造属于《专利法》第二十五条规定的不能授予专利权的客体。

第九，违反《专利法》第九条的规定，同样发明创造的在后申请人取得了专利权。

第十，授予专利权的发明创造不符合《专利法》第二条对发明、实用新型、外观设计的定义。

第十一，违反《专利法实施细则》第二十条第二款的规定，独立权利要求未能从整体上反映发明或者实用新型的技术方案，记载解决技术问题的必要技术特征。

第十二，违反《专利法实施细则》第四十三条第一款的规定，分案申请超出原申请记载的范围。

以上理由都可以单独作为无效宣告请求的理由，也可以同时主张其中的几项理由。虽然法律规定了这些理由都可以作为无效宣告请求的理由，但实际上这些理由并不是经常都运用于无效宣告请求中。在无效宣告请求案件中，使用最多的理由是发明或者实用新型缺乏新颖性或创造性，外观设计与现有技术相同或者相近似，即前述的第1项和第2项理由。并且这些理由比其他理由也更容易获得无效宣告请求的成立。其他的一些理由，如违反《专利法》第二条、第五条、第二十五条，《专利法实施细则》第二十条第二款的规定，甚至很少在无效宣告请求案中使用过，其成功的几率也很小。

专利复审委员会在对无效宣告请求进行审查的时候，如果争议的问题是授权专利是否具备新颖性，请求人只能引用一篇对比文件；如果争议问题涉及授权专利是否具备创造性，请求人可以引用多篇对比文件。因此，为了尽量争取无效宣告请求获胜的机会，无效宣告请求以授权专利缺乏新颖性和创造性同时作为请求理由较好。

在选择无效宣告请求理由的时候，重点不在于提出的理由有几个，关键在于提出的理由是否能够获得证据的充分支持。因此，专利代理人在选择无效宣告请求理由的时候，应当根据已经获得或者可能获得的证据来组织无效宣告请求理由。很多无效宣告请求是在涉及专利侵权纠纷的时候提出的，如果无效宣告请求人为了让人民法院中止诉讼，就必须在答辩期间内提出无效宣告请求。

（虽然提出了无效宣告请求也不一定就能够达到中止诉讼的结果）。请求人在短时间内可能难以收集到足够的证据，以判断何种理由才是最佳的无效宣告请求理由。在这种情况下，可以在现有证据的基础上，选择有可能成立的请求理由。然后在提出无效宣告请求之后的一个月内，及时收集证据并对所有证据进行分析研究，以尽可能地确定主攻方向。

（二）无效宣告请求的证据

无效宣告请求人在请求书中陈述的理由应当有相关的证据予以支持，《专利法实施细则》第六十五条第一款也要求请求人在向专利复审委员会提交无效宣告请求书的时候应当提交必要的证据。在撰写请求书的时候，应当对请求人提供的证据进行分析研究，以判断这些证据能否充分支持请求人提出的无效宣告请求理由。如果这些证据尚不足以得出请求理由必然成立的结论，就表明现有证据还不充分，还应当收集更多的证据。

从证据与无效宣告请求理由之间的关系来看，证据可以划分为：证明授权专利缺乏新颖性的证据；证明授权专利缺乏创造性的证据；证明按照专利说明书和权利要求书所记载的内容，所属技术领域的技术人员无法实施的证据，即证明授权专利披露不充分的证据；证明专利申请程序中对申请文件的修改超出原说明书和权利要求书记载范围或者超出原图片或照片表示范围的证据；证明存在抵触申请的证据；证明同一技术方案被重复授予专利权的证据等。以请求理由对证据进行分类归纳，有利于帮助请求人及其代理人准确判断其提出的请求理由能否成立。当然，还可以根据其他分类方法对证据进行分类，如按照民事诉讼法的规定将证据分为书证、物证、证人证言、鉴定结论、勘验笔录、视听资料等。

如前所述，主张授权专利缺乏新颖性和创造性的无效宣告请求理由在所有的无效宣告请求理由中占据着重要的地位。因此，这里简要地论述一下有关这两个请求理由的证据问题。证明授权专利缺乏新颖性和创造性的证据，主要涉及专利申请日之前出版物公开和使用公开的证据。使用这类证据的目的，就是为了证明授权专利的同类技术在专利申请日之前已经被公知公用，从而否定授权专利的新颖性和创造性。为否定授权专利的新颖性，请求人只能引用一篇对比文件，也就是说，只有在一篇对比文件中公开了授权专利权利要求书中的所有必要技术特征的情况下，才能否定授权专利不具备新颖性。为否定授权专利的创造性，请求人可以引用多篇对比文件，只要根据这些对比文件中公开的技术得出授权专利的技术方案，对所属技术领域技术人员来说是显而易见的，授权专利就不具备创造性。

为了证明专利产品或专利方法在专利申请日之前已经公知公用，请求人提供的证据必须能够证明以下三个要件：公开的日期是在专利申请日之前；公开的内容为该专利的主体或者与其实质内容相同；公众能够得知这种公开。从公开的方式来看，可以分为出版物公开和使用公开。在无效宣告请求案中，涉及较多的是出版物公开，因为对使用公开的证明要比对出版物公开的证明要困难得多。

为收集能够证明公知公用的证据，专利代理人除了与请求人密切协作之外，还可以寻求该专利所属技术领域内的专家的帮助。因为技术专家一般对本技术领域的技术发展都相对熟悉一些，特别是对该技术领域内的出版物公开更为熟悉。对于出版物公开，检索是一个重要的来源。检索包括对专利文献的检索和对非专利文献的检索。对专利文献的检索主要应注意对专利检索部门的选择并提供待检索对象的详细资料。对非专利文献的检索应尽力寻求相同或相近技术领域内的专家的协助。此外，查阅专利申请案卷也能够提供一些证据线索。特别是经过实质审查程序、复审程序或者是在先的无效宣告程序的，专利申请案卷中都会有相关的对比文件或找到对比文件的线索，如国家知识产权局的检索报告或国外专利局的检索报告等。查阅专利申请文件，即使不能获得否定授权专利新颖性和创造性的充分证据，也可以为找到相关证据提供一些线索并充分了解专利权人在申请过程中对其专利所作出的解释或限制。

（三）　无效宣告请求的目的

虽然《专利法》规定，在专利授权公告之后，任何人都可以对授权专利提起无效宣告请求，但真正提出无效宣告请求的人几乎都是与授权专利具有利害关系的人。因此，无效宣告请求人提出无效宣告请求都是有一定目的的，要么是宣告涉案专利全部或部分无效，要么是通过无效宣告程序消除专利保护范围上的模糊之处，或者是获得有利的专利许可条件等。请求人提出无效宣告请求的目的，对于选择请求理由和制定无效宣告过程中的策略具有重要的意义。比如，专利侵权案件的被告提出无效宣告请求的，其目的可能是通过宣告专利全部或部分无效而摆脱侵权责任，也可能是利用无效宣告程序澄清专利权的保护范围（其结果不一定是宣告专利全部或部分无效，但通过专利权人在无效程序中的解释或限制来达到缩小专利权保护范围的目的），还可能是利用无效宣告程序以迫使专利侵权案件的原告与之达成和解等。

通常情况下，请求人提出无效宣告请求的目的主要包括以下几种：

第一，专利侵权纠纷的被告或被请求人，为了对抗专利权人的指控，试图证明自己的使用行为合法而提出无效宣告请求；

第二，在先专利的专利权人，发现在后专利的技术方案与自己的专利技术方案内容相同或相近似，对自己专利的独占权构成障碍，为消除该障碍而提出无效宣告请求；

第三，生产、经营者在产品开发过程中，发现目标产品为他人专利所覆盖，为了获得目标产品的开发权、使用权而提出无效宣告请求；

第四，专利许可合同的被许可人在实施专利的过程中与专利权人出现纷争，由此导致被许可人提出无效宣告请求；

第五，专利权人在其专利技术的开发、转让过程中，发现其专利保护的内容受公知技术影响而需要缩小专利保护范围来提高其专利的稳定性，便对本人的专利提出宣告专利权部分无效的请求；

第六，在先取得版权、商标权等合法权利的权利人，发现已被授予的外观设计专利权与其在先权利相冲突，并经生效的处理决定或者判决确认其权利的，对在后的外观设计专利提出无效宣告请求；❶

第七，为取得他人专利权的实施许可，对稳定性较差的专利提出无效宣告请求，以期获得较为有利的许可条件。

在明确请求人的目的之后，应当根据请求人的目的及收集到的证据设计可行的无效宣告策略，并将其体现在无效宣告请求书中。

四、对无效宣告请求的答辩

通过专利复审委员会的形式审查，专利复审委员会应将无效宣告请求书及其相关文件的副本转送给被请求人（即专利权人），由专利权人针对无效宣告请求进行答辩。

专利代理人接受无效宣告被请求人的委托，第一项重要工作就是针对无效

---

❶ 尹新天．专利代理概论[M]．北京：知识产权出版社，2002：389．

宣告请求书进行答辩。根据《审查指南》的规定，被请求人对无效宣告请求的答复期限为一个月，期满未答复的，视为当事人已得知请求书所涉及的理由、事实和证据，并且未提出反对意见。因此，应当在规定期限内及时提出答辩，撰写并提交意见陈述书。意见陈述书的首页应当采取国家知识产权局统一印制的表格。

（一）设法弄清请求人提出无效宣告请求的目的

在撰写答辩意见之前，专利代理人首先应该做的工作就是设法弄清请求人提出无效宣告请求的目的。只有对请求人的目的有了清楚的了解，才能清晰地知道请求人与被请求人之间在无效宣告程序中的相互关系，各方提出各种主张、理由、证据的潜在用意，双方能够使用的手段、方法与策略，进行和解的可能性及可能的和解方案等。也只有清楚地了解请求人的目的之后，才能制定在整个无效宣告程序及相关程序（如专利侵权的行政处理程序和诉讼程序，专利实施许可谈判，专利实施许可合同的履行等）中切实有效的策略。只有制定了完善的策略之后，才能免于在上述程序中处于被动位置。有了切实有效的策略之后，代理人还可以协助被请求人（专利权人）主动采取某些措施，以争取最为有利的结果。比如，如果请求人打算实施争议的专利，但又想支付较低的许可费甚至是不支付许可费，便意图通过无效宣告程序宣告专利全部或部分无效，或者是以此迫使专利权人以较优惠的条件与其签订专利实施许可合同。在这种情况下，如果发现请求人已经做好实施专利的准备，可以采取向人民法院申请诉前禁令的措施；如果请求人与被请求人不存在直接竞争关系，可以采取迅速向请求人的竞争对手发放专利实施许可措施，以迫使请求人与被请求人就专利实施许可进行谈判。

为了搞清请求人的目的，专利代理人应当与被请求人进行充分有效的沟通，以尽量了解可能据以判断请求人目的的各种信息。一般来说，以下信息对于判断请求人的目的是有帮助的，代理人应当进行了解：①请求人与被请求人之间是否存在专利侵权纠纷；②请求人是否已经实施或正准备实施涉案专利；③请求人与被请求人之间是否存在专利实施许可合同；④请求人与被请求人是否正在就涉案专利的实施许可合同进行谈判或准备进行谈判；⑤请求人与被请求人之间是否存在直接竞争关系；⑥请求人是否正准备进入涉案专利所在的业务领域；⑦请求人在涉案专利所在领域是否拥有专利权或取得了专利实施许可；⑧请求人在涉案专利所在领域的研发方向；⑨涉案专利对所在领域技术发展的影响；⑩请求人与被请求人之间是否存在其他纠纷，如版权纠纷、商标权纠纷、技术转让纠纷、技术服务合同纠纷等。

（二）分析请求人提出的理由及其证据

根据《专利法实施细则》的规定，请求人应当在提交的无效宣告请求书中阐述其请求理由并提供相应的证据。专利复审委员会在审查无效宣告请求的时候，主要是针对请求人提出的事实与证据来判断其提出的请求理由是否成立。只有在必要的时候，专利复审委员会才会依据"依职权调查原则"，在审查的时候引入请求人未曾提出的证据和理由。被请求人阐述答辩意见，主要是针对请求人在请求书中陈述的请求理由及其相关证据。因此，专利代理人在撰写答辩意见之前，应当认真分析无效宣告请求书。

第一，应当分析请求人提出的无效宣告请求理由是否属于法律规定的理由。如前所述，请求人只能根据《专利法实施细则》第六十五条第二款规定的理由提出无效宣告请求。如果请求人提出的理由不属于该款规定的理由，只需要直接指出即可，不需要与其进行纠缠。

第二，鉴别请求人提交的证据是否真实，其陈述的事实是否属实。请求人必须以其提供的证据和事实支持其请求理由，如果请求人提供的证据缺乏真实性，其陈述的事实难以得到证据的证明，请求人的理由得到专利复审委员会的支持就非常困难，除非请求人在之后又提交了新的证据或者是专利复审委员会依职权引入了请求书之外的证据或事实。如果请求人提供的证据属于出版物，可以通过各种途径查找这些出版物，以确定请求人提出的出版物是否真实。如果请求人提供的证据是出版物之外的书证、证人证言等，除了要查证这些证据的真实性之外，还应当注意这些证据之间是否存在矛盾。分析请求人提供的证据是否真实，可以依据《审查指南》确定的原则进行。《审查指南》规定，审查证据的真实可靠性一般可以从证据的来源和证据的内容两个方面进行。从证据的来源审查证据的真实可靠性，主要是审查证据的形成过程中有无影响其真实可靠的因素，以及证据的提供者有无影响证据真实可靠的因素。从证据的内容审查证据的真实可靠性，主要是审查证据所表明的事实情况是否合情合理、有无矛盾。《民事诉讼法》《行政诉讼法》及最高人民法院司法解释关于证据审查的规定都可以作为判断证据真实性的规则。

　　第三，分析请求人提交的证据是否支持其提出的无效宣告请求理由。虽然请求人提出了请求理由，也提交了一些证据，但其提交的证据并不一定就能够证明其请求理由成立。首先应当分析证据与拟证明问题的相关性。如果证据与待证明问题是无关的，即使证据是真实可靠的，也不能用来证明其主张成立。比如，申请日之后公开的出版物不能用作判断专利创造性的对比文件；非特定公众不能获悉的非公开出版物不能用来证明专利丧失新颖性、创造性。其次，应当分析证据的证明力。即使请求人提供的证据具有相关性，不同证据的证明力也是不同的。例如，直接证据的证明力比间接证据的证明力高；有利害关系的证人所作的证言的证明力就较低，不能单独证明某个事实，只能与其他证据相结合才能证明相关事实；生效法院判决、公证文书等公文书的证明力就很高。对请求人运用间接证据证明其请求理由的，应注意分析其能够达到《审查指南》规定的标准。《审查指南》规定，使用间接证据认定事实必须遵循以下规则：证据本身必须真实可靠；所用的作为认定事实根据的间接证据之间不得存在矛盾；间接证据必须形成一个完整的证明体系；使用间接证据组成的证明体系得出的结论必须是惟一的。各个诉讼法和最高法院司法解释关于证据能力和证明能力的规定都可以作为判断请求人提交的证据的证明力的规则。

　　第四，分析请求人提供的证据和事实是否可能得出其主张的请求理由之外的结论。在进行前述分析之后，即使能够得出请求人提出的证据不足以支持其请求理由的结论，也并不意味着就万事大吉。有的时候，虽然请求人收集提交了极为有力的证据，但由于疏忽甚至是未能完全充分地理解专利法律、法规的微妙之处，导致其陈述的请求理由不能得到证据的支持。比如，请求人提出的无效宣告请求理由是涉案专利缺乏新颖性，请求人提交的证据虽然不能证明涉案专利缺乏新颖性，但可能证明涉案专利缺乏创造性，被请求人就不能因为请求人没有提出缺乏创造性的无效理由就高枕无忧。因为专利复审委员会在无效宣告审查程序中依职权调查原则引入请求人没有提及的理由进行审查。因此，被请求人及其代理人应当全面评估请求人提交的证据以及所属技术领域内的公知常识性证据可能得出的结论，并据此制定可行的应对策略。《审查指南》对"依职权调查原则"是这样规定的："必要时，合议组可以依职权要求当事人针对其在规定的期限内主张的事实补充证据；必要时，合议组可以引入技术词典、技术手册、教科书等所属技术领域中的公知常识性的证据；必要时，特别是在因专利权存在请求人未提及的缺陷而使合议组不能针对请求人提出的无效宣告理由得到有意义的审查结论的情况下，合议组可以依职权对请求人未提及的理由进行审查。"

(三) 答辩意见

在前面工作的基础上，专利代理人应当与委托人一道研究确定如何向专利复审委员会陈述答辩意见。在对无效宣告请求书进行分析研究，并对被请求人（专利权人）和专利代理人收集的证据作出评估之后，应对无效宣告请求的审查结果作出大致的判断。专利无效宣告请求的审查结果分为维持、部分无效、全部无效三种。在现有证据基础上，专利代理人可以根据自己的知识、经验对可能的审查结果作出预断，并根据新的证据和案件的发展情况随时进行修正。对可能前景作出预断之后，应当确定究竟在陈述意见书中提出何种答辩意见。

第一，如果现有证据表明涉案专利明显缺乏新颖性，也就是说，请求人提出的一份真实有效的对比文件已经披露了涉案专利的全部技术特征，专利复审委员会作出宣告专利全部无效的审查决定是必然的，则可以说服专利权人放弃答辩，以免浪费资源。

第二，如果现有证据表明涉案专利可能被宣告全部无效，如根据现有证据很可能得出专利缺乏创造性，就应当尽早谋求其他的解决途径。比如，在与请求人之间存在专利侵权纠纷的情况下，与请求人谋求和解，由专利权人撤回侵权指控，请求人撤销无效宣告请求，或者是由专利权人以最优惠的条件给予请求人专利实施许可。在与请求人之间存在专利实施许可合同的情况下，或者是正准备就实施许可合同进行谈判的情况下，降低请求人获得专利实施许可的条件。通过实施许可的方式和解，在很多时候也是可行的，因为这种解决方式对双方来说都有一些好处。一是专利权人可以维持专利权的有效性；二是请求人以较低的许可条件获得了专利实施许可；三是专利继续有效可以阻止其他的竞争者或者是提高其他竞争者的成本，这是双方都愿意看到的结果。

第三，如果现有证据表明涉案被宣告部分无效的可能性非常大，则可以主动修改权利要求书。比如，独立权利要求缺乏新颖性或者创造性，而从属权利要求仍有可能维持，或者是对独立权利要求作出进一步的限定之后仍有可能维持，专利代理人可以与专利权人商讨，对权利要求书主动作出修改，以免专利被宣告全部无效。

在无效宣告请求程序中，发明或者实用新型专利权人对专利文件的修改仅限于权利要求书，并且应遵循以下原则：不得改变原权利要求的主题名称；与授权的权利要求书相比，不得扩大原权利要求的保护范围；不得超出原说明书和权利要求书记载的范围；一般不得增加未包含在授权的权利要求书中的技术特征。外观设计的专利权人则不得修改其专利文件。

根据《审查指南》的规定，修改权利要求书的具体方式一般是指权利要求的删除、合并和技术方案的删除。权利要求的删除是指从权利要求书中去掉某项或者某些项权利要求，如独立权利要求或者从属权利要求。权利要求的合并是指两项或者两项以上从属于同一独立权利要求的权利要求的合并，此时将所合并的权利要求的技术特征组合在一起，形成了新的权利要求。该新的权利要求应当包含被合并的权利要求中的全部技术特征。技术方案的删除是指从同一权利要求中并列的两种以上技术方案中删除一种或者一种以上技术方案。以上所述的修改方式既可以单独采用，也可以结合在一起采用。发明或者实用新型专利权人在专利复审委员会转送无效宣告请求书、转送新理由或新证据文件通知书及引入请求人未提及的理由或证据的无效宣告审查通知书指定的答复期限届满后只能以删除的方式修改权利要求。在作出审查决定之前，专利权人可以删除权利要求或者权利要求中包括的技术方案。以删除以外的方式修改权利要求的，合议组应当给予请求人针对这样修改的权利要求提出新的无效宣告理由、证据和意见的适当机会。

第四，如果现有证据表明，请求人提出的无效宣告请求难以成立，且现有证据也难以得出其他无效宣告请求理由的，就应当据理力争，提出驳回无效宣告请求、维持专利有效的答辩意见。

（四）意见陈述书的内容与格式

答辩意见以意见陈述书的方式向专利复审委员会提出，首页应当采用国家知识产权局统一印制的表格，并填写完整、准确。意见陈述书的正文分为三个部分。第一个部分说明案由，如"本意见陈述书是针对请求人×××于××××年×月×日对本专利提出的无效宣告请求所作出的答复。"第二部分陈述被请求人的请求，即陈述被请求人要求专利复审委员会维持专利权全部有效或者是在修改后的权利要求书的基础上维持专利权有效。例如，要求全部维持专利权，可写成："专利权人请求专利复审委员会驳回上述请求人提出的无效宣告请求，并按授权时公告的权利要求书和说明书维持本专利有效。"若要求部分维持专利权，可写成："专利权人考虑了上述请求人提出的无效宣告理由和提供的证据，对授权的专利文件作了修改，现请求专利复审委员会驳回上述请求人的无效宣告请求，并按附在本意见陈述书之后的、新修改的专利文件维持本专利权有效。"❶ 第三部分阐述专利权人提出上述请求的具体理由。如果专利权人的请求是维持专利权全部有效，可以针对请求人的请求理由逐条反驳，阐述自己的理由。如果被请求人的请求是在修改专利文件的基础上维持专利权有效，就应当指出修改的内容在原权利要求书中的位置，并阐明这些修改消除了原专利文件中的那些缺陷，以及如何能够维持专利权有效。专利权人修改专利申请文件的，应将修改后的专利文件附在意见陈述书之后，如需要列出修改对照表的，还应当将修改对照表附上。

五、对无效宣告请求审查通知书的答复

在通过形式审查之后，无效宣告请求就转入合议审查阶段。与复审程序相同，无效宣告请求审查的合议组也由三人或五人组成。根据案情需要，合议组可能会向双方发出无效宣告请求审查通知书，要求双方在指定期限内作出答复。专利代理人在收到通知书后应在指定的期限内作出答复，否则就视为未答复方已经得知通知书中所涉及的理由、事实和证据，并且未提出反对意见。

根据《审查指南》的规定，存在以下情形之一的，合议组可以向双方发出无效宣告请求审查通知书：①当事人提供的事实或者证据不清楚或者有疑问的；②专利权人对其权利要求书主动提出修改，但修改不符合《专利法》及其实施细则有关规定的；③需要引入请求人未提及的理由或者证据的；④需要发出"无效宣告请求审查通知书"的其他情形。

对专利复审委员会发出的无效宣告请求审查通知书，专利代理人应当认真对待。首先应当仔细阅读通知书，以明白合议组已经做了些什么（如通知书中引入请求人未提及的理由或证据，表明合议组倾向于根据这些理由或证据作出审查决定；审查通知书中给出建议的权利要求，就意味着该专利有可能在建议的权利要求的基础上维持有效），又要求请求人或者被请求人做什么（如要求请求人对其提出的事实或者证据进行澄清，或者是因为专利权人对权利要求

---

❶ 尹新天. 专利代理概论[M]. 北京:知识产权出版社,2002:404-405.

书主动作出的修改不符合《专利法》及其实施细则而要求其作出进一步的修改）。然后，对有利于本方的通知内容，应积极予以配合，如提供有利于巩固本方观点的证据或者是对相关事实作出澄清，或者是对权利要求书作出有利于维持专利有效的修改等。对于不利于本方的通知内容，应当据理力争。在阅读审查通知书后，很多时候能够据此判断无效宣告请求的可能结果。如能够较为准确地判断可能会发生的审查结果，就应当据此对先前制定的策略及时进行调整。例如，如果请求人是专利侵权纠纷案件的被告，审查通知书又表明其提出的无效宣告请求很可能被驳回，请求人应当谋求与被请求人进行和解，如签订专利实施许可合同等。

六、口头审理

（一）口头审理的启动

根据《专利法实施细则》第七十条的规定，在无效宣告请求审查程序中，根据当事人的请求或者案件需要，专利复审委员会可以决定对无效宣告请求进行口头审理。口头审理程序类似于民事诉讼第一审程序中的开庭审理。在该程序中，由双方当事人陈述事实与理由、举证、质证、相互辩论，以利于合议组对双方争议问题作出准确的判断。口头审理主要包括调查阶段、辩论阶段、最后陈述意见阶段和宣布口头审理结论阶段。

当事人应当以书面形式向专利复审委员会提出口头审理的请求，并说明理由。根据《审查指南》的规定，当事人可以依据下述理由请求进行口头审理：①当事人一方要求同对方当面质证和辩论；②需要当面向合议组说明事实；③需要实物演示；④需要请出具过证言的证人作证。当事人依据上述理由以书面方式提出口头审理请求的，一般情况下，合议组应当同意进行口头审理。

根据案情需要，合议组可以自行决定进行口头审理。凡确定需要进行口头审理的，合议组应当向当事人发出口头审理通知书，通知举行口头审理的时间和地点等事宜。请求人不参加口头审理的，其无效宣告请求视为撤回；被请求人不参加口头审理的，可以缺席审理。

（二）口头审理的进行

口头审理由合议组组长主持。合议组组长宣布口头审理开始后，介绍合议组成员；由当事人介绍出席口头审理的人员，并询问双方当事人对于出席人员资格有无异议；合议组组长宣读双方当事人的权利和义务；询问当事人是否请求审案人员回避，是否请证人作证和请求演示物证。

合议组还应当询问当事人是否有和解的愿望。双方当事人均有和解愿望的，暂停审理；双方和解条件差别较小的，可以中止口头审理；双方和解条件差别较大，难以短时间内达成和解协议的，或者任何一方当事人没有和解愿望的，口头审理继续进行。

口头审理随后进入调查阶段，先由请求人陈述无效宣告请求的范围及其理由，并简要陈述有关事实和证据，再由被请求人进行答辩。其后，由合议组就本案的无效宣告请求的范围、理由和各方当事人提交的证据进行核对，确定口头审理的审理范围。当事人当庭提交新证据的，合议组应当根据有关规定判断所述证据是否予以考虑。决定予以考虑的，合议组应当给予首次收到所述证据的对方当事人选择当时口头答辩或者以后进行书面答辩的权利。接下来，由请求人就无效宣告请求的理由及所依据的事实和证据进行举证，然后由被请求人进行质证，需要时被请求人可以提出反证，由对方当事人进行质证。案件存在多个无效宣告请求理由、待证事实或者证据的，可以要求当事人按照无效宣告请求的理由和待证事实逐个举证和质证。在口头审理调查过程中，为了全面、客观地查清案件事实，合议组成员可以就有关事实和证据向当事人或者证人提问，也可以要求当事人或者证人作出解释。

调查结束后，开始进入口头审理辩论阶段。在双方当事人对案件证据和事实无争议的情况下，可以在双方当事人对证据和事实予以确认的基础上，直接进行口头审理辩论。由当事人就证据所表明的事实、争议的问题和适用的法律、法规各自陈述其意见，并进行辩论。在口头审理辩论时，合议组成员可以提问，但不得发表自己的倾向性意见，也不得与任何一方当事人辩论。在口头审理辩论过程中，当事人又提出事先已提交过、但未经调查的事实或者证据的，合议组组长可以宣布中止辩论，恢复口头审理调查。调查结束后，继续进行口头审理辩论。

在双方当事人的辩论意见表达完毕后，由双方当事人作最后意见陈述。在进行最后意见陈述时，请求人可以坚持原无效宣告请求，也可以撤回无效宣告请求，还可以放弃无效宣告请求的部分理由及相应证据，或者缩小无效宣告请求的范围；被请求人可以坚持要求驳回请求人的无效宣告请求，也可以声明缩小专利保护范围或者放弃部分权利要求。此时，合议组会再次征询双方当事人是否有和解可能。

当事人最后陈述结束后，由合议组组长宣布暂时休庭，由合议组举行合议组会议进行合议。随后，重新开始口头审理，合议组组长宣布口头审理结论。口头审理结论可以是审查决定的结论，也可以是其他结论。审查决定书随后寄送或者择日以书面方式作出审查决定。

在口头审理过程中，合议组会给予当事人两次进行和解的机会。特别是在最后意见陈述之后，经过口头审理，无效宣告请求的前景已经基本明朗，处于劣势的一方当事人更应该充分利用这些机会，以通过相互妥协的方式争取较为有利的结果。

第十三章 专利转让、许可中的代理

第一节 专利权人的权利

经过法定审查程序，对于符合《专利法》及其实施细则规定的专利授予条件的专利申请，国家知识产权局会作出授予专利权的决定，并进行公告。经过授权后，专利权人就享有了专利权的所有权利。

《专利法》第十一条规定："发明和实用新型专利权被授予后，除本法另有规定的以外，任何单位或者个人未经专利权人许可，都不得实施其专利，即不得为生产经营目的制造、使用、许诺销售、销售、进口其专利产品，或者使用其专利方法以及使用、许诺销售、销售、进口依照该专利方法直接获得的产品。外观设计专利权被授予后，任何单位或者个人未经专利权人许可，都不得实施其专利，即不得为生产经营目的制造、销售、进口其外观设计专利产品。"专利权人享有的权利主要包括实施权、处分权和标记权。所谓"为生产经营目的"，是指为了工农业生产或者商业经营等目的，不限于以营利为目的，但不包括个人使用或者消费目的。从专利权人享有的权利来看，专利权主要是财产权利。

一、实施权

实施权是指专利权人对其专利产品或者专利方法依法享有的进行制造、使用、许诺销售、销售和进口的专有权利。也就是说，专利权人享有独占性地实施其专利技术或专利设计的权利。实施权主要包括三个方面：一是专利权人有权自行实施其发明创造；二是专利权人有权许可他人实施发明创造并收取许可使用费；三是专利权人有权禁止他人未经其许可擅自实施发明创造，以确保自己独占性实施权的实现。专利实施权前两个方面属于专利权的积极权能，即由专利权人自己或者是由其许可他人实施专利的权利；后一个方面属于专利权的消极权能，又称之为"禁止权"，即禁止他人未经许可实施专利的权利。这两种权能所覆盖的范围是不同的，专利权的积极权能授予专利权人实施或者许可他人实施该专利技术或专利设计的权利，而消极权能则不但允许专利权人禁止他人未经许可实施该专利技术或专利设计，而且允许专利权人可以禁止他人实施与授权专利技术等同的技术。

专利权人获得专利授权后，并不意味着专利权人就当然能够不受限制地实施其专利技术或专利设计。专利权的授予只是表明他人未经专利权人的许可不得实施其专利，但专利权人自己实施其专利却可能存在一些限制。比如，如果专利权人持有的专利属于从属专利，也就是在他人专利的基础上经过改进而获得的专利，因此又称为改进专利，专利权人未经基础专利的专利权人的许可就不能实施自己的专利，否则就构成对基础专利的侵权。

二、处分权

处分权是指专利权人有权将其专利权进行转让、许可、赠与、投资、质押、放弃等处分的权利。转让权是指专利权人将其对发明创造所享有的财产权利转让给他人的权利，如排他使用、收益、处分等财产权利。许可权是指专利权人通过许可合同的方式，允许他人实施其专利并收取专利使用费的权利。专利权的赠与和以专利权投资，与专利权的转让一样，也是属于专利权的移转，即发生了专利权属的变更。以专利权进行质押，是指专利权人以自己享有的专利权作为出质标的，为自己或第三人的债务进行担保的行为，即在专利权上设定负担。根据《专利法》及其实施细则的规定，专利权属的变更和设定负担的行为，都应当向国务院专利行政部门登记，并由国务院专利行政部门予以公告。

三、标记权

标记权是指在专利权有效期内，专利权人有权在专利产品、依照专利方法直接获得的产品或者该产品的包装、容器、说明书、广告等上面作出专利标记和标明专利号的权利。在许可他人实施其专利的情况下，被许可人也可以在有

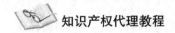

关专利产品的包装、说明书、广告等处附贴专利标记。

第二节　专利权属移转中的代理

专利权属的移转包括专利权的转让、赠与、继承和以专利权作为出资。在专利授权审批过程中，专利申请权也可以转让、赠与和继承，但以专利申请权作为出资尚是一个没有定论的问题。因为将专利申请权作为出资，但专利申请权又存在一些不确定性，有可能对其他出资人和债权人的利益造成损害，如专利申请最终没有获得授权的情况。

《专利法》第十条第一款规定："专利申请权和专利可以转让。"专利权属于无形的财产权利，与其他财产权利一样，是可以转让的。

一、专利申请权的转让

专利申请权是指一项发明创造产生之后，该发明创造的所有人享有的向专利局提出专利申请、并基于该申请取得专利权的权利。该权利产生于发明创造产生之时，止于专利申请被批准或者被驳回之时。专利申请权在专利申请的不同阶段表现为两种形式：一是申请专利的权利，即向国家知识产权局提出专利申请文件的权利；二是提出专利申请之后，对该"专利申请"享有的权利。❶由此可见，专利申请权很明显包含财产内容，但是其财产内容是不确定的。原因有二：一是能否获得专利权是不确定的；二是在获得专利授权之前，其权利范围是不确定的。正因为如此，在专利申请权转让的时候，就应当特别注意这两点不确定性可能产生的后果。第一，作为让与人，作出能够获得专利权及专利权保护范围的判断是非常困难的，也是比较危险的。在国家知识产权局公布其他相关专利申请之前，专利申请权的让与人要判断是否存在抵触申请是比较困难的；在该专利申请被批准之前，让与人要判断其专利申请可能获得的保护范围，也是极为不容易的。第二，对受让人而言，要评估专利申请权的价值，就必须能够确定可能获得授权的专利的保护范围，而在专利申请获得授权之前，这几乎是不可能的。因此，在受让专利申请权之前，应当对其中存在的风

---

❶　谭启平．专利制度研究[M]．北京：法律出版社，2005：116-117．

险进行充分的评估。在一些极端例子里，专利申请权的受让人不但不能获得专利授权，甚至可能不能实施该专利申请权所对应的技术方案。比如存在相抵触的在先申请的情况下，在他人的专利申请获得授权之后，受让人实施该技术方案就侵犯别人的专利权。

二、专利权的转让

专利权的转让也同样存在一定风险，虽然其风险要比专利申请权的转让要低得多。专利权只是被推定有效的独占权利，一旦推定被推翻了，专利权的独占权利也就不存在了。如果专利被国家知识产权局宣告全部无效，专利权就灭失；如果被宣告部分无效，则专利权的保护范围缩小，其价值当然也降低。因此，在专利权转让过程中，受让人对存在的风险应有充分的估计。

专利权只能作为一个整体转让，因为在理论上一个专利涉及一项发明，专利的客体是一个单一体。❶ 在专利权属于多人共有的情况下，专利权人可以将自己享有的份额转让出去，但是应征得其他共有人的同意。共有人中的其他人在同等条件下有优先受让的权利。

专利权转让合同应当包含的内容与专利申请权转让合同的内容相差不大，此不赘述。与专利申请权转让合同一样，专利权转让合同也应当采取书面形式，并向国家知识产权局进行登记。

三、转让合同的内容

如前所述，专利申请权存在一定的不确定性，专利申请权的转让存在相当大的风险，特别是对受让人而言。虽然专利权转让的风险较之专利申请权的转让要低一些，但并不是说没有风险。因此，专利申请权或专利权转让合同双方都应当对合同内容作出详细的约定。参照国家知识产权局专利局制定的《专利申请权转让合同签订指南》和《专利权转让合同签订指南》，专利申请权或专利权转让合同应当包含以下内容（根据转让的标的是专利权或专利申请权，内容稍有差异）：

第一，前言。包括转让人和受让人的姓名或名称，专利申请的名称、申请

---

❶ 汤宗舜．专利法教程［M］．3 版．北京：法律出版社，2003：178.

号、申请日、公开号和公开日、专利号、公告号和公告日；转让人是否享有优先权；转让人和受让人对转让专利申请权及其优先权，或者是专利权的合意。

第二，转让人向受让人交付的资料。①向国家知识产权局递交的全部专利申请文件，包括说明书、权利要求书、附图、摘要及摘要附图、请求书、意见陈述书及著录事项变更、权利丧失后恢复权利的审批决定，代理委托书等。如果专利申请是按照《专利合作条约》提出的国际申请，还应当包括所有国际申请的申请文件。②国家知识产权局发给转让人的所有文件，包括受理通知书、中间文件、授权决定、专利证书及副本等。③转让人已许可他人实施的专利申请实施许可合同，包括合同附件（即与实施该专利申请有关的技术、工艺等文件）。④国家知识产权局出具的专利申请权或专利权有效的证明文件，指最近一次专利申请维持费缴费凭证或国家知识产权局的专利法律状况登记簿，或者是在专利权撤销或无效请求中，国家知识产权局或专利复审委员会或人民法院做出的维持专利权有效的决定等。如果转让需要得到上级主管部门或国务院有关主管部门的批准，还需要提供批准转让的文件。

第三，交付资料的时间、地点及方式。可以约定资料交付的条件，如是否与转让费的支付挂钩；也可以约定资料的交付是否作为转让合同生效的条件等。

第四，专利申请或专利实施和实施许可的情况及处置办法。在转让合同签订前，转让人已经实施该专利申请或专利的，转让合同可约定在本合同生效后，转让人可继续实施或停止实施该专利申请或专利。转让合同没有对此作出约定的，转让人应停止实施。如果约定转让人继续实施，可以约定转让人实施的规模、是否交纳使用费等内容。在本合同签订前，转让人已经许可他人实施的许可合同，其权利义务在本合同生效之日起转移给受让人。

第五，转让费及支付方式。可以约定转让费的支付条件、时间、地点和方式。

第六，优先权的处理办法。本国优先权必须与专利申请权一起转让；国外优先权可以由双方约定是否转让。转让优先权的，需提供有关优先权的证明，如优先权申请文件、要求优先权证明、优先权有效证明等。

第七，专利申请被驳回或者是专利权被宣告无效后的责任。双方可以分别原因对专利申请被驳回的情形约定各自的责任。一般而言，专利申请因为以下原因被驳回的，转让人应当承担违约责任，受让人可以不付或者少付转让费：

因为转让人不是该专利申请的合法申请人、或侵害他人专利权或专利申请权，专利申请被驳回的；因为转让人未充分公开自己的专利申请请求保护的申请主题，专利申请被驳回的。由于其他原因，专利申请被驳回的，双方可以约定处理办法。如：因为与在先申请相抵触而被驳回申请的，因为该专利申请缺乏新颖性、创造性或实用性而被驳回的等。双方还应当对转让合同登记公告后，应当由谁负责对知识产权局的有关通知进行答复和缴纳有关费用，作出约定。一般情况下，这些义务应当由受让人承担。合同也可以约定，转让人应当协助受让人，比如协助受让人对专利审查过程中的有关通知进行答复的工作，因为在多数情况下，转让人对专利申请的主题要熟悉一些，能够作出更好的阐述和判断。

根据《专利法》第四十七条的规定，在合同成立后，转让方的专利权被撤销或被宣告无效时，如无明显违反公平原则，且转让方无恶意给受让方造成损失，则转让方不向受让方返还转让费，受让方也不返还全部资料。如果合同的签订明显违反公平原则，或转让方有意给受让方造成损失的，转让方应返还转让费。如果他人向国家知识产权局提出请求撤销专利权，或请求专利复审委员会对该专利权宣告无效或对复审委员会的决定（对发明专利）不服向人民法院起诉时，在合同成立时，应约定由转让方或受让方负责答辩，并对由此发生的费用的承担作出约定。一般而言，应由受让方负责答辩并承担相应的费用。

第八，过渡期条款。主要是对合同签订到国家知识产权局登记公告这段时间，双方对专利申请或专利权有效性的维持各自应承担的义务。①在转让合同签订后，至国家知识产权局登记公告之日止，转让人应维持专利申请或专利权的有效性。在该期间内，应当缴纳的申请费、实质审查请求费、专利年费，由转让人承担。②转让合同在知识产权局登记公告后，由受让人负责维持专利申请或专利权的有效性。③在过渡期内，由于不可抗力导致转让人或受让人不能履行合同的，本合同即可解除。

第九，税费。转让专利申请权或专利权应当缴纳的税费，如营业税、印花税、所得税、著录事项变更手续费等，双方应当对此作出约定。①转让人和受让人均为中国公民或法人的，转让合同所涉及的转让费需缴纳的税款，依中国税收法律，由转让人纳税。②转让人是境外居民或单位的，按中国税收法律，由转让人向中国税务机关纳税。③转让人是中国公民或法人，受让人是境外单位或个人的，按对方国家或地区税法纳税。

第十，违约及索赔。由双方对违约责任和索赔事项作出约定。双方可以约定转让人对下列行为应当承担违约责任：①拒不交付合同约定的全部资料，办理专利申请权或专利权转让手续的，受让人有权解除合同，要求转让人返还转让费并支付违约金。②转让人无正当理由，逾期交付资料或办理专利申请权、专利权转让手续的，转让人应按逾期的时间支付违约金；如逾期超过一定期限，受让人有权终止合同，要求转让人返还转让费并承担违约责任。③转让人未履行过渡期条款规定的义务的，应当向受让人承担违约责任，包括支付违约金等。

受让人应当对下列行为承担违约责任：①受让人拒付转让费的，转让人有权解除合同，要求返还交付的全部资料，要求支付违约金并赔偿损失。②受让人延期支付转让费的，应当按逾期时间向转让人支付违约金；如逾期超过一定期限，转让人有权终止合同，要求受让人返还全部资料、支付违约金、赔偿损失。③受让人未履行过渡期条款规定的义务的，应当向转让人承担违约责任。双方还可以约定，一方违反合同规定的其他义务的，应当承担的违约责任、违约金的数额、损失计算方法等。

第十一，争议解决办法。双方可以约定，因专利申请权或专利权转让合同的履行而发生争议，应当按照何种程序解决争议。双方可以选择协商解决或者提请专利管理机关（转让人所在地、受让人所在地或合同签订地等）调处；自行协商或调处未能解决争议的，双方可以约定通过诉讼或者仲裁的方式解决。转让合同对解决争议的法院作出选择的，应当在转让人所在地、受让人所在地、合同签订地、合同履行地法院中进行选择。如果选择以仲裁方式解决争议的，应当指定某个具体的仲裁委员会。

第十二，合同的生效。转让合同经双方签章并满足合同约定的生效条件后生效。合同生效后，对双方即具有法律约束力。双方应当将转让合同提交国家知识产权局进行登记，并办理专利申请权或专利权著录事项变更手续，由国家知识产权局进行公告。专利申请权或专利权的转让自登记之日起生效。

当然，每个专利申请权或专利权转让合同都会存在一些特别的情况，双方都会针对这些特定情况作出专门的约定，这些约定也构成合同的内容，此处不一一列举。

四、转让合同的形式与登记

当事人订立合同，除法律有特别规定之外，可以自由选择合同形式。合同形式有书面形式、口头形式和其他形式，如电子数据交换等。专利申请权和专利权转让合同必须采取法律规定的法定形式，即书面形式。《专利法》第十条第三款规定："转让专利申请权或者专利权的，当事人应当订立书面合同，并向国务院专利行政部门登记，由国务院专利行政部门予以公告。专利申请权或者专利权的转让自登记之日起生效。"

专利申请权或专利权转让合同签订后，应当向国家知识产权局登记。只有登记之后，转让合同才具有对抗第三人的效力。比如，转让人与受让人签订了专利申请权或专利权转让合同，但是未向国家知识产权局办理登记，转让人此后又将专利申请权或专利权转让给第三人，并且将与第三人之间的转让合同向国家知识产权局办理了登记，受让人就不能以其转让合同签订在先为由，主张转让人与第三人签订的转让合同无效。因此，向国家知识产权局办理登记是受让人取得专利申请权或专利权的必经之路。

登记是以变更专利申请或专利权著录项目的形式进行的，即将专利申请的申请人或专利权人由转让人变更为受让人。办理专利申请或专利权的权利变更，应当提交著录项目变更申报书和相关证明材料，并缴纳著录项目变更手续费。申报书应当注明变更项目。根据《审查指南》的规定，专利申请人或专利权人因权利的转让或赠与发生权利转移的，要求变更专利申请人或专利权人的，必须提交转让或赠与合同的原件或经公证的复印件；该合同由法人订立的，必须由法定代表人或者其授权的人在合同上签名或盖章，并加盖法人的公章或者合同专用章，必要时需提交公证文件。有多个专利申请人或专利权人时，应提交全体权利人同意转让或赠与的证明材料。如果专利申请权或专利权的转让涉及境外居民或法人的，还应当符合以下规定：①如果转让人和受让人均是外国人、外国企业或者外国其他组织的，应当提交双方签字或者盖章的转让合同；②如果发明或者实用新型专利申请（或专利）的转让人是中国内地的单位或个人，受让人是境外个人、企业或其他组织的，应当出具国务院商务主管部门颁发的《技术出口许可证》或者《自由出口技术合同登记证书》，或者是地方商务主管部门颁发的《自由出口技术合同登记证书》，以及双方签字或者盖章的转让合同文本；③如果转让人是境外个人、企业或者其他组织，受让人是中国内地的单位或个人的，必须出具双方签章的转让合同；④上述专利申请权或专利权转让的著录项目变更手续，必须由作为转让方的专利申请人（或专利权人）或者其委托的专利代理机构提交著录项目变更申报书。上述的境外个人、企业或者其他组织是指在中国内地没有经常居所或营业所的外国人、外国企业或者外国其他组织，以及港、澳、台地区的个人、企业或者其他组织。在中国内地有经常居所或营业所的，可按有关中国内地的单位或个人专利申请权转让的规定办理。

第三节　专利实施许可合同的代理

专利权人获得专利授权后，专利权人便拥有了实施专利技术的排他权利。专利权人可以自己实施其专利，也可以许可他人实施其专利。通过许可他人实施其专利，专利权人不但能够获得许可使用费，而且可以作为其企业发展战略的重要组成部分。特别是拥有某个技术领域中的关键专利的企业，不但可以通过选择实施许可的被许可人形成战略协作关系，而且可以通过拒绝对某些企业给予实施许可证的方式来达到排挤竞争对手，或者是改变竞争方向、竞争领域等目的。总之，专利实施许可不仅仅是一种技术许可或转让，还应当将其作为企业发展战略的重要组成部分，特别是对大型企业或企业集团而言更是如此。

一、专利实施许可的类型

专利实施许可是指专利权人以书面许可合同的形式，同意被许可人在一定的期限、地域范围内依据一定的方式实施其专利，又称为专利许可证贸易或专利自愿许可。专利权人之外的其他人只有取得专利权人的许可之后，才能实施其专利，除非获得了国家知识产权局作出的给予强制许可的决定。

专利实施强制许可是指专利行政管理部门无需专利权人同意而依照法律规定直接给予专利权人之外的其他人实施专利的许可。强制许可是为了专利权人滥用专利权（如以专利权遏制竞争等）、促进专利技术实施（如基础专利与从属专利之间的相互强制许可等）、维护国家利益和社会公共利益（如国家出现紧急状态或非常情况时，或者为了公共利益的目的，国务院有关主管部门可以根据《专利法》第四十九条的规定，建议国家知识产权局给予其指定的具备实施条件的单位强制许可)。一般情况下，强制许可应当由相关单位或个人提出强制许可申请，经国家知识产权局审查并符合法律规定的条件，才可作出强制许可决定。根据2012年5月实施的《专利实施强制许可办法》(国家知识产权局令第六十四号)的规定，强制许可申请人应当向国家知识产权局提交强制许可请求书及其附加文件一式二份。强制许可请求书中应当载明以下内容：①申请人的姓名或者名称、地址、邮政编码、联系人及电话；②申请人的国籍或者注册的国家或地区；③请求给予强制许可的发明专利或实用新型专利的名称、专利号、申请日、授权公告日和专利权人的姓名或名称；④请求给予强制许可的理由、事实和期限；⑤请求人委托专利代理机构的，受托机构的名称、机构代码及该机构指定的代理人的姓名、执业证号码、联系电话；⑥请求人的签字或者盖章，委托代理机构的，还应当有该机构的盖章；⑦附加文件清单；(8)其他需要注明的事项。

专利实施许可合同属于许可人与被许可人通过自愿协商而达成的实施专利的协议，它与专利强制许可受到法律规定的各种条件的限制不同，专利实施许可合同基本上是不受限制，除非许可行为违反了《合同法》第三百二十九条或者是《中华人民共和国反垄断法》(以下简称《反垄断法》)的规定。

根据被许可人取得的实施权的范围不同，专利实施许可可以分为独占实施许可、排他实施许可、普通实施许可、交叉实施许可、分实施许可几种不同的类型。

(一) 独占实施许可

独占实施许可简称"独占许可"，是指专利权人同意被许可人在约定的时间期间内，在约定的地域范围内享有独占实施其专利的权利，而且许可人自己不得实施专利，也不得再许可他人实施。在独占许可的情形下，包括专利权人在内的其他人在约定的范围内不得实施该专利，被许可人取得了独占实施该专利的排他权利。但并不是说独占实施许可的被许可人就取得了专利权人的地位，因为被许可人不能转让该专利权，除非许可合同另有约定，被许可人也无权发放分许可证。

(二) 排他实施许可

排他实施许可简称"排他许可"，是指在约定的期间和地域范围内，专利

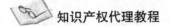

权人同意只许可一个被许可人实施其专利，但专利权人自己有权实施该专利。在排他实施许可的情形下，在约定的时间和地域范围内，专利权人无权再许可他人实施该权利，但保留了自己实施该专利的权利。

（三）普通实施许可

普通实施许可简称"普通许可"，是专利实施许可中最为常见的一种许可方式，是指专利权人许可他人实施其专利，但同时保留自己实施该专利及许可第三人实施该专利的权利。

（四）交叉实施许可

交叉实施许可简称"交叉许可"，也称作"相互许可"或"互换许可"，是指许可合同的双方互相许可对方实施自己的某个或某些专利。交叉许可既可以让许可人和被许可人都能够获得自己所需要的专利技术的实施权，也有利于双方建立合作关系。因此，订立交叉许可的双方一般也是为了达到这两个目的或者其中之一而为的。

（五）分实施许可

分实施许可简称"分许可"，也称作"再转让许可"或"转许可"，是指基本许可中的被许可人，依据基本许可合同，再许可第三人实施同一专利的许可。分许可中存在两个许可合同，一是专利权人作为许可人，与被许可人订立的专利实施许可合同，称为基本许可合同，被许可人获得的是基本许可。基本许可合同中允许被许可人再向第三人发放专利实施许可证。二是被许可人根据基本许可合同，与第三人签订的专利实施许可合同，即分许可合同。被许可人应当在与专利权人约定的范围内发放分实施许可证，并按照约定向专利权人支付发放分实施许可证的专利许可使用费。在独占许可合同、排他许可合同、普通许可合同中，都可以约定被许可人发放分许可证的相关内容。

二、发放专利实施许可证的利弊分析

专利权是一种排他权利，它赋予专利权人实施其专利的排他权利，他人未经专利权人的许可不得实施其专利。虽然如此，并不是所有的专利权人都依靠自己的能力来实施其专利。出于各种考虑，专利权人通常都会在一定范围内发放某种专利实施许可证。比如，专利权人没有能力实施专利，可以通过发放许可证获得收益；为了与其他企业结成合作关系，或者是遏制竞争对手，专利权人都可能选择某些对象发放专利实施许可证。虽然发放许可证能够达到专利权人的很多目的，给专利权人带来相当多的利益，但同样会给专利权人造成某些不利之处。比如，失去对专利技术的独家控制，收益上对他人形成依赖等。在发放专利实施许可证之前，对发放许可证所可能造成的影响及其利弊有一个比较清晰的认识，才能够帮助专利权人在许可合同的谈判中争取最为有利的条款。❶

（一）　发放专利实施许可证的商业利益

专利权人享有禁止他人为生产经营目的制造、使用、许诺销售、销售、进口其专利产品，或者使用其专利方法以及使用、许诺销售、销售、进口依照该专利方法直接获得的产品的权利。通过发放许可证，专利权人往往能够获得比自己独自实施更多的商业利益。

1. 收购资源

发放实施许可证的首要商业利益是以"杠杆收购法"收购商业资源，也就是以许可证为代价收购更多的商业资源。专利实施需要相关的基础设施、设备及管理人员、商业渠道等，而专利权人并不一定都拥有这些资源。通过发放许可证，专利权人能够利用他人的这些资源，使他人的资源为自己所用，从而变相的收购他人的商业资源。

2. 扩展地理市场

对于那些专利权人是个人或中小企业的专利而言，要想将专利产品的市场尽可能地扩展到专利权有效的地域范围内，几乎是不可能的。即使是大型企业或者是跨国公司，希望独自占领专利产品的整个市场，虽然不是不可能的，也是非常困难的。通过有选择地发放许可证，专利权人就能将其专利产品或者是依照其专利方法直接获得的产品扩展到自己力所不能及的地理区域。

3. 扩展产品市场

专利权人的专利可能适用于多个产品领域，而专利权人自己又没有相应的能力将专利技术扩展到其他的产品领域。如研究机构开发出作为检测和诊断工

---

❶　Jay Dratler, Jr. 知识产权许可（上册）[M]. 王春燕,等译. 北京:清华大学出版社,2003:13-30.

具的用于体外的单克隆抗体，并获得了专利权。因为对使用于体外的产品规定的审查程序相对简单，这种产品很快投入市场。这种技术也能运用于开发用于体内的药品及生物制剂，但对此类产品的批准程序时间更长，并且需要更大的花费、临床试验等，而研究机构本身并不具备这样的能力。通过向大型药品公司发放专利实施许可证，专利权人就能将其专利的产品市场扩展到药品市场。

4. 先期进入市场

在一些技术更新换代周期比较短，或者是存在较多替代技术的领域，进入市场的时机就决定了成败。一旦失去了进入市场的时机，即使是获得了专利的技术，也可能面临被淘汰的命运。如果专利权人不具备快速进入市场所需的资本和人员，就可以通过发放许可证的方式，由那些拥有足够资源的被许可人快速进入市场，从而占据并引领产品市场，以阻止或延缓替代技术的进入。一旦专利权人的专利技术在市场中站稳了脚跟，专利权人的利益就获得了保障。

5. 通过互补产品增强市场渗透力

当某些产品与其他产品结合使用或一同销售就能获得最佳的销售业绩。比如，专利权人拥有的专利只涉及某种产品的部件，如果该种产品从最初投放市场开始就装备这种专利产品，该专利产品的销售就可能获得更大的市场份额。如果专利权人将其专利产品单独销售，可能难以获得这种效果。在这种情况下，专利权人发放许可证就能给自己带来更大的收益。

6. 获取附加收益

如果专利权人的专利能够在多个技术领域中运用，而专利权人只涉足了其中的一个或几个领域，且对涉足其他领域没有兴趣，或者是进入其他领域成本过高，专利权人就可以通过发放许可证，来获取其专利运用于其他领域的收益。

7. 技术"易货贸易"

交叉许可属于典型的易货贸易，双方将自己拥有的专利许可对方实施，从而能够使各方从对方获得自己所需的专利技术。许可合同中的回授条款，即规定被许可人在许可期间对被许可的专利技术的改进应回授给许可人的条款，也属于易货贸易。回授条款可以确保专利权人在许可他人实施其专利后，能够及时获得被许可人对专利技术的最新改进，从而保证许可人不致因为发放许可证的行为而导致在技术上落后于被许可人。

8. 提高声誉和信誉

专利实施许可证的发放，可以扩大专利技术的使用范围，也就相应地提高了专利权人的声誉和信誉。即使专利产品的最终消费者不知道谁是专利权人，但是相关技术领域的专家是知道的，这有助于专利权人扩大其在该专利技术领域中的影响力。

（二）发放专利实施许可证的不利之处

1. 失去对利用的控制

专利实施许可就是许可他人实施自己拥有的专利，因此在专利权人发放实施许可证后，专利权人就会丧失对其专利进一步利用的控制。比如，发放制造许可证，专利权人就放弃了对制造过程和产品质量的各个细节的控制；发放销售许可证，专利权人就放弃了对广告宣传、销售渠道及被许可人的价格政策的控制。失去对专利产品质量、销售渠道、价格等的控制，反过来就可能影响专利产品的声誉。如果使用同样专利技术制造的产品质量低劣，就会影响消费者对其他使用该专利技术生产的产品的评价，即使其他的专利产品不存在那些问题。因此，如果专利权人自己也实施该专利，其产品的声誉和专利权人的信誉就会受到影响；如果还许可了其他人实施该专利，也会影响其他人的声誉和信誉，从而影响专利权人的收益。因为专利许可费通常是按制造或销售的产品数量或销售额计算的。当然，专利权人在发放许可证的时候，也可以要求列入控制条款，但这种做法既会遭到被许可人的反对，还可能违反《反垄断法》，构成限制竞争。如控制销售数量或价格的条款，很可能构成限制竞争的行为。

2. 失去与顾客的联系

与顾客之间的联系，对于识别市场的走向和产品与服务的创新具有重要的作用。专利权人许可他人实施其专利，专利权人就失去了，或者至少是部分失去了与顾客的联系。在这种情况下，来自最终用户的有关产品缺陷、消费需求、市场变化及对产品改进的建议等信息都流向了或者是部分流向了被许可人。失去了这些信息来源，对专利权人进行技术或产品创新都是一个重要的损失，而技术或产品创新能力的丧失必然会降低专利权人的竞争能力。

3. 失去发展激励

被许可人通过专利实施许可，就能够进入新的产品市场。如果许可人与被许可人在同一产品市场上进行竞争，许可人就可能会处于不利地位。因为该产品市场领域的研究人员、市场推销人员等会流向被许可人，从而给许可人的竞争能力带来损害。失去了竞争能力，专利权人可能会失去在该产品市场上的发展激励。

4. 失去垂直结合的激励

垂直结合是指每个公司都能够从事研究开发、产品提炼、试验、生产、销售和服务等各个环节的工作。发放专利实施许可证，就可能造成专利权人失去产品生产、销售和服务的动力或能力，从而使专利权人成为一个仅仅从事研究开发的企业。

5. 失去新的商业机会

技术的发展往往是多种因素相互作用的结果。在与相关领域内的其他公司合作的过程中，一个企业可能会发现扩展商业或者改进其产品或服务的机会。当专利权人发放许可证后，就失去了与相关领域内的其他公司进行合作的机会，相应地就失去了或者是部分失去了扩展商业或者改进其产品或服务的机会。

6. 收益上对他人的依赖

通过发放许可证，专利权人可以从他人实施其专利的活动中收取许可费。同时，专利权人就将自己的收益建立或者是部分建立在被许可人在许可活动中创造收益的努力上。如果被许可人从事许可活动遭遇失败，许可人就会受到牵连。如果专利权人的收入来源比较单一，被许可人的失败就可能对专利权人造成致命打击。如果授予的是独占许可证，且专利权人的收入来源有限，很可能形成专利权人反而变成了被许可人的附庸这种极为不利的局面。

7. 被盗用的危险

虽然专利都是公开的，但实际上，在很多发放专利实施许可证的事例中，都存在许可人向被许可人提供与专利实施相关的技术诀窍的情形。在许可人同时提供技术诀窍的情况下，虽然都会在合同中列入保密条款，但保密条款的执行却完全依赖于被许可人的诚实。因为技术诀窍只能作为商业秘密受到保护，它不能排除他人开发出同样的技术诀窍。因此，当被许可人将技术诀窍再转让给他人时，许可人将很难制止第三人对技术诀窍的使用。此外，在专利实施的过程中，可能发现该专利技术还可以运用于其他技术领域。如果专利权人自己实施该专利，新的发现就会成为专利权人收获的附带果实。但在许可使用的情况下，被许可人发现的东西一般就只会成为被许可人的财产。

8. 失去技术优势

获得专利实施许可，会提升被许可人的竞争能力，有时还会提升被许可人的研究开发能力。如果许可人与被许可人处于同一市场，被许可人就会成为许可人强有力的竞争对手，许可人也可能因此而失去在该领域中的技术优势。

三、专利实施许可合同的订立

（一）衡量许可的利弊，选择适当的许可证类型

如前所述，专利权人发放实施许可证，既会给许可人带来各种商业利益，也存在相当多的不利之处。在作出发放许可证决定之前，专利权人应当对发放许可证可能带来的利弊进行充分的评估，以判断是否发放专利实施许可证。首先，应当弄清专利权人发放许可证的目的。专利权人可能基于各种不同的目的而发放许可证，比如通过收取许可费增加收益、建立合作关系、扩展地理市场或产品市场、加快进入市场的速度、遏制竞争对手或潜在的竞争对手等。其次，应当对发放许可证可能带来的利益进行评价。主要应当评估许可证的发放是否能够达到专利权人的预定目的。再次，应当对发放许可证可能造成的危险作出预估，并研究能够采取哪些措施预防或降低这些风险。

对于被许可人而言，在签订许可协议之前，也应当对其中的利弊进行评估。通过评估，被许可人应当判断，签订专利实施许可合同是否与自己的长期战略目标相冲突，是否能够达到自己的预定目的，所获得的利益是否大于其带来的弊端，是否存在其他的可行选择，能否采取措施降低实施许可带来的可能危害等。被许可人在签订许可合同之前，还应当对许可的专利进行技术评估、经济评估和商业评估。技术评估首先是要评估所涉及的技术是否已经达到商业化水平。如果没有达到商业化水平，被许可人是否有能力进行商业开发研究。其次要确定实施被许可的专利是否会侵犯第三人的权利。经济评估是判断许可合同是否具有经济上的可行性。在进行经济评估的时候，应当考虑以下因素：①许可涉及的技术是否已经完成；②对许可涉及的技术是否具有预期的市场需求；③许可涉及的技术是否是许可人的自主知识产权，是否存在侵犯他人知识产权的可能性；④被许可人是否有通过实施被许可技术获得收益的必要条件，包括是否有足够的市场营销和管理能力，是否需要许可人提供这些方面的支持

和援助；⑤许可证的类型。❶ 商业评估主要是评估许可合同对被许可人的长远发展规划有何影响等。

在对专利实施许可带来的利弊作出评估之后，应当选择能够实现自己最大利益的许可证类型。不同的许可证类型，不仅其"价格"不同，而且对许可人和被许可人的影响也很大。如果许可人和被许可人对许可证类型的选择不一，就只能通过谈判解决相互之间的分歧。如果谈判不能达到自己的目的，要么选择放弃许可，要么在许可合同中加入一些能够保护自己利益的条款。

（二）对许可合同的评估

在许可合同的条款谈判确定之后，许可人和被许可人还应当对许可合同进行评估，以确定该许可合同能否成功地得到实施。如果评估的结果表明，即使签订了专利实施许可合同，该合同也很可能难以得到完全履行，许可人和被许可人就应当慎重考虑是否还要继续签订许可合同。

1. 下列因素有助于确保许可合同得到成功实施

（1）许可合同涉及的专利或者技术秘密具有明确的市场价值；

（2）许可人有良好的声誉和可靠性；

（3）选择可靠和有市场适应能力的伙伴作为被许可人；

（4）事先进行了全面的调查，特别是市场研究，确认订立许可合同符合预期的需要；

（5）许可人理解被许可人的利益和目标，在许可人与被许可人之间能够建立相互信任与尊重的关系；

（6）许可人与被许可人有密切联系，能够理解双方产生的问题，易于沟通；

（7）被许可人的工程技术人员有能力理解和掌握被许可的技术，能够实现平稳的运作；

（8）在被许可人需要技术援助的情况下，许可人能够提供指导和服务，必要时能够提供改进的技术；

（9）在被许可人需要商务和市场销售援助时，许可人能够根据许可合同的规定提供相关的信息或者援助；

---

❶ 尹新天．专利代理概论[M]．北京：知识产权出版社，2002：452．

（10）许可人配备专职人员以保证许可活动的按时进行并确保其质量；

（11）许可人进行的许可活动得到其公司顶层管理人员的充分支持，授予负责许可合同项目的管理人员进行灵活和及时处置问题的权利；

（12）许可人和被许可人在许可活动中诚实守信，准时高效；

（13）在许可人的商务或者销售与被许可人的制造和销售之间能够进行有效的合作。

2. 下列因素可能妨碍许可合同的成功实施

（1）产品的性能和设计不适合市场的需要；

（2）被许可人的所在国家或者区域不存在潜在的市场；

（3）被许可人不具有将其制造成本控制在适当范围内的能力；

（4）被许可人的技术人员和操作人员的技术水平低，没有经过良好的训练；

（5）被许可人难于支付与被许可技术的实际价值相对应的许可费；

（6）预期的利润或者实际利润太小，难于弥补许可人所花费的时间和劳力；

（7）许可人不能充分地提供被许可人所需的指导和服务；

（8）许可人只能提供很少的或者不能提供技术指导人员；

（9）被许可人不尊重或者不充分尊重合同，特别是被许可人不理解诸如保密和不得转移的约定，有可能损害被许可技术的财产价值；

（10）许可人不能与被许可人建立长期或者稳定的合作关系；

（11）许可人不具备有能力的项目管理人员来指导许可活动并对其负责；

（12）反垄断法对许可合同的适用性不明确；

（13）被许可人所在国家或者地区存在外汇控制方面的困难；

（14）被许可人所在国家或者地区对许可费征税过高；

（15）服务成本和总体管理成本过高，不能通过制造利润或者期望的提成费收入予以弥补；

（16）被许可人所在国家或者地区对技术的出口或者转让有法律上的限制。[1]

---

[1] 尹新天. 专利代理概论[M]. 北京：知识产权出版社，2002：444－446.

四、专利实施许可合同的内容

根据《专利法》第十二条的规定，任何单位或者个人实施他人专利的，应当与专利权人订立专利实施许可合同。通常情况下，专利实施许可合同应当包括以下内容。

（一）定义条款

主要是对许可合同使用的名词和术语进行定义，特别是界定这些名词和术语的范围。在专利实施许可合同中，一般应当对下列通用名词和术语进行定义：①专利。应指明合同中许可实施的专利的专利号、发明创造名称。如果许可合同涉及多项专利，应当分别指明各专利的专利号和发明创造名称。②技术秘密。指实施本合同专利所需要的、在工业化生产中有助于本合同技术的最佳利用、没有进入公共领域的技术。在专利实施许可合同中，通常会伴随着由许可人向被许可人提供技术秘密的内容。在定义条款中，应当对技术秘密进行界定，明确许可人提供的哪些技术属于技术秘密。③技术资料。指全部专利申请文件和与实施该专利有关的技术秘密及设计图纸、工艺图纸、工艺配方、工艺流程及制造合同产品所需的工装、设备清单等技术资料。④合同产品。指被许可人使用被许可的专利制造的产品，包括专利产品和依照专利方法直接获得的产品，并且应当指出产品的通用名称。⑤技术服务。指许可方为被许可方实施合同提供的技术所进行的服务，包括传授技术与培训人员。⑥销售额。指被许可方销售合同产品的总金额。⑦净销售额。一般指销售额减去包装费、运输费、税金、广告费、商业折扣。在定义中，应当明确指出哪些项目可以从销售额中扣除。如果合同产品属于中间产品，也就是由被许可人直接使用而没有进行销售的产品，还应当界定如何确定产品的销售价格。⑧净利润。指合同产品销售后，总销售额减去成本、税金后的利润额。此外，还应当对许可合同中使用的技术术语作出定义和解释，以免由于合同各方对技术术语的含义有不同理解而产生争议。

（二）专利许可的方式与范围

应当明确许可方式的独占许可、排他许可、普通许可、交叉许可或是分许可，并对许可方式进行解释。许可的范围包括被许可人实施专利的地域范围，也就是被许可人实施专利的活动应当限制在何种地理区域内。如果许可合同没有约定许可的地域范围，就意味着被许可人在专利权有效的地域范围内都有权实施专利。一般来说，专利权的效力只及于授予该专利的国家领域内。因此，如果没有特别声明，被许可人有权在整个国家领域内实施专利。此外，如果专利实施许可涉及专利产品的销售或者是依据专利方法直接获得的产品的销售，在专利权人明知其专利权已经权利用尽的情况下，仍然限制被许可人销售该产品的地域范围，就会被认为属于专利权的滥用，从而受到反垄断法的规制。

许可的范围还包括被许可人获得的是哪些权利，对于产品专利而言，一般包括专利技术的使用权、专利产品的制造权和销售权，是否包括进口权应当由双方作出明确约定。对于方法专利而言，一般包括对专利方法的使用权和销售依据该专利方法直接获得的产品的权利。此外，双方还应当明确，专利技术的使用是否仅限于合同产品的制造，被许可人是否可以将专利技术应用到其他产品的制造过程中。如果实施许可包括多项专利，应当分别对这些专利的许可范围作出规定。

如果许可合同还包括技术秘密的许可使用或转让，应当对技术秘密许可使用的范围作出约定。

（三）技术资料的交付与保密

应当以清单的形式列明许可人应当交付的全部技术资料，并约定技术资料交付的条件、时间、方式。如果涉及技术秘密，还应当对技术秘密的保密事项作出约定。包括知悉技术秘密的范围，技术秘密资料的存放、复制和分发，技术秘密资料的返还，保密期限等。

（四）许可合同的期限

一般情况下，许可合同的期限与专利权的有效期是一致的。如果许可合同涉及多项专利，许可合同的期限应当持续到所有专利权都期满为止。

（五）使用费及其支付方式

专利实施许可使用费的支付有多种方式，如一次总算一次支付、一次总算分期支付、从净销售额或税前利润中提成支付、入门费加提成、按制造或销售的产品数量提成等。在提成比例方面，有实行固定比例的，也有实行超额递减比例的。如果按照提成方式支付使用费，还应当约定计算方式、核算方式、支付期间等内容。

如果许可合同涉及多项专利，还应当明确规定是各项专利分别计算使用费的支付，还是多项专利总和计算使用费的支付。许可人一般倾向于总和计算，因为这种方式能够保证在其中任何一项专利仍然有效的情况下，许可人都能够获得使用费。被许可人选择各项专利分别计算使用费则较为有利，这样就可以在某项专利权期满或者被宣告无效后不用继续支付使用费。

（六）验收标准与方法

主要是约定如何确定被许可人生产出了合格的合同产品。包括合同产品应当达到何种标准，以何种方式确定是否达到标准，验收的费用承担，以及因技术缺陷造成不能生产出合格的合同产品的处理办法等。

（七）技术培训与服务

许可人应提供哪些技术培训和服务，培训的范围、费用承担、标准，服务的内容、方式、费用等。

（八）后续改进的提供与分享

许可人和被许可人对专利技术的后续改进，是否应当通知对方，是否许可对方使用，许可使用费如何计算，对后续改进的保密义务，对后续改进申请专利的权利等。

（九）技术担保与权利担保

技术担保是指许可人保证其提供实施的专利技术是完整的、可有效实施的技术。权利担保是指许可人保证自己是相关专利技术的合法拥有者，有权依法许可他人实施。为明确许可人的担保责任，应当约定在出现侵权的情况下如何处理。一是在合同有效期内，如有第三人指控被许可人实施的技术侵犯他人权利，许可人应当采取的行动和承担的责任。比如，许可人应当协助被许可人应诉、诉讼费用和律师费用的承担等；如果被许可人败诉，许可人应当承担的责任，如许可合同的终止、许可费的返还、赔偿损失等。二是在合同有效期内，发现第三人侵犯被许可的专利的，应当如何处理。比如，是由许可人或是被许可人负责向专利管理机关提出请求、向人民法院提起诉讼，相关费用的承担，一方不积极行动的责任等。如合同约定由许可人负责追究第三人的侵权责任，但许可人因为没有太多利益而怠于追究第三人的责任，由此给被许可人造成的损失如何承担等。

（十）专利权被撤销或被宣告无效的处理

一般来说，在许可合同有效期间内，专利权被撤销或被宣告无效的，应当按照以下原则处理：许可人的专利权被撤销或被宣告无效时，如无明显违反公平原则的情形，且许可人没有给被许可方造成损失的恶意，则许可人不必向被许可人返还专利使用费；许可人的专利权被撤销或被宣告无效时，因许可人有意给被许可方造成损失，或明显违反公平原则的，许可人应返还全部专利使用费，合同终止。当然，许可人和被许可人可以根据协商一致的原则约定另外的处理办法。

（十一）违约责任

双方可以约定何种行为构成对许可合同的违反，以及应当承担的违约责任。

（十二）争议解决办法

许可合同可以约定争议解决办法：自行协商或是申请专利管理机关调处；不能达成和解的，是选择仲裁还是向人民法院起诉；选择仲裁的，应指定仲裁机构；选择向法院起诉的，可以协议确定管辖的法院。

（十三）其他约定

在上述条款之外，许可人和被许可人还可以根据专利实施许可的具体情况，约定其他条款。如出现不可预见的技术问题如何解决，税费问题，是否给予被许可人最惠待遇的问题，许可合同是否可以转让的问题，不可抗力的问题，涉外许可合同的准据法问题，以及办理审批、备案的问题等。

（十四）合同的生效、变更与终止

可以约定许可合同在何种条件下生效，是签章生效或是满足一定条件后才生效。如无特别约定，许可合同自合同成立即生效。双方还可以约定在何种情形下，可以变更或终止许可合同，以及终止合同后的后续处理等事项。

五、专利实施许可合同的备案

根据《专利法实施细则》第十四条第二款的规定，专利权人与他人订立专利实施许可合同的，应当自合同生效之日起三个月内向国务院专利行政部门备案，也就是向国家知识产权局备案。国家知识产权局设立专利合同备案数据库，管理备案数据，并提供公众查询。

备案并不是专利实施许可生效的必备要件，备案与否也不影响专利实施许可合同的有效与无效问题。但是备案对许可合同双方都有一些好处，特别是对被许可人的利益保护具有重要作用。①已经备案的专利实施许可合同（独占许可和排他许可）的被许可人有证据证明他人正在实施或者即将实施侵犯其专利权的行为，如不及时制止将会使其合法权益受到难以弥补的损害的，可以向人民法院提出诉前责令被申请人停止侵犯专利权行为的申请。而未经备案的，则必须提交专利权人的证明或者是证明其享有权利的其他证据。❶ ②经国家知识产权局登记和公告的专利实施许可合同副本是办理知识产权海关保护备案的证明文件。❷ ③经过备案的专利实施许可合同的种类、期限、许可使用费计算方法或数额等，可以作为管理专利工作的部门对侵权赔偿数额进行调解的参照。❸

专利实施许可合同的备案应当由当事人通过邮寄、直接送交或者国家知识产权局规定的其他方式向国家知识产权局办理。备案申请应当提交下列文件：①许可人或者其委托的专利代理机构签字或者盖章的专利实施许可合同备案申请表；②专利实施许可合同；③双方当事人的身份证明；④委托专利代理机构的，注明委托权限的委托书；⑤其他需要提供的材料。国家知识产权局自收到备案申请之日起七个工作日内进行审查并决定是否予以备案。经审查合格的，由国家知识产权局向当事人出具《专利实施许可合同备案证明》。专利实施许可合同备案的有关内容由国家知识产权局在专利登记簿上登记，并在专利公报

---

❶ 参见《最高人民法院关于对诉前停止侵犯专利权行为适用法律问题的若干规定》第四条。

❷ 参见《中华人民共和国知识产权海关保护条例》（国务院令第 572 号）第八条。

❸ 参见《专利实施许可合同备案办法》（国家知识产权局令第 62 号）第十九条。

上公告以下内容：合同案号、许可人、被许可人、主分类号、专利号、申请日、授权公告日、实施许可的种类和期限、备案日期。

备案之后，专利实施许可合同变更、注销及撤销的，国家知识产权局予以相应登记和公告。

六、专利实施许可合同的反垄断控制

垄断既指一类行为又指一种状态。垄断行为是属于反垄断法禁止的行为，而垄断状态并不当然违反法律。2008 年 8 月 1 日生效的《反垄断法》第三条规定，本法规定的垄断行为包括：①经营者达成垄断协议；②经营者滥用市场支配地位；③具有或者可能具有排除、限制竞争效果的经营者集中。垄断用于指一种状态的时候，是指某个市场完全由一个或有限的几个企业控制的状态。法律之所以禁止垄断行为，是因为垄断行为排除或限制了市场中的公平竞争。专利权就是授予专利权人实施发明创造的独占权利，因此专利权本身就具有"垄断"的含义，这里的垄断就是指一种状态，而不是指一种行为。专利权人持有专利权本身只是一种垄断状态，因此获得专利权的行为本身并不违反关于禁止垄断的法律的规定。但是，如果专利权人利用其享有的专利权，实施了法律禁止的垄断行为，就触犯了《反垄断法》的规定。《反垄断法》第五十五条规定："经营者依照有关知识产权的法律、行政法规规定行使知识产权的行为，不适用本法；但是，经营者滥用知识产权，排除、限制竞争的行为，适用本法。"反垄断法禁止的就是专利权人滥用专利权，排除、限制竞争的行为。

对于专利实施许可合同而言，何种行为构成排除、限制竞争的行为，我国法律早有规定。《合同法》第三百二十九条规定："非法垄断技术、妨碍技术进步或者侵害他人技术成果的技术合同无效。"如果许可合同中存在非法垄断技术、妨碍技术进步的条款，该合同就是无效的。由于许可合同是因为违反法律的禁止性规定而无效，被许可人就不用为其实施专利的行为支付使用费，已经支付的，还可以要求许可人返还。根据最高人民法院对《合同法》《专利法》相关规定的解释，许可合同存在下列情形之一的，属于非法垄断技术、妨碍技术进步：①限制当事人一方在合同标的技术基础上进行新的研究开发或者限制其使用所改进的技术，或者双方交换改进技术的条件不对等，包括要求一方将其自行改进的技术无偿提供给对方、非互惠性转让给对方、无偿独占或者共享该改进技术的知识产权；②限制当事人一方从其他来源获得与技术提供方类似技术或者与其竞争的技术；③阻碍当事人一方根据市场需求，按照合理方式充分实施合同标的技术，包括明显不合理地限制技术接受方实施合同标的技术生产产品或者提供服务的数量、品种、价格、销售渠道和出口市场；④要求技术接受方接受并非实施技术必不可少的附带条件，包括购买非必需的技术、原材料、产品、设备、服务及接收非必需的人员等；⑤不合理地限制技术接受方购买原材料、零部件、产品或者设备等的渠道或者来源；⑥禁止技术接受方对合同标的技术知识产权的有效性提出异议或者对提出异议附加条件。❶因此，在订立专利实施许可合同时，应当避免订立上述条款，特别是许可人，不能为了获取某些利益而要求在许可合同中加入上述条款。否则，到最后会得不偿失。

虽然《合同法》对利用技术合同垄断技术、妨碍技术进步的行为作出了规制，但是《合同法》只是从合同的效力角度对这些行为进行规范，而没有从反垄断的角度进行规范。《反垄断法》则对专利权人滥用专利，排除、限制竞争的行为，从反垄断的角度进行调整。许可合同中的某些条款违反《合同法》的规定，只是导致合同无效，许可人不用为此承担其他法律责任。如果许可合同中的某些条款违反了《反垄断法》的规定，许可人不但要承担行政责任，如罚款，还可能承担民事责任，如赔偿因其垄断行为而给他人造成的损失。我国《反垄断法》没有明确具体地规定专利实施许可合同中的哪些条款有可能构成垄断行为。由于《反垄断法》刚刚制定，有关部门还没有制定更为具体的条例、实施细则之类的法规、规章，最高人民法院也没有就此发布相关的司法解释，因此要判断哪些条款有可能违反《反垄断法》的规定，前文提及的最高人民法院关于技术合同的司法解释可以作为一个重要的参考。

此外，国外的某些作法也可以为我们提供一些借鉴。更为重要的是，在与国外组织或个人订立专利实施许可合同的时候，该合同可能同样会受到相关国家法律对许可合同的反垄断控制。因此，在订立涉外许可合同的时候，应当特别注意相关国家的反垄断法律对许可合同内容的控制。一般来说，许可合同中的下列限制性条件，在美国、欧盟国家和日本有可能属于构成"自身违法"

---

❶ 参见《最高人民法院关于审理技术合同纠纷案件适用法律若干问题的解释》第十条，2004 年 12 月 16 日发布。

的垄断行为：①限制销售价格；②限制转售价格；③限制出口价格和出口量；④不合理地制止平行进口；⑤对最大销售量和/或生产量的限制；⑥对销售客户的限制；⑦在被许可的专利权过期之后或者被许可的技术秘密公开之后收取提成费；⑧独占性返授许可或者返还转让；⑨在许可合同的有效期间内限制经营竞争产品；⑩限制研究和发展；⑪不得对被许可专利的有效性提出挑战的义务。❶因此，在签订涉外许可合同的时候，除非经过认真的研究或者是获得了相关国家的豁免，许可合同中应尽量避免订立上述条款。当作为被许可人的时候，如果外国许可人要求加入上述限制性条款，就应当据理力争。

---

❶　尹新天.专利代理概论[M].北京:知识产权出版社,2002:525.

第十四章　专利诉讼的代理

第一节　专利诉讼概述

诉讼是解决争议的各种机制之一。在解决争议的各种机制中，如协商、调解、仲裁、行政裁决、诉讼等，诉讼是争议当事人可以寻求的最后一个解决途径。在专利权的取得和维持程序中，专利申请人或者专利权人都可能会因为是否应当授予或者维持专利权等事项而与国家知识产权局或者专利复审委员会发生争议。在争议发生之后，除根据法律规定国家知识产权局作出的行政决定属于最终决定的之外，专利申请人或专利权人都可以通过向人民法院提起行政诉讼以最终解决双方之间的争议。在专利权的转让或实施许可过程中，当事人之间也可能因为合同的履行而发生争议，如果不能通过协商或调解达成一致意见，当事人就只能通过诉讼或者是仲裁来解决双方之间的争议。当专利权受到侵犯时，通过诉讼来保护专利权并获得相应的救济，则是多数专利权人的选择。因此，专利诉讼的代理是广义专利代理工作的一个重要组成部分。专利诉讼包括专利行政诉讼、专利民事诉讼和专利刑事诉讼。由于专利刑事诉讼的内容相对较少，此处就不作专门阐述。

一、专利诉讼的概念

诉讼是指人民法院在当事人和其他诉讼参与人的参加下，审理和解决案件的活动，以及由这些活动所产生的法律关系的总称。顾名思义，专利诉讼是指人民法院在当事人和其他诉讼参与人的参加下，审理和解决与专利有关的案件的活动，以及由这些活动所产生的法律关系的总称。专利诉讼当事人的范围很宽，不仅包括专利管理机关，如国家知识产权局、专利复审委员会、地方专利管理机关，而且包括对专利享有或可能享有权利的人，如发明人、设计人、专利申请人、专利权人、被许可人等，以及专利侵权人等。

专利诉讼是当事人和其他诉讼参与人在人民法院进行的涉及专利法律关系的各种诉讼活动的总称。专利法律关系既包括与专利有关的行政法律关系，还包括与专利有关的民事法律关系和刑事法律关系。因此，专利诉讼就相应地分为专利行政诉讼、专利民事诉讼和专利刑事诉讼。这三类诉讼分别适用《行政诉讼法》《民事诉讼法》和《刑事诉讼法》。

二、专利诉讼的种类

专利诉讼按照其性质可以分为专利行政诉讼、专利民事诉讼和专利刑事诉讼。不同种类的诉讼除了所适用的程序法不同之外，各自还具有一些不同的特点。首先，各类诉讼所要解决的争议是不同的。专利行政诉讼是为了解决与专利有关的行政行为是否合法的问题，如复审决定、无效宣告审查决定、专利实施强制许可决定等是否符合相关法律法规的规定。专利民事诉讼所要解决的则是地位平等的民事主体之间围绕专利及其相关问题发生的争议，如专利权权属争议、侵犯专利权的争议、专利权转让或实施许可合同纠纷等。专利刑事诉讼则是指人民法院审理假冒他人专利犯罪案件的活动。

按照争议标的的不同，又可以将各类专利诉讼所涉及的案件作进一步的分类。这种分类也可以按照最高人民法院确定的案由进行。根据最高人民法院《关于审理专利纠纷案件适用法律问题的若干规定》，人民法院受理的专利行政诉讼包括：①不服专利复审委员会维持驳回申请复审决定案件；②不服专利复审委员会专利权无效宣告请求决定案件；③不服国务院专利行政部门实施强制许可决定案件；④不服国务院专利行政部门实施强制许可使用费裁决案件；⑤不服国务院专利行政部门复议决定案件；⑥不服管理专利工作的部门行政决定案件。

根据最高人民法院的前述司法解释，人民法院受理的专利民事诉讼包括：①专利申请权纠纷案件；②专利权权属纠纷案件；③专利权、专利申请权转让合同纠纷案件；④侵犯专利权纠纷案件；⑤假冒他人专利纠纷案件；⑥发明专利申请公布后、专利权授予前使用费纠纷案件；⑦职务发明创造发明人、设计人奖励、报酬纠纷案件；⑧诉前申请停止侵权、财产保全案件；⑨发明人、设计人资格纠纷案件；⑩其他专利纠纷案件。

三、专利诉讼的特点

专利诉讼是处理围绕专利所发生的争议而进行的。与其他诉讼相比，专利诉讼具有非常鲜明的特点。①专利诉讼大都涉及到较强的技术问题。不管是因为对专利复审委员会的复审决定或无效宣告审查决定不服而提起的专利行政诉讼，还是因为侵犯专利权而提起的专利民事诉讼，都会涉及较为复杂的技术问题。特别是当争议的专利属于发明或者实用新型的时候，其中的技术性问题会更为复杂。②专利诉讼具有较强的专业性。在较为常见的专利诉讼案件中，如不服专利复审委员会的维持驳回申请复审决定案件、不服专利复审委员会专利权无效宣告请求决定案件、专利侵权案件等，都需要对专利申请文件进行研究、对《专利法》及其实施细则等法律法规进行解释，而这些工作都具有很强的专业性。正因为专利诉讼的技术性和专业性很强，最高人民法院在确定专利诉讼案件管辖法院的时候，才为专利诉讼案件的管辖制定了特别的规则。③专利诉讼案件管辖法院的特殊性。在级别管辖方面，专利纠纷案件的一审管辖法院为中级法院；在地域管辖方面，对专利诉讼案件的管辖突破了传统的确定地域管辖的规则。根据最高人民法院的司法解释，对专利纠纷一审案件享有管辖权的法院是各省、自治区、直辖市人民政府所在地的中级人民法院和最高人民法院指定的中级人民法院。

第二节　专利行政诉讼

专利行政诉讼，是指当事人不服专利主管机关所作出的具体行政行为，以专利主管机关为被告而起诉到人民法院要求撤销、变更行政决定的诉讼案件。根据《专利法》的规定，专利主管机关包括国务院专利行政部门即国家知识产权局、专利复审委员会和地方专利行政主管机关。国务院专利行政主管机关负责管理全国的专利工作；统一受理和审查专利申请，依法授予专利权。专利复审委员会的主要职责是对专利申请人对国务院专利行政部门驳回申请的决定不服而提出的复审请求、对授予专利权的发明创造提出的无效宣告请求进行审查，并分别作出复审决定和无效宣告请求审查决定。省、自治区、直辖市人民政府管理专利工作的部门负责本行政区域内的专利管理工作，并可以根据当事人的申请，责令侵权人立即停止侵权行为，对假冒他人专利及冒充专利的行为作出处罚决定。当事人对上述专利主管机关作出的决定不服的，可以依法向人民法院提起诉讼，这就是专利行政诉讼。

一、专利行政诉讼的种类

专利行政诉讼的被告是专利主管机关。由于上述三种主管机关的职责范围不同，所作出的行政决定的内容也就相应地不同。因此，可以按照专利行政诉讼被告的不同，将专利行政诉讼分为三类。在每个类型之下，又可以根据行政决定的不同内容作进一步划分。

（一）以专利复审委员会作为被告的专利行政诉讼

专利复审委员会在行政关系上隶属于国家知识产权局，但根据《专利法》的规定，它具有独立的行政职权和行政主体地位。因此，凡是对专利复审委员会作出的行政决定不服而提起的行政诉讼都是以专利复审委员会作为被告。这包括两类案件，一是对复审决定不服而提起的行政诉讼，二是对无效宣告请求审查决定不服而提出的行政诉讼。

1. 不服专利复审委员会维持驳回申请复审决定的诉讼案件

根据《专利法》第四十一条规定："专利申请人对国务院专利行政部门驳回申请的决定不服的，可以自收到通知之日起三个月内，向专利复审委员会申请复审。专利复审委员会复审后，作出决定，并通知专利申请人。专利申请人对专利复审委员会的复审决定不服的，可以自收到通知之日起三个月内向人民法院起诉。"

专利申请人向国家知识产权局提出专利申请后，如果国家知识产权局经过审查后认为申请人的专利申请不符合《专利法》及其实施细则授予专利权的规定，就应当依法作出驳回其专利申请、不授予其专利权的决定。申请人对驳回申请的决定不服的，可以向专利复审委员会申请复审。专利复审委员会经过审查后，如果仍然维持国家知识产权局的驳回决定，申请人就只有提起行政诉讼这一条救济途径了。

根据国家知识产权局是在初步审查阶段还是实质审查阶段作出的驳回决定，此类纠纷又可分为：对初步审查阶段驳回发明、实用新型、外观设计专利申请人的复审决定不服而发生的纠纷；对实质审查阶段驳回发明专利申请的复审决定不服而发生的纠纷。在不同的审查阶段，国家知识产权局的驳回决定所依据的事实和法律都有较大的差别。在代理此类专利行政诉讼案件的时候，应当对此特别予以注意。

在初步审查阶段，审查的主要内容是对专利申请的明显缺陷和专利申请文件的格式的审查。对发明专利申请而言，主要审查专利申请的主题是否明显违反国家法律、社会公德或者妨碍公众利益；是否明显属于《专利法》第二十五条规定的不能授予专利权的内容；专利申请文件是否存在这样的情形，即仅描述了发明的某些技术指标、优点和效果，而对发明如何实现的技术措施未作任何描述，甚至未描述任何技术内容，也就是专利申请的主题未构成一项技术方案；专利申请是否明显不符合单一性的要求；申请人修改其专利申请文件是否超出了原说明书和权利要求书记载的范围；专利申请说明书和权利要求书的撰写是否明显不符合《专利法实施细则》第十七条和第十九条的规定。对实用新型专利申请的审查，除了要审查前述内容之外，还要对说明书摘要、优先权要求、先申请原则，以及发明创造是否是对产品的形状、构造或其结合作出的改进等内容进行审查。

外观设计专利申请的初步审查则是审查以下内容：专利申请是否包含《专利法》第二十七条规定的申请文件，这些文件是否符合《专利法》及其实施细则的有关规定，尤其是外观设计图片或照片是否符合要求；专利申请是否明显属于《专利法》第五条规定的，或者不符合《专利法》第二条第四款、第十八条、第十九条第一款规定的，或者明显不符合《专利法》第三十一条第二款、第三十三条、《专利法实施细则》第四十三条第一款的规定的，或者依照《专利法》第九条规定不能取得专利权的；与专利申请有关的其他文件是否符合《专利法》及其实施细则的有关规定。

实质审查则只针对发明专利申请进行，是指审查发明专利申请是否具备《专利法》规定的授予专利权的发明专利申请应当具备新颖性、创造性和实用性。如果发明专利申请不具备任一条件，申请就会被驳回。

初步审查阶段的审查内容相对较为简单、明了，因此不服在该阶段作出的驳回决定而发生的专利行政诉讼的处理难度也不是很大，对代理人的要求也不是特别的高。代理人只需要能够熟练掌握《专利法》及其实施细则的规定，专利申请文件撰写的基本要求就能够应付自如。对于在实质审查阶段被驳回的专利行政诉讼的代理，代理人仅仅熟悉法律规定和专利申请文件撰写的基本要求远远不够。在这类案件中，通常涉及到对发明创造的新颖性和创造性作出判断，这就要求代理人不但要具备熟练的诉讼技巧，还必须对相关技术领域具备一定的知识。在针对复审决定提起的专利行政诉讼中，对实质审查阶段的驳回决定发生争议的数量占了相当大的比例。

2. 不服专利复审委员会专利权无效宣告请求决定的诉讼案件

根据《专利法》第四十五条的规定，专利权被授予后，任何单位或者个人认为该专利权的授予不符合《专利法》规定，都可以请求专利复审委员会宣告该专利权无效。提出无效宣告请求时，请求人应当向专利复审委员会提交请求书，说明请求理由，并应当提供证据证明其理由。专利复审委员会对无效宣告请求进行审查后依法作出决定，其决定分为维持专利权有效、维持专利权部分有效和宣告专利权无效三种。专利权人或者无效宣告请求人对专利复审委员会的上述审查决定不服的，可以自收到通知之日起三个月内向人民法院提起行政诉讼。人民法院应当通知无效宣告请求程序的对方当事人作为第三人参加诉讼。

根据原告的不同，这类专利行政诉讼案件可以分为三种情况：第一，专利权人作为原告，对专利复审委员会作出的宣告专利权无效或者部分无效的决定不服提起的专利行政诉讼；第二，无效宣告请求人作为原告，对专利复审委员会作出的维持专利权有效或者部分有效的决定不服，提起的专利行政诉讼；第三，专利权人和无效宣告请求人分别作为原告，均对专利复审委员会作出的专利权部分有效、部分无效的决定不服，提起的专利行政诉讼。在前两种情况下，无效宣告请求人或者专利权人作为专利无效决定的相对人，应当以第三人的身份参加专利行政诉讼。

（二）以国家知识产权局为被告的专利行政诉讼

1. 不服国家知识产权局作出的实施强制许可决定的案件

根据《专利法》第四十八条、第四十九条、第五十条和第五十一条的规定，在符合法律规定的条件下，国家知识产权局可以作出实施强制许可决定，允许特定的被许可人在不经专利权人同意的情况下实施其专利。专利权人如果对强制许可决定不服，可以根据《专利法》第五十八条的规定，自收到通知之日起三个月内向人民法院起诉。

2. 不服国家知识产权局作出的实施强制许可使用费裁决的案件

《专利法》第五十七条规定，取得实施强制许可的单位或者个人应当付给专利权人合理的使用费，其数额由双方协商；双方不能达成协议的，由国务院专利行政部门裁决。第五十八条规定，专利权人和取得实施强制许可的单位或者个人对国务院专利行政部门关于实施强制许可的使用费的裁决不服的，可以自收到通知之日起三个月内向人民法院起诉。

3. 不服国家知识产权局行政复议决定的案件

对于国家知识产权局作出的具体行政行为，相对人不服的，可以依法提起行政复议；对行政复议决定不服的，可以提起行政诉讼。根据国家知识产权局的职责，可以申请行政复议并提起专利行政诉讼的具体行政行为主要包括：

（1）专利申请人对国家知识产权局不予受理其申请不服的纠纷；

（2）专利申请人对国家知识产权局确定的申请日有争议的纠纷；

（3）专利申请人对国家知识产权局不予确认其优先权不服的纠纷；

（4）专利申请人对国家知识产权局决定将其专利申请按保密专利申请或不按保密专利申请处理决定不服的纠纷；

（5）专利申请人对国家知识产权局作出的对其专利申请被视为撤回的决定不服的纠纷；

（6）专利申请人对国家知识产权局作出的视为放弃取得专利权的决定不服的纠纷；

（7）专利权人对国家知识产权局作出的专利权终止决定不服的纠纷；

（8）专利申请人、专利权人因耽误有关期限导致其权利丧失，请求恢复权利，对国家知识产权局不予恢复的决定不服的纠纷；

（9）专利代理机构对国家知识产权局作出的撤销其机构的处罚不服的纠纷；

（10）专利代理人对国家知识产权局作出的吊销其"专利代理人资格证书"的处罚不服的纠纷；

（11）专利申请人、专利权人及其他利害关系人认为国家知识产权局作出的其他具体行政行为侵犯其合法权益的纠纷。

复议申请人或者第三人对复议决定不服的，可以自收到复议决定书之日起15日内向人民法院起诉。

（三）以地方专利行政部门为被告的专利行政诉讼

根据《专利法》及其实施细则的规定，因侵犯专利权而引起纠纷的，专利权人或者利害关系人可以请求管理专利工作的部门处理。管理专利工作的部门处理时，认定侵权行为成立的，可以责令侵权人立即停止侵权行为；假冒他人专利的，由管理专利工作的部门责令改正并予公告，没收违法所得，并处罚款；以非专利产品冒充专利产品、以非专利方法冒充专利方法的，由管理专利工作的部门责令改正并予公告，可并处罚款。管理专利工作的部门是指由省、自治区、直辖市人民政府以及专利管理工作量大、又有实际处理能力的设区的市人民政府设立的管理专利工作的部门。

从上述规定来看，地方专利行政部门对三类行为享有行政处罚权，即专利侵权行为、假冒他人专利行为和冒充专利行为。当事人对处罚决定不服的，可以自收到通知书之日起 15 日内向有管辖权的人民法院提起行政诉讼。

二、专利行政诉讼的特点

专利行政诉讼和其他行政诉讼一样，其诉讼活动都受我国《行政诉讼法》的调整。作为行政诉讼，专利行政诉讼与其他行政诉讼存在许多的共同点。如诉讼受案范围都是法定的，以保障公民、法人和其他组织的合法权益不受行政机关的行政违法行为的侵害，保障行政机关依法有效地行使其职权，提高行政效率；应当在法定期限内提起诉讼；诉讼客体都是审查和确认行政机关所作出的行政行为是否合法、正确；被告只能是国家行政机关；举证责任主要由被告承担；不适用反诉和调解程序等。由于专利诉讼本身存在的技术性和专业性，与其他行政诉讼相比，专利行政诉讼又有以下不同特点。

（一）被告的单一性

根据前面的阐述，专利行政诉讼的被告只有三种，就是专利复审委员会、国家知识产权局和地方专利行政部门。

（二）管辖的确定性

根据《行政诉讼法》和《最高人民法院关于审理专利纠纷案件适用法律问题的若干规定》，以专利复审委员会和国家知识产权局为被告的专利行政诉讼均由被告所在地的北京市第一中级人民法院为一审管辖法院，北京市高级人民法院为二审管辖法院。以地方专利行政部门为被告的专利行政诉讼，由被告所在地的省、自治区、直辖市人民政府所在地的中级人民法院和最高人民法院指定的中级人民法院管辖。与此相比，一般的行政诉讼案件，为了与被告分散且众多相适应，一般是分别由各地的人民法院管辖，以地域管辖和基层人民法院管辖为主。

（三） 与专利民事诉讼的交叉性

在专利行政诉讼案件中，专利权无效宣告请求人和专利权人对专利复审委员会宣告专利权无效或者维持专利权有效的决定不服，向人民法院提起的专利行政诉讼，绝大多数是由于被控专利侵权人在专利侵权诉讼中提出专利权无效而形成的。这类专利行政诉讼就会与专利侵权诉讼同时并存，交叉展开。在专利侵权诉讼中，一旦被告向专利复审委员会请求宣告涉案专利权无效，专利复审委员会就要启动专利权无效宣告程序，对无效宣告请求进行审查，与此同时，专利侵权诉讼可能就会中止审理。如果专利权人或者无效宣告请求人对专利复审委员会宣告专利权无效或者维持专利权有效的审查决定不服，并提起专利行政诉讼，审理涉案专利侵权诉讼的法院就需要等待审理专利行政诉讼的法院作出的判决发生法律效力后，才会恢复审理专利侵权诉讼案件。一旦涉案专利权被宣告无效且发生法律效力，专利侵权诉讼就失去了其存在的基础。由此不难看出，因无效宣告审查决定而形成的专利行政诉讼多半是由专利侵权诉讼引发的，但专利行政诉讼的结果又会影响到专利侵权诉讼的结局。

在以地方专利行政部门为被告的专利行政诉讼案件中，也往往会与专利侵权诉讼同时并存。根据现行《专利法》的规定，专利行政部门对专利侵权行为、假冒他人专利行为享有行政处罚权。但对于民事赔偿请求，专利行政部门只能调解，而没有裁决的权力。因此，在发生专利侵权或者是假冒专利行为的情况下，专利权人可能会一方面要求专利行政部门对这些行为进行处罚，另一方面又向人民法院提起专利侵权诉讼。

第三节　专利民事诉讼

专利民事诉讼是指人民法院依据《民事诉讼法》规定的程序，解决公民、法人或其他组织等平等主体之间涉及专利申请权或者专利权的各种民事纠纷案件的诉讼活动的总称。

一、专利民事诉讼的类型

按照所涉及的民事法律关系的性质不同，专利民事诉讼案件主要包括以下类型：①专利申请权或专利权的权属纠纷，即有关专利申请权或专利权应当归属于谁的纠纷。这类纠纷主要包括两种情况，一是对所涉发明创造是否属于职务发明创造存在争议的纠纷，二是共同发明人或设计人之间对专利申请权或专利权的归属存在争议的纠纷。②专利侵权纠纷，即专利权人或者被许可人指控他人侵犯专利权的纠纷。这种纠纷是最常见的专利民事纠纷，通常也是最为复杂的专利民事纠纷之一。③合同纠纷，主要包括专利申请权或专利权转让合同纠纷、专利实施许可合同纠纷。④发明专利公布以后授予专利权之前的使用费纠纷。根据我国《专利法》的规定，在发明专利公布以后，授予专利权之前，他人实施专利技术的，申请人可以要求实施其发明的单位或者个人支付适当的费用。⑤发明人或设计人资格纠纷，主要是指对于哪些人属于发明人或者设计人，并有权作为发明人或设计人写入专利申请文件中，存在争议的纠纷。⑥职务发明创造的发明人或设计人奖励、报酬纠纷。根据《专利法》第十六条的规定，虽然职务发明创造的专利申请权属于发明人或设计人所在的单位，但被授予专利权的单位应当对职务发明创造的发明人或者设计人给予奖励；发明创造专利实施后，根据其推广应用的范围和取得的经济效益，对发明人或者设计人给予合理的报酬。如果发明人或设计人与被授予专利权的单位之间对奖励或报酬存在争议，发明人或设计人有权请求专利行政部门调解，或者直接向人民法院提起民事诉讼。⑦诉前申请停止侵权、财产保全纠纷案件。根据《专利法》第六十六条的规定，专利权人或者利害关系人有证据证明他人正在实施或者即将实施侵犯其专利权的行为，如不及时制止将会使其合法权益受到难以弥补的损害的，可以在起诉前向人民法院申请采取责令停止有关行为和财产保全的措施。

不同类型的专利民事诉讼，其争议的民事法律关系的性质不同，需要提供的证据和证明的事实都会有较大差别，甚至是案件处理的程序也有较大的不同。在代理专利民事诉讼的时候，首先就应当明确案件所争议的民事法律关系的性质，这样才能更好地保护受托人的合法权益。

二、专利民事诉讼的特点

与其他民事诉讼相比，专利民事诉讼具有以下一些特点。

(一) 诉讼程序复杂

在专利民事诉讼中，经常会涉及到一些其他民事诉讼不常适用的诉讼程序。以最经常出现的专利民事诉讼——专利侵权诉讼为例，经常会适用的程序包括：管辖权异议程序；诉前停止侵权和财产保全程序；因被告提出专利权无效宣告请求而中止诉讼的程序；技术鉴定程序；会计鉴定程序（如对被告的获利数额进行鉴定等），等等。复杂多变的诉讼程序要求代理人必须对各种程序了如指掌，同时还必须对诉讼过程中可能出现的程序问题具备预见能力和应变能力。

(二) 法律关系复杂

在专利民事诉讼中，相当多的案件可能涉及到多个法律关系。比如，在专利侵权诉讼中，不但涉及专利侵权法律关系，一些案件还会涉及专利行政关系（如被告提出专利权无效宣告请求的）或专利行政诉讼法律关系（如对无效宣告请求审查决定不服又提起诉讼的），还有的案件可能会涉及到专利权的权属关系，或者是技术开发合同关系、专利实施许可合同关系等。多个法律关系的介入为专利民事诉讼的进行增添了更大的难度，也为专利民事诉讼的结果增加了不确定性。代理人在代理专利民事诉讼的时候，如果对其中可能涉及的各种法律关系缺乏清晰的认识，事先没有制定相应的对策，就可能会陷入被动境地，甚至给委托人造成难以挽回的损失。因此，代理人在代理专利民事诉讼的时候，应当谋定而后动，应在认真分析其中可能牵涉的各项法律关系及其相互之间的影响的情况下，并在制定了切实可行的策略之后再采取行动。

(三) 举证任务繁重

在专利民事诉讼中，一般是适用"谁主张、谁举证"的民事诉讼举证责任分配规则。只有在特定的情形下，才适用举证责任倒置的规则。如在专利侵权诉讼中，如果专利权人的专利是方法专利，并且通过该专利方法制造的产品是新产品，侵权被告就应当承担证明其产品不是使用专利方法制造的责任。由于原告在多数情况要承担举证责任，专利民事诉讼的原告就面临着较为繁重的举证任务。因为在大多数的专利民事诉讼案件中，都存在着证据难以收集的问题。比如在专利侵权诉讼案件中，多数实施专利的侵权被告都是处于隐蔽状态，在暗地里实施专利权人的专利。专利权人要发现这些生产、制造专利产品，或者是使用专利方法的侵权人，不是一件很容易的事。即使专利权人费尽九牛二虎之力找到了侵权产品的生产者，要证明侵权人究竟生产了多少侵权产品或者是获得了多少非法所得，对专利权人来说也不是轻易可以实现的事情。

三、专利侵权诉讼的代理

专利侵权诉讼是最为常见的一类专利民事诉讼，也是最为重要的一类专利民事诉讼。专利侵权诉讼的代理既是专利诉讼代理的一项重要工作，也对代理人提出了很高的要求。由于专利侵权诉讼经常会涉及多个法律关系，如专利行政法律关系（专利权的无效宣告）、专利行政诉讼法律关系（对无效宣告请求审查决定不服而提起的行政诉讼）、合同法律关系（如技术开发合同、专利实施许可合同、甚至是劳动合同）等，专利侵权诉讼的代理人就必须熟悉所有的法律关系及其相关程序。从某种意义上来说，代理人只要能够胜任专利侵权诉讼的代理工作，就能够胜任其他专利民事诉讼的代理。

（一）专利侵权的判定

虽然专利侵权诉讼因每个案件的具体情况不同而呈现出不同的情况，但专利侵权行为的判定却是其中最为核心的问题。比如，从专利侵权产生的原因来看，引发专利侵权诉讼的原因可能包括下列一种或几种：单一专利侵权行为引发的专利侵权诉讼、由专利实施许可或专利权转让引发的专利侵权诉讼、由假冒专利引发的专利侵权诉讼、由技术贸易引发的专利侵权诉讼、由平行进口引发的专利侵权诉讼等。虽然引发专利侵权诉讼的原因多种多样，但专利侵权的判定却具有一致性。因此，专利侵权诉讼的代理首先应当明确的问题就是如何判定专利侵权。❶

1. 专利侵权行为的概念

侵犯专利权的行为是指未经专利权人的同意，以生产经营为目的而制造、

---

❶ 关于专利侵权判定的更多内容,可参见北京市高级人民法院《专利侵权判定指南》(2013 年 9 月)。

使用、许诺销售、销售、进口专利产品，或者使用专利方法及假冒他人专利产品的行为。根据我国专利法的规定，专利侵权行为的构成要件包括：①受到不法侵害的必须是合法有效的专利权。如果专利权已经被放弃、终止或是宣告无效，就不会构成对专利权的侵犯。②必须是未经专利权人的许可而实施了专利权人的专利。如果实施人获得了专利权人的许可，其实施行为就不构成专利侵权行为。但应当注意的是，如果专利实施许可的被许可人实施的范围超越了许可合同约定的范围，专利权人既可以违反合同约定要求被许可人承担违约责任，也可以侵犯专利权为由要求被许可人承担专利侵权责任。③行为人必须以生产经营为目的。以生产经营为目的，并不要求侵权人的直接意图是营利目的，也不要求侵权人必须是以营利为目的的单位或个人。不以营利为目的的单位或个人，未经专利权人的同意实施专利的行为也可能构成专利侵权，除非其实施行为属于《专利法》第六十九条规定的不视为侵犯专利权的行为。

2. 专利侵权行为的表现形式

按照侵权行为是否已经完成，可以将专利侵权行为分为即发侵权和已发侵权。即发侵权是指被控侵权人即将实施侵犯专利权的行为，如被控侵权人已经做好实施专利的准备，但还没有开始实施专利；被控侵权人从他人之处购买侵权产品，正准备销售等。已发侵权是指被控侵权人已经完成侵犯专利权的行为，如制造、销售专利产品等。区分这两种侵权行为的不同，在于针对不同的侵权行为，要求专利权人提供的证据可能有所不同，侵权人承担的责任也可能有所不同。

按照侵权行为的具体形式，可以将专利侵权行为分为制造、使用、许诺销售、销售或进口专利产品的行为，和使用专利方法或使用、许诺销售、销售、进口依照专利方法直接获得的产品的行为。专利侵权行为可以是上述行为中的一种，如销售专利产品的行为（行为人自己并不制造、使用该专利产品），但更多的是几种行为的结合，如行为人既制造专利产品，又销售专利产品。

按照侵权的程度，专利侵权行为可以分为直接侵犯专利权的行为和间接侵犯专利权的行为。直接侵权行为是指《专利法》第十一条规定的行为：发明和实用新型专利权被授予后，未经专利权人许可，为生产经营目的制造、使用、许诺销售、销售、进口其专利产品，或者使用其专利方法以及使用、许诺销售、销售、进口依照该方法直接获得的产品；外观设计专利权被授予后，未经专利权人许可，为生产经营目的制造、销售、进口其外观设计专利产品。间接侵权行为又称为"引诱侵权""帮助侵权",是指教唆或帮助他人实施侵犯专利权的行为。我国《专利法》没有对间接侵犯专利权的行为作出规定。在司法实践中,人民法院一般是适用最高人民法院于1992年发布的《关于贯彻执行〈中华人民共和国民法通则〉若干问题的意见(试行)》第一百四十八条的规定:"教唆、帮助他人实施侵权行为的人,为共同侵权人,应当承担民事责任。"因此,要求间接侵权人承担责任的前提条件就是必须要有直接侵权行为的发生,否则就不能要求间接侵权人承担责任。

3. 专利权保护范围的确定

确定专利权的保护范围,是判定专利侵权的前提条件。如何确定专利权的保护范围,我国《专利法》第五十九条作出了原则性的规定:"发明或者实用新型专利权的保护范围以其权利要求的内容为准,说明书及附图可以用于解释权利要求的内容。外观设计专利权的保护范围以表示在图片或者照片中的该产品的外观设计为准,简要说明可以用于解释图片或照片所表示的该产品的外观设计。"《最高人民法院关于审理侵犯专利权纠纷案件应用法律若干问题的解释》第二条规定:"人民法院应当根据权利要求的记载,结合本领域普通技术人员阅读说明书及附图后对权利要求的理解,确定专利法第五十九条第一款规定的权利要求的内容。"第三条规定:"人民法院对于权利要求,可以运用说明书及附图、权利要求书中的相关权利要求、专利审查档案进行解释。说明书对权利要求用语有特别界定的,从其特别界定。以上述方法仍不能明确权利要求含义的,可以结合工具书、教科书等公知文献以及本领域普通技术人员的通常理解进行解释。"上述规定表明,我国在确定专利权的保护范围的时候,遵循的是折中原则,而不是"中心限定原则",也不是"周边限定原则"。在确定专利权的保护范围的时候,适用中心限定原则可以完全不限于权利要求书文字的记载,而是以权利要求书表达的内容为中心,全面考虑发明的性质、目的及说明书和附图,将权利要求书所表达内容周围一定范围内的技术也包括在专利权保护范围之内。中心限定原则会片面扩大专利权的保护范围,并且导致专利权的范围极不确定,从而使社会公众难以判断自己的行为空间。因为一旦专利权保护范围的确定性太低,社会公众就难以预测哪些行为将会构成对专利权的侵犯,从而会大大限制社会公众的行动范围,损害社会公众利益。周边限定原则只能严格地依据权利要求书的文字记载确定专利权的保护范围,权利要求书文字所表达的范围就是专利权的最大保护范围。周边限定原则可能缩小专利权的保护范围，给专利权人的利益造成损害。折中原则克服了中心限定原则和周边限定原则的缺陷，调和了专利权人的利益和社会公众利益。

在解释专利权的保护范围的时候，应当将专利权利要求中记载的技术内容作为一个完整的技术方案看待，即应当将专利独立权利要求中记载的全部技术特征所表达的技术内容作为一个整体看待，记载在前序部分的技术特征和记载在特征部分的技术特征，对于限定专利保护范围具有相同作用。在解释专利权利要求时，应当以专利权利要求书记载的技术内容为准，而不是以权利要求书的文字或措辞为准。其技术内容应当通过参考和研究说明书及附图，在全面考虑发明或实用新型的技术领域、申请日前的公知技术、技术解决方案、作用和效果的基础上加以确定。在解释的时候，既要充分考虑专利权人对现有技术所做的贡献，合理确定专利保护范围，保护专利权人的权益，又不得侵害公众利益。不应将公知技术"解释"为专利权的保护范围，也不应将专利技术"解释"为公知技术。

在确定专利权保护范围时，应当以国家知识产权局最终公告的专利权利要求书文本或者已发生法律效力的复审决定、无效宣告决定、撤销决定所确定的专利权利要求书文本为准。说明书及附图可以用于对权利要求书字面所限定的技术方案的保护范围作出公平的扩大或者缩小的解释，即把与必要技术特征等同的特征解释到专利权保护范围，或者以专利说明书及附图限定某些必要技术特征。仅记载在说明书及附图中，而没有反映在权利要求书中的技术方案，不能通过"解释"纳入专利权保护范围。即不能以说明书及附图为依据，确定专利权的保护范围。如果权利要求书中记载的技术内容与说明书中的描述或体现不尽相同，则专利权利要求书中的记载优先，不能以说明书及附图记载的内容"纠正"专利权利要求书记载的内容。如果说明书及附图中公开的技术内容范围宽，而权利要求书中请求保护的范围窄，则原则上只能以权利要求中的技术内容确定专利权的保护范围。

4. 专利侵权的判定

在确定专利权的保护范围之后，下一步需要做的工作就是对被控侵权人的行为是否侵犯专利权作出判定。在进行专利侵权判定的时候，应当以专利权利要求书中记载的技术方案的全部技术特征与被控侵权技术方案的全部技术特征逐一进行对应比对。一般不应以专利产品与侵权物品直接进行侵权对比，专利产品可以用于帮助理解有关技术特征与技术方案。对产品发明或者实用新型进行专利侵权判定比较时，一般不考虑侵权物与专利技术是否为相同应用领域。根据我国的司法实践，在判定发明或实用新型专利侵权时，可以适用以下几项原则：

（1）全面覆盖原则。全面覆盖原则又称为"字面侵权原则""全部技术特征覆盖原则"或"相同侵权"，是指被控侵权技术方案将专利权利要求中记载的技术方案的技术特征全部再现，被控侵权技术方案与专利权利要求中记载的全部技术特征一一对应并且相同。如果被控侵权技术方案的技术特征包含了专利权利要求中记载的全部技术特征，则被控侵权技术方案构成侵权；如果专利权利要求中记载的技术特征采用的是上位概念特征，而被控侵权技术方案采用的是相应的下位概念特征，则被控侵权技术方案构成侵权；如果被控侵权技术方案在利用专利权利要求中的全部技术特征的基础上，又增加了新的技术特征，被控侵权技术方案构成侵权，此时不应考虑被控侵权技术方案的技术效果与专利技术是否相同。

（2）等同原则。等同原则是指被控侵权技术方案中有一个或者一个以上技术特征经与专利权利要求保护的技术特征相比，虽然从字面上看不相同，但经过分析可以认定两者是相等同的技术特征，被控侵权技术方案构成对专利的侵权。在判定被控侵权技术方案中的技术特征与专利权利要求保护的技术特征是否等同的时候，应当同时满足两个条件：一是被控侵权技术方案中的技术特征与专利权利要求中的相应技术特征相比，以基本相同的手段，实现基本相同的功能，产生了基本相同的效果；二是对该专利所属技术领域的普通技术人员来说，通过阅读专利权利要求书和说明书，无需经过创造性劳动就能够联想到的技术特征。等同特征的替换既包括对专利权利要求中区别技术特征的替换，也包括对专利权利要求中前序部分技术特征的替换。在判定是否等同时，应当以具体技术特征之间的彼此替换作为判断对象，而不应以完整的技术方案作为判断对象。判定被控侵权技术方案中的技术特征与专利权利要求中的技术特征是否等同，应当以侵权行为发生的时间为界限，而不应以专利申请日或公开日作为判断的时间界限。

（3）禁止反悔原则。禁止反悔原则是指在专利授权或无效宣告程序中，专利申请人、专利权人为确定其专利具备新颖性和创造性，通过书面声明或者修改专利文件的方式，对专利权利要求的保护范围作了限制承诺或者部分地放弃了保护，并因此获得了专利权。在专利侵权诉讼中，法院适用等同原则确定专利权的保护范围时，应当禁止专利权人将已被限制、排除或者已经放弃的内容重新纳入专利权保护范围。[1] 当等同原则与禁止反悔原则在适用上发生冲突时，即原告主张适用等同原则判定被告侵犯其专利权，而被告主张适用禁止反悔原则判定自己不构成侵犯专利权的情况下，应当优先适用禁止反悔原则。禁止反悔原则的适用，应当遵循以下条件：以被告提出请求为前提，并由被告提供原告反悔的相应证据；专利权人对有关技术特征所作的限制承诺或者放弃必须是明示的，而且已经被记录在专利案卷中；限制承诺或者放弃保护的技术内容，必须对专利权的授予或者维持专利权有效产生了实质性作用。

对于外观设计专利侵权的判定，首先应当判断被控侵权产品与专利产品是否属于同类产品。被控侵权产品与外观设计专利产品不属于相同或相近产品种类的，不构成侵犯外观设计专利权。人民法院应当根据外观设计产品的用途，认定产品种类是否相同或者相近。在确定产品的用途时，可以参考外观设计的简要说明、国际外观设计分类表、产品功能及产品销售、实际使用的情况等因素。判断被控侵权产品的外观设计与专利产品的外观设计是否构成相同或者相近似，应当以一般消费者的知识水平和认知能力作为评价基准。一般消费者是指对比对产品的外观设计状况有常识性的了解，对外观设计产品之间在形状、图案、色彩上的差别具有一定的分辨力，但并不会注意到其细微变化的消费者。在进行判断时，应当采取单独对比、直接观察的方式。在进行比对时，应采用整体观察、综合判断的方式，以外观设计的整体视觉效果进行综合判断。如果被诉侵权设计与授权外观设计在整体视觉效果上无差异，人民法院应当认定两者相同；在整体视觉效果上无实质性差异的，应当认定两者近似。

（二）专利侵权的抗辩

专利侵权抗辩是指在面对专利权人或者其他权利人的侵权指控的时候，被控侵权人据以主张不侵犯专利权或者免于承担侵权责任或者减轻侵权责任的事由。在专利侵权诉讼中，被控侵权人可以行使的抗辩包括：不侵权抗辩；不视为侵权的抗辩；现有技术或现有设计抗辩；滥用专利权抗辩、合法来源抗辩和诉讼时效抗辩。

（1）不侵权抗辩。是指被控侵权人主张其没有实施专利权人的专利，或

---

[1] 参加《最高人民法院关于审理侵犯专利权纠纷案件应用法律若干问题的解释》第六条。

者其实施专利的行为依法不属于侵权行为。下列情形属于不构成对专利权的侵犯：①被控侵权技术方案缺少原告享有权利的发明或者实用新型专利权利要求中记载的全部技术特征。②被控侵权技术方案的技术特征与专利权利要求中对应技术特征相比，有一项或者一项以上的技术特征有了本质区别。这里的本质区别是指：构成了一项新的技术方案的区别技术特征；或者是被控侵权技术方案采用的技术特征在功能、效果上明显优于专利权利要求中对应的技术特征，并且相同技术领域的普通技术人员认为这种变化具有实质性的改进，而不是显而易见的。③个人非经营目的的制造、使用行为。

（2）不视为侵权的抗辩。根据《专利法》第六十九条的规定，下列情形不视为侵犯专利权：①专利产品或者依照专利方法直接获得的产品，由专利权人或者经其许可的单位、个人售出后，使用、许诺销售、销售、进口该产品的；②在专利申请日前已经制造相同产品、使用相同方法或者已经作好制造、使用的必要准备，并且仅在原有范围内继续制造、使用的；③临时通过中国领陆、领水、领空的外国运输工具，依照其所属国同中国签订的协议或者共同参加的国际条约，或者依照互惠原则，为运输工具自身需要而在其装置和设备中使用有关专利的；④专为科学研究和实验而使用有关专利的；⑤为提供行政审批所需要的信息，制造、使用、进口专利药品或者专利医疗器械的，以及专门为其制造、进口专利药品或者专利医疗器械的。如果被控侵权人能够证明其实施专利的行为属于上述情形之一，被控侵权人的行为就不构成对专利权的侵犯。

（3）现有技术或现有设计抗辩。《专利法》第六十二条规定："在专利侵权纠纷中，被控侵权人有证据证明其实施的技术或者设计属于现有技术或者现有设计的，不构成侵犯专利权。"是指在专利侵权诉讼中，如果被控侵权人主张并提供证据证明，被控侵权技术方案或者是被控侵权设计属于现有技术或者是与现有技术相等同或者是现有设计，则被控侵权人的行为不构成对专利权的侵犯。也就是说，专利权的保护范围不得扩大到现有技术或者是与现有技术相等同的技术及现有设计。

（4）滥用专利权抗辩。滥用专利权包括专利权人在不存在有效专利权的情况下指控他人侵犯其专利权，以及专利权人恶意取得专利权两种情况。不存在有效专利权是指专利权已经超过保护期、已经被权利人放弃、已经被撤销或者已经被专利复审委员会宣告无效。恶意取得专利权是指专利权人以非法手段获得专利权，即行为人明知自己的专利申请不符合专利法关于授予专利的条件的规定，但是为了独占实施，借助于专利法对实用新型和外观设计不进行实质审查的规定或者是专利审查工作中的疏漏，获得了专利权，然后指控他人侵犯该专利权，以此手段垄断市场，获得竞争优势。如：将申请日前已有的国家标准、行业标准等技术标准申请专利并取得专利权的；将明知为某一地区广为制造或使用的产品申请专利并取得专利权的。❶被控侵权人以滥用专利权进行抗辩的，应当提供相关的证据。

（5）诉讼时效抗辩。是指被控侵权人以原告提起的专利侵权诉讼已经超过法律规定的两年诉讼时效为由，请求人民法院驳回原告的诉讼请求。根据《民法通则》和最高人民法院的相关司法解释，侵犯专利权的诉讼时效为两年，自专利权人或者利害关系人得知或者应当得知侵权行为之日起计算。专利权人或者利害关系人超过两年起诉的，如果侵权行为在起诉时仍在继续，在该项专利权有效期内，人民法院应当判决被告停止侵权行为，但侵权损害赔偿数额应当自权利人向人民法院起诉之日起向前推算两年计算。

（三）专利侵权诉讼的代理

专利侵权诉讼不但涉及《专利法》及其实施细则，最高人民法院的相关司法解释等相关法律法规，而且多数案件会涉及较为复杂的技术问题。即使人民法院在审理专利侵权诉讼时，一般不直接依据国家知识产权局发布的《审查指南》作出判决，但《审查指南》的内容会对法院的审理工作产生较大的影响。因此，代理人应当对所有的这些相关法律、法规、规章的内容极为熟悉，并能够熟练运用。此外，在涉及复杂的技术问题的时候，代理人可以寻求相关技术专家的帮助，以便最大限度地维护委托人的合法权益。专利侵权诉讼的代理，虽然作为原告或者被告的代理人，其代理工作有相当多的部分具有一定共性，但各自的工作重点却有一些差别，下面分别展开叙述。对于与其他民事诉讼代理相同的工作，此处不再赘述。

1. 专利侵权诉讼案件原告的代理

作为专利侵权诉讼原告的代理人，其主要工作包括以下内容。

（1）分析专利权的稳定性。专利申请经国家知识产权局审查、公告后，

---

❶ 参见北京市高级人民法院《专利侵权判定指南》第一百一十四条。

专利申请人就取得了专利权。但是，专利权的授予并不表示专利权就是自始至终完全不受质疑的。如果专利权的授予不符合《专利法》规定的条件，还可能被宣告无效或者部分无效。因此，代理人应当做的第一项工作就是分析专利权的稳定性，以对涉案专利的专利性作出评估和判断，并帮助专利权人或者利害关系人判断是否应当起诉和如何起诉。如果在起诉前不对专利权的稳定性进行分析，一旦被控侵权人在诉讼过程中提出无效宣告请求或者主张现有技术或现有设计抗辩，原告就可能会陷入被动之中。特别是我国对实用新型和外观设计专利不进行实质审查，对于侵犯这两类专利权的案件，更应当在起诉前分析其稳定性。即使是经过实质审查的发明专利，如果发现有证据可能威胁到专利权的稳定性，也应当进行分析，以便在诉讼前确定相应的应对措施。

在分析专利权的稳定性时，可以通过检索专利文献和非专利文献、与发明人或设计人进行沟通，咨询相关领域的技术专家等途径获取相应的信息。如果涉案专利属于实用新型或外观设计专利，还应当请求国家知识产权局作出专利权评价报告，这也是实用新型或外观设计专利权人或利害关系人提起侵权诉讼时应当向人民法院提交的必备文件之一。实用新型、外观设计专利权评价报告虽然对分析专利权的稳定性具有很大帮助，但也不能完全依赖该报告，应当尽可能广泛地收集相关信息和证据。

（2）收集证据。代理人应当收集的证据包括三个方面：一是证明原告是专利权人或者利害关系人、专利权有效及专利保护范围方面的证据。这主要包括专利证书、专利年费缴纳发票、专利登记簿副本和专利的授权公告文本。如果原告属于利害关系人，还应当收集相应的证据，如独占性或排他性专利实施许可合同、专利权人授权普通实施许可合同的被许可人提起诉讼的证据、继承关系证明等。二是被告实施了侵权行为的证据。这类证据较多，但都不太容易收集。必要时，可以利用我国的专利侵权执法二元机制收集证据。如果专利权人或者利害关系人已经掌握了被控侵权人侵犯专利权的初步证据，可以要求专利行政部门对专利侵权行为进行查处，并将专利行政部门在查处过程中收集的证据作为侵权证据提交给人民法院或者申请人民法院调取。此外，代理人或者原告在收集证据的时候，为了保证证据来源的真实性和合法性，最好对取证过程进行公证。三是关于侵权损害赔偿方面的证据。专利侵权诉讼的原告在主张损害赔偿时，一般不太容易以自己因侵权受到的损失计算赔偿额。因为多数情况下，在侵权发生的过程中，原告的专利产品销售额也处于增长状态。这就要求原告证明侵权人的侵权获利，并以此计算赔偿额。由于有关侵权人获利的证据都处于侵权人的控制之下，这些证据都不易获取。原告可以通过专利行政部门的执法行为或者是申请证据保全来获得相关的证据。

（3）进行侵权分析。在收集了被控侵权人侵犯专利权的相关证据后，还应当在起诉前对被控侵权技术方案或设计是否侵犯专利权进行分析。特别是应当将被控侵权技术方案或设计与涉案专利进行对比分析，以确定被控侵权技术方案或设计是否确实侵犯了专利权。只有在建立了被控侵权技术方案或设计确实侵犯了专利权的确信后，向法院提起侵权诉讼才会有明确的前景。

（4）选择合适的管辖法院。根据最高人民法院的司法解释，因侵犯专利权行为提起的诉讼，由侵权行为地或者被告住所地法院管辖。侵权行为地包括：被控侵犯发明、实用新型专利权的产品的制造、使用、许诺销售、销售、进口等行为的实施地；专利方法使用行为的实施地，依照该专利方法直接获得的产品的使用、许诺销售、销售、进口等行为的实施地；外观设计专利产品的制造、销售、进口等行为的实施地；假冒他人专利的行为实施地。上述侵权行为的侵权结果发生地。在不同的法院起诉，不但对原告的诉讼费用支出具有较大影响，而且可能影响到诉讼的结果。因为在确定专利权的保护范围、专利侵权的判定、被控侵权人可以行使的抗辩等问题上，各个法院执行的标准可能会存在差异。作为原告的代理人，应当在了解相关法院既往判例的基础上，选择对专利权人最为有利的法院作为管辖法院。

2. 专利侵权诉讼案件被告的代理

（1）请求宣告原告专利权无效。代理人在接受专利侵权诉讼被告的委托后，第一个优先考虑的策略就是建议委托人向专利复审委员会提出专利权无效宣告请求，请求宣告原告专利权无效。提出无效宣告请求，一方面可能会导致宣告原告的专利权无效，一旦请求成功就会使原告的侵权诉讼成为无源之水、无本之木；另一方面，即使无效宣告请求不能成功，也可以通过无效程序迫使专利权人对其专利进行解释、陈述或修改，从而可以在侵权诉讼中利用禁止反悔原则缩小专利权的保护范围。提出无效宣告请求，要求对涉案专利进行认真分析，并尽可能地收集相关文献。由于在侵权诉讼过程中提出无效宣告请求的时间非常紧张，代理人可以考虑先提出无效宣告请求，启动无效宣告程序，然后再在一个月内作出进一步的检索和证据收集。

（2）对原告专利权的保护范围和被控侵权技术方案或设计进行分析。在分析原告专利权的保护范围之前，一般应当到国家知识产权局查阅涉案专利的案卷，以明确专利权人在专利审批、无效程序中对涉案专利作出过哪些解释、陈述或修改。在收集了相关资料之后，应当结合专利公告文本、专利案卷和相关文献，对原告专利权的保护范围进行分析，并对被控侵权技术方案或设计与涉案专利进行比对，以确定被控侵权技术方案或设计是否落入原告专利的保护范围，以及被告可以向哪些方面努力，以摆脱原告的侵权指控。

（3）分析被告可以主张的抗辩事由。接受被告委托的代理人，除了应当分析被告在一般民事诉讼中可以主张的抗辩事由之外，还应当重点分析被告在专利侵权诉讼中可以主张的抗辩事由。在专利侵权诉讼中，被告主张较多的抗辩事由包括：原告主体不适格，如原告属于普通实施许可的被许可人且没有专利权人的授权；被告的行为不构成侵犯专利权的行为；被告的行为依法属于不视为侵犯专利权的行为；被告实施的技术或设计属于现有技术或现有设计；原告滥用专利权；原告的起诉超过诉讼时效等。关于被告可以主张的抗辩的具体要求，参见本节前面相关内容。

（4）请求中止诉讼。在专利侵权诉讼中，被告请求中止诉讼也是经常出现的情形。中止诉讼，不但可以让被告有足够的时间收集证据，而且对原告也形成了相当的压力。很多时候，原告迫于中止诉讼或者是诉讼时间延长的压力而被迫与被告和解解决双方之间的争议。根据最高人民法院的司法解释，人民法院受理的侵犯实用新型、外观设计专利权纠纷案件，被告在答辩期间内请求宣告该项专利权无效的，人民法院应当中止诉讼，特殊情形除外。此外，如果涉案专利存在权属纠纷时，人民法院也应当中止诉讼。

第十五章　版权代理概述

第一节　版权代理概述

一、版权代理的概念

版权代理就是版权代理人受版权人或版权作品使用人的委托，以被代理人的名义，代理解决有关版权事务并向委托人收取报酬的活动。版权代理又称为著作权代理，属于民事代理中的委托代理。代理人在代理权限内，以被代理人的名义办理有关版权登记、版权转让、版权许可等方面的版权事务，版权代理人行为的法律后果直接归属于被代理人。

版权财产权利的实现，通常需要出版、签订许可合同、版权转让来实现。这个过程中涉及到版权许可转让合同的谈判，版权使用费的计算，催收版税、稿酬，查阅使用人账目，发现和制止侵权行为等烦琐的事务。为了节省著作权人的时间和精力，多数作者或其他著作权人都会求助于擅长从事上述事务的人来代理相关的版权事务，即版权代理。在版权代理关系中，被代理人通常是需要办理版权事务的版权人或版权作品使用人，代理人是版权代理机构或版权代理人。版权代理机构是具备版权代理能力而从事版权代理业务的法人组织，它负责接受被代理人办理版权事务的委托。版权代理人作为从事版权代理业务的专业人员，隶属于一个版权代理机构，他无权私自接受被代理人的委托，无权私自收案收费，而必须接受版权代理机构的指定，在委托人委托授权的范围内以被代理人的名义从事办理版权事务的具体活动，其法律后果直接归属于被代理人。

二、版权代理的特征

版权代理属于委托代理，具有委托代理的一般特征，同时还具有不同于一般民事代理或其他知识产权代理的特征。

（一）版权代理中的委托方（被代理人）一般是版权人，也有可能是版权作品使用人

版权代理中的委托方既可以是版权人，也可以是版权作品使用人。当委托人为版权人时，委托人既可以是原始著作权人，也可以是继受著作权人。当委托人为版权作品使用人时，委托人既可能是基于版权许可行为而享有使用权的一般版权作品使用人，也有可能指邻接权人。

（二）版权代理的代理事项是与版权的利用有关的事项

大多数国家法律都规定版权实行自动取得的原则，即作品一经完成，即自动取得版权，这与商标权和专利权的取得方式明显不同。因此，版权代理的内容一般不涉及版权取得等事项，版权代理的内容主要涉及版权登记事项、版权许可转让事项、版权诉讼事项及版权报酬收转事项，而商标代理和专利代理则主要涉及权利取得事项。

三、版权代理的种类

（一）版权登记代理、版权许可转让代理、版权诉讼代理及版权报酬收转代理

根据版权代理的内容的不同，版权代理分为版权登记代理、版权许可转让代理、版权诉讼代理以及版权报酬收转代理。

版权登记代理是代理人根据版权人的委托向国家版权局指定的机构就版权基本信息进行版权登记的行为，其目的在于为版权人避免或减少版权权属纠纷，同时还可以为版权人解决版权纠纷提供初步证据。

版权许可转让代理是版权贸易中常见的民事行为，版权代理人通常根据版权人或版权作品使用人的委托就版权转让许可中合同的洽谈、拟定、版权产品

的发行、销售等具体事宜代表被代理人开展活动，行为产生的后果由委托人承担。

版权诉讼代理是指版权代理人根据诉讼当事人的委托，为了维护委托人的利益参与版权诉讼过程的活动。包括代为起诉、取证、申请诉讼保全，变更诉讼请求等事项。

版权报酬收转代理是版权代理人根据作者和作品使用者的委托从报刊社、网站收取稿酬，并将报刊社、网站已经交来的稿酬主动转给作者，同拒不支付稿酬的报刊社、网站等作品使用单位进行交涉，索取作者应该得到的稿酬，以维护委托人依法享有的著作权的活动。

(二) 国内版权代理和涉外版权代理

根据版权代理的业务是否有涉外因素将版权代理分为国内版权代理和涉外版权代理。

国内版权代理是版权代理机构以委托人的名义，在代理权范围内办理仅限于中国境内版权事务的行为。国内版权代理行为仅限于国内版权事务，不具有涉外因素。涉外版权代理是指涉外版权代理机构以委托人的名义，在代理权限范围内办理涉外著作权中财产权的转让或许可使用及其他有关涉外著作权事宜的民事法律行为。显然，涉外版权代理具有涉外因素，如委托人是具有外国国籍的自然人或组织，或委托的事项具有涉外因素。

四、版权代理的作用

(一) 版权代理能够促进版权人和版权作品使用人之间的有效沟通

这是版权代理制最基本的功能。版权代理人是出版者和作者之间交易的中介，版权代理人既了解作品，又了解市场需求，能及时地把合适的书稿送到合适的出版者手中，在作者和出版者之间构筑一道桥梁，他们是沟通作者和出版者的重要通道。

(二) 版权代理能够提高出版者和作者的工作效率和质量

出版社通过代理来发展版权贸易，可以节省人力资源，不用专门配备版权贸易人员；可以节省经费开支和时间，版权代理公司专业从事版权交易，与作者、出版者都保持着密切的联系，能够在较短时间内达成交易；还可以简化版权贸易的手续，所有关于版权交易事项的文书工作都可以由版权代理公司处理，如样书的传递、合同的拟订、付款报表的制作等都可以由版权代理公司承担。

（三）版权代理制有利于提升版权价值，促进版权产业发展，同时增加作者和出版者的版权收入

作者版税收入的增多离不开版权代理的多年努力，他们不仅增加了作者的收入，也使人们认识到版权作品的真实市场价值。最好的版权代理人不在于能够把版权作品推销出去，而在于能为其版权所有者获得最大收益。有时版权代理在为版权所有者争得权益时，看似损害了出版者的利益，实际上，巨额的版权交易项目本身就是活广告，对出版者的销售有一定的推动，而当作品能够卖出多种版权时，出版者也能从中得到更多的实惠。

（四）实行版权代理制有利于提高版权贸易的水平

长期以来，我国的版权贸易都是散兵游勇式作战，各个出版社都把版权贸易项目交给编辑完成，牵制了编辑的精力，不符合社会分工发展的客观要求。实行版权代理制，能够降低版权贸易的成本，培养一批专业化的版权贸易人才，使版权贸易更加方便易行，提高我国版权贸易的总体水平。

（五）实行版权代理制有利于发展版权产业，加速我国版权产业与国际接轨的步伐

版权产业包括版权生产、版权经营、版权管理、版权服务四个方面的内容。版权服务包括法律咨询、版权代理、版权纠纷的调解、版权集体管理，是版权产业中不可缺少的组成部分。因此，发展版权代理制，有利于版权产业的发展。另外，版权代理是我国版权产业与国际接轨的重要手段。数据显示，在国内众多境外图书中，有50%是通过版权代理机构穿针引线达成出版的。版权代理制的发展是社会分工发展的结果，随着国外版权贸易行业的社会化、专业化，我国的版权贸易也必然走上专业化的发展道路，实现版权产业的发展与国际接轨。

（六） 实行版权代理制有利于版权法的实施

版权代理为版权权利人服务，为其争取正当合法权益的最大化，使版权权利人进一步认识著作权法的相关法律规定，深刻理解版权法的内容，因此，版权代理人所从事的工作实际上起着宣传版权法、监督版权法实施的作用。

五、版权代理的现状

从全球范围来看，英美法系国家的版权代理比较活跃，英国有200多家版权代理公司、美国有700多家版权代理公司。相对而言，德国、日本、俄罗斯等大陆法系国家的版权代理公司较少，但是版权集体管理制度比较健全。总体而言，英美等西方国家的版权代理制度已经比较成熟。版权代理公司拥有大量的作者资源、作品资源和市场资源，专业的操作流程、健全的组织机构、丰富的资源使其成为出版产业链中不可缺少的重要环节。

我国的版权代理还处于发展的初期阶段。1988年中华版权代理公司的成立标志着我国版权代理业的起步，随后国家版权局陆续批准了20多家地方性版权代理机构。2005年，随着相关政策的出台，港澳台的代理机构进驻北京，版权代理渠道向多样化发展。但是，目前我国版权代理业仍存在诸多问题。第一，版权代理机构数量不足。目前，我国有28家专业版权代理机构。相对于全国560多家出版社、200多家电子音像出版社、8000多家杂志社、2000多家报社、数百家网站和其他版权相关产业，我国的专业版权代理机构明显不成比例。第二，版权代理业务单一。在28家版权代理机构中有23家的主要业务是图书版权代理，主要是完成洽谈——签约——版税金收转——合同跟踪落实这一单一流程，对衍生作品的版权开发缺乏力度，业务附加值极小，代理范围过于狭隘。大多数的中国版权代理机构仅仅是在境内外出版社之间扮演一个联系人的角色，只是接力赛中的一环。第三，版权代理的从业人员数量较少。除少数几家规模比较大的代理公司从业人员超过10人外，大部分公司的专职人员不足10人，即使再加上文学艺术专业协会、一些文化公司和热衷于文化交流的人士，版权代理人队伍也不过几百人，相对于我国庞大的文学、艺术、科学作品的作者队伍而言，版权代理从业人员严重不足。

第二节　版权代理机构

一、版权代理机构概述

(一) 版权代理机构的含义

版权代理机构是指依法成立的具有版权代理资质的从事版权代理事务的组织。

(二) 版权代理机构的类型

第一，根据版权代理机构的业务范围不同，将版权代理机构分为专门从事版权代理业务的版权代理机构和兼营从事版权代理业务的版权代理机构。

专门从事版权代理业务的版权代理机构其业务范围仅限于版权代理业务，而且主要以版权登记代理、版权转让许可代理为主，一般不代理版权诉讼。兼营从事版权代理业务的机构在实践中主要是各类知识产权代理公司，其业务范围除了版权代理业务外，通常还涉及专利代理业务、商标代理业务。

第二，根据版权代理机构的业务范围的不同，将版权代理机构分为国内业务的版权代理机构和涉外业务的版权代理机构。涉外业务的版权代理机构除了其业务范围较广的特点外，相对于一般的版权代理机构，其设立的程序更严格。

第三，根据版权代理机构的性质不同，将版权代理机构分为国家批准的版权代理公司、民营企业的图书工作室及国外出版社在中国设立的联络员。部分版权代理公司具有国有事业单位性质，如部分省市的区域性版权代理机构隶属于当地版权局。民营企业性质的图书工作室主要从事图书版权代理业务。由于中国的出版社没有对外资全面开放，国外的出版公司采取在中国设立联络员或版权代理人的方式开展版权代理业务。

(三) 版权代理机构的现状

1. 国内版权代理机构发展现状

1988 年成立了国内首家国家级版权代理机构＝中华版权代理总公司。到

2002 年，我国版权代理机构有 28 家，主要从事图书、期刊、音像影视作品、数字化制品，以及网络传播、移动增值服务等领域涉及的版权事务。

总体而言，国内版权代理机构起步晚，与发达国家版权代理机构相比，还存在一些问题，主要表现在：第一，机构数量偏少，人员严重不足。相对美国 600 多家版权代理公司，英国 200 多家版权代理机构的规模，我国版权代理机构明显不足。第二，我国版权代理机构市场主体地位不明显。除了少数几家版权代理机构是企业经营，或者事业单位经营外，多数图书版权代理机构都是国有事业单位，地方版权代理机构则大多挂靠在各省版权局版权处，具体工作也多由版权处的同志"兼职"。这种官商不分的角色，严重制约了代理机构的生存和发展。第三，在代理内容方面，国内版权代理机构以图书版权代理为主，内容比较单一。

2. 西方发达国家的版权代理机构

在欧美发达国家，版权产业是重要的支柱产业，经过多年的发展，西方发达国家形成了形式多样的版权代理机构，在版权产业中扮演重要的角色。西方发达国家的版权代理机构主要表现为五种形式：

(1) 专门的版权贸易公司。版权产业链条上存在很多大大小小形形色色的版权贸易公司，在这些专门进行版权贸易的公司内有一些掌握很多作者资源并与各种版权使用者保持着良好关系的版权代理人，这类版权贸易公司在进行版权贸易的同时不可避免会进行版权代理业务。

(2) 集体许可版权贸易代理机构。这种机构一般都是代表版权人（或邻接权人）及代表使用人的民间组织。例如，许多国家的出版商（或出版工作者）协会。也有一些国家机关担任一方代理人的，如北欧国家的教学复印权许可活动代理人西方国家，版权集体许可的代理人一般都是以有限公司形式存在的法人，如英国的"作者借阅权与版权协会"、美国的"作者协会"都是有限公司。

(3) 第一使用人作为版权代理机构。许多国家的大出版公司、大广播公司等，在出版合同或其他合同中，签订作者授权出版公司为第一使用人，并授权其行使作品部分或全部版权的条款，当然，作者仍是版权所有人并未转让其部分或大部分版权。这种情况等于作者委托了该第一使用人为自己的版权贸易代理人，代为行使其已经授权的版权项目。

(4) 律师事务所。在美国、德国等一些国家，不少律师事务所的律师可以作为作者或其他版权人的版权贸易代理人，即由其代理处理与版权贸易有关的法律问题。

（5）专业版权代理机构。在英国、美国、德国一些国家，有一些专门的、并非律师的版权贸易代理人，这些代理人可能与前三种版权代理人相互交错，如出版社在代理作者同第三方谈许可合同时，可能通过出版社自己的版权代理人；作者在同代理自己行使权力，颁发集体许可证的中心组织打交道时，也可能通过自己的版权代理人。这批专业的版权代理人活跃在版权贸易中，起到了良好的沟通作用。

二、设立版权代理机构的条件和程序

关于设立版权代理机构的条件和程序，目前我国没有专门的法律规定，1996 年国家版权局、国家工商行政管理局制定发布的《著作权涉外代理机构管理暂行办法》对涉外版权代理机构的设立条件和程序进行的规范，可以成为设立版权代理机构的参照。

（一）设立版权代理机构的条件

第一，符合版权事业发展规划；

第二，有代理机构名称、章程；

第三，确定的业务范围；

第四，有必需的设备和资金；

第五，固定的工作场所；

第六，熟悉版权业务的专职版权代理人员，其中 3 名以上具有 2 年以上版权工作经验。

（二）设立版权代理机构的程序

申请设立版权代理机构的，持书面申请报告、章程及业务范围、人员名单及简历、住所证明等申请材料报各省、自治区、直辖市版权局批准。各省、自治区、直辖市版权局应当将省级主管部门批准文件及上述其他申请材料报国家版权局审批。国家版权局自收到申请材料之日起六十日内作出决定。

三、版权代理机构的业务范围

(一) 版权登记代理

1. 版权登记的意义

在大多数国家，版权是自动产生的，作品一经完成，作者便享有法律赋予的权利。但在现实生活中产生版权纠纷时，权利人常常遇到举证困难的问题，因此各国均鼓励作者对作品，尤其是计算机软件作品进行版权登记，以便在今后的行政救济和司法救济时作为权利的初步证明。同时，作者在进行版权贸易，进行版权转让、许可使用等活动时，也需要这样的权利证明文件来方便与另一方签订转让、许可使用等合同。权利人可将已登记的事项作为拥有权利的初步证明，在人民法院或著作权行政管理部门处理著作权纠纷案件时，将登记证书作为证据使用。

2. 版权登记的法律依据

国家版权局发布的《作品自愿登记试行办法》和《计算机软件著作权登记办法》（国家版权局令第 1 号）是版权登记的主要法律依据。

3. 登记和服务的具体内容

(1) 各类作品（计算机软件除外）版权登记：根据自愿原则，对下列作品进行版权登记：文字作品；口述作品；音乐、戏剧、曲艺、舞蹈、杂技艺术作品；美术、建筑作品；摄影作品；电影作品和以类似摄制电影的方法创作的作品；工程设计图、产品设计图、地图、示意图等图形作品和模型作品；法律、行政法规规定的其他作品。

(2) 音像出版单位出版境外音像制品，包括以录音带、录像带、激光唱盘、激光视盘及其他音像制品形式的出版合同登记。

(3) 版权质押合同登记。

此外，有学者建议，有关版权变更的事项如版权转让也应该进行登记，以维护版权交易的安全。

4. 版权登记的主管机关

根据国家版权局发布的《作品自愿登记试行办法》第三条的规定，各省、自治区、直辖市版权局负责本辖区的作者或其他著作权人的作品登记工作。涉及外国及中国台湾、香港和澳门地区的作者或其他著作权人的作品登记工作由国家版权局负责，计算机软件的版权登记工作则是由国家版权局认定的中国版权保护中心负责，根据工作需要，中国版权保护中心经国家版权局批准可以在地方设立软件登记办事机构。

（二）版权贸易代理

代理洽谈、签订文学、艺术、科技等各类作品的版权转让和许可使用合同，即代理引进和输出版权，代理解决各类作品使用方式，如汇编作品、数字化制品、数字图书馆、广播电视转播、改编为电影电视剧、动漫卡通衍生产品、信息网络传播（互联网、手机增值服务等）等的授权许可使用问题。

（三）代理收取和转付著作权使用报酬

接受作者和作品使用者的委托，以民事代理的方式收取和转付"法定许可"条件下报刊社、出版社、网站等使用者使用各类作品的报酬。

（四）代理作者联系作品的发表及出版事项

在英美国家，代理作者联系作品的发表及出版事项是版权代理机构或版权代理人的经常性工作。除了代理作者联系作品的发表及出版事项之外，实际上，做得好的版权代理机构或版权代理人还应当在前期选题的策划、出版及后期的宣传和市场营销等方面与出版社、版权人进行更有深度和广度的合作，共同把选题做好、做大，做成品牌，形成竞争力。

（五）调解版权争议和版权纠纷

版权代理机构或版权代理人由于熟悉版权法律法规，对于版权争议或版权纠纷可以从中进行调解处理。

（六）代理版权诉讼

版权代理人根据诉讼当事人的委托，为了维护委托人的利益而参与版权诉讼过程的活动。包括代为起诉、取证、申请诉讼保全，变更诉讼请求等事项。

（七）代理追讨版税

接受权利人委托，通过法律手段，为权利人追讨作品使用者使用作品拒不

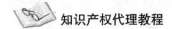

向权利人支付的著作权使用报酬。

五、涉外版权代理机构

自著作权法于 1991 年 6 月 1 日施行以来，国家版权局陆续批准了二十家进行涉外著作权代理的单位。● 根据国家版权局的统计，我国版权代理机构的涉外版权代理业务涉及到图书、期刊、录音录像制品、电子出版物、软件等领域，但实际上，涉外版权代理业务主要是图书版权尤其是翻译版权许可业务的代理。

1996 年 4 月 15 日，国家版权局和国家工商行政管理局又联合发布了《著作权涉外代理机构管理暂行办法》（以下简称《暂行办法》），要求设立著作权涉外代理机构或开展著作权涉外代理业务必须经国家版权局和国家工商行政管理局批准，并遵守管理办法的各项规定。该办法是规范涉外版权代理活动的主要依据。

《著作权涉外代理机构管理暂行办法》明确规定所谓著作权涉外代理是指著作权涉外代理机构以委托人的名义，在代理权限范围内办理涉外著作权中财产权的转让或许可使用及其他有关涉外著作权事宜的民事法律行为。著作权涉外代理机构是指依法成立的，从事著作权涉外代理业务的企业法人。

（一）涉外版权代理机构的设立与审批

凡申请设立著作权涉外代理机构的，均应将申请材料报国家版权局审批。国家版权局自收到申请材料之日起六十日内做出决定。对符合条件的予以批准；不符合条件的，退回申请材料。申请设立著作权涉外代理机构，应向审批机关提供以下材料：书面申请报告、上级主管部门批准文件、章程及业务范围、人员名单及简历、住所证明。申请设立著作权涉外代理机构，应具有三名以上具有二年著作权工作经验的专职著作权代理人。经国家版权局批准的著作

● 国家版权局已批准的涉外著作权代理单位或可开展涉外著作权代理业务的单位包括：中华版权代理总公司；陕西省版权事务所；上海市版权代理公司；安徽省版权代理公司；广东省版权事务所；国图贸易总公司版权代理部；河南省版权代理公司；广西万达版权代理公司；辽宁省版权代理公司；湖北省版权代理公司；黑龙江省版权代理公司；四川省版权事务中心；河北省版权代理公司；中国电视节目代理公司；天津市版权代理服务公司；山东省版权代理公司；九州音像出版公司版权贸易部；湖南省版权代理公司；北京天都电影版权代理中心；中国电影公司等。

权涉外代理机构，应持国家版权局批准文件到工商行政管理机关办理企业法人登记注册。

（二）涉外版权代理机构的法律责任

任何单位未履行《暂行办法》要求的设立程序的，一律不得进行著作权涉外代理活动；已经进行著作权涉外代理活动的，应在六个月内，按本办法补办手续，对不具备《暂行办法》要求的条件的，应停止著作权涉外代理业务。

根据《暂行办法》第十二条规定，著作权涉外代理机构有下列行为之一的，国家版权局和工商行政管理机关将按各自的职责，依法给予行政处罚：

（1）申请开办著作权涉外代理业务时，隐瞒真实情况，弄虚作假的；

（2）涉外代理机构管理不善，不能开展正常著作权涉外代理活动的；

（3）涉外代理机构工作失误，给委托人造成重大损失的；

（4）涉外代理机构与第三人串通，损害委托人合法权益的；

（5）从事其他非法活动的。

被处罚的著作权涉外代理机构对国家版权局或工商行政管理机关的行政处罚不服的，可以依法向人民法院起诉。

第十六章　版权转让、许可中的代理

第一节　版权转让中的代理

一、版权转让概述

(一) 版权转让的含义

版权转让是指版权人将版权中的全部或部分财产权有偿或无偿地移交给他人所有的法律行为。版权人可以通过与他人签订版权转让合同将版权财产权转让给受让人，受让人在转让行为生效之后便成为该作品新的版权人。受让人一旦成为版权的主体，就可以使用或许可他人使用该版权，并获得相应的报酬。在受让人行使转让或许可使用该作品的权利时，无须取得原版权人的同意，也无须向其支付报酬。而且，当该版权受到侵犯时，受让人有独立的诉权，即以自己的名义起诉、应诉和做出处理决定的权利。由版权转让导致版权主体的变更，是版权转让的实质所在。

版权转让具有以下特征：

第一，转让版权的法律后果是转让人丧失所转让的权利，受让人取得所转让的权利，从而成为新的版权人。转让版权俗称"卖断"或"卖绝"版权。在允许转让版权的国家，也只有版权中的财产权可以转让，版权中的人身权是不能转让的。如果版权人将作品著作财产权全部转让，那么受让人就是全部著作财产权的主体，他对作品享有完整的财产所有权；如果版权人将作品著作财产权部分转让，则受让人是部分著作财产权的主体；如果转让是有期限的，则受让人在该期限内成为版权的主体。如果作品的全部著作财产权在整个版权保护期内转让（卖绝版权）则受让人就是完整的版权主体。

第二，版权转让的权利内容可以有多种选择。版权人可以将著作财产权中不同的权利转让给不同的受让人。例如，一部小说的版权人可以把小说的专有出版权转让给一家出版社，也可以将这部小说的电影改编权转让给电影制片厂，还可以把该小说的网络传播权转让给某网站。

第三，版权转让的方式通常可以通过买卖、互易、赠与或遗赠等方式完成。

第四，版权转让的形式方面，多数国家法律规定版权转让必须通过书面合同或其他法律形式，并由版权人或其代理人签字，才算有效。在有些国家，版权转让必须履行登记手续，才能对抗第三人，如日本。我国也有学者主张版权转让应该设置公示制度。❶

第五，版权转让是权能完整的财产权的转让，也就是说，无论转让出版权，还是转让改编权或其他任何一种财产权，都必须将使用、收益、处分的权能一并转让。如果受让人只能使用作品，而不能自由许可他人使用作品，或不能自由转让他的权利，这种权能不完整的转让实际上不是严格意义上的版权转让，而是作品许可使用。

（二）版权转让的分类

根据版权转让的权利范围不同，版权转让可分为全部转让和部分转让。全部转让是指作者或者版权人将其作品著作财产权中的全部专有权利在版权有效期间转让给受让人，使受让人取代作者或者版权人的地位行使对作品利用的各种专有权利的方式。所谓部分转让是指作者或者版权人将作品的部分财产权转让给受让人，而自己同时保留其余财产权利的方式。

以转让的时间为标准，版权转让可分为无期限转让和有期限转让。无期限转让是指在整个版权有效期间将版权中的财产权利转让给他人，受让人行使这些权利直到该作品版权保护期限届满为止，即所谓的"卖绝版权"。有期限转让是指在版权有效期间内将版权中的财产权按约定或法定期间予以转让，受让人于期限届满时将该项权利归还于原版权所有人。

---

❶ 张玉敏.建立版权转让登记制度,促进版权产业发展——从《老鼠爱大米》的版权纠纷说起[J].中国版权,2006(2):13-16.

以转让是否附加一定条件为标准，版权转让可分为一般转让和附条件转让。一般转让是指作者在转让其版权时，依照自己的意愿，依据有关法律的规定予以转让。附条件转让则是指作者在转让其版权时，附加了一定的限制，只有符合限制条件时，转让方为有效转让。

以转让是否基于当事人合意为标准，可划分为非合意转让和合意转让。非合意转让是指基于继承、遗赠等行为而引起的版权转让。合意转让是指基于签订版权转让合同等行为而引起的版权转让。在版权贸易中，版权转让以合意转让为主。

二、版权转让中的代理

版权转让代理中的核心工作就是版权代理机构或版权代理人接受被代理人的委托，代表委托人或被代理人与第三人签订版权转让合同。

(一) 版权转让合同的主要内容

根据我国著作权法的规定，转让版权应当订立书面合同。合同应包含下列主要条款：

作品的名称。名称要求准确无误。

转让的权利种类、地域范围和期间。版权中的财产权包括复制权、发行权、出租权、展览权、表演权、放映权、广播权、信息网络传播权、摄制权、改编权、翻译权、汇编权等。转让其部分还是全部权利及转让后使用的地域范围、使用的时间等，当事人应在合同中明确约定。

转让价金。转让价金是转让人因转让权利而应获得的报酬。

交付转让价金的日期和方式。交付转让价金是受让人应承担的主要义务。交付转让价金在什么时间交付、分期交付还是一次性交付，受让人应按合同约定履行。

违约责任。违约责任是指一方当事人不履行合同约定的义务，依照合同约定或法律规定而应承担的法律责任。

(二) 代理签订版权转让合同应当注意的几个问题

版权代理人在代理版权转让过程中除应遵循平等、自愿、公平、诚信等合同法的基本原则外，还应该注意以下几个方面的问题：

第一，应注意区分版权转让与版权许可使用的区别。版权转让与版权许可使用两者在合同性质、权利范围等方面都有着严格的区别，主要表现在：（1）版权转让导致版权主体的变更，版权许可使用不改变版权的主体，这是两者的本质区别；（2）当版权受到侵害时，版权受让人可以以自己的名义提起侵权诉讼对抗第三人的侵害，而版权许可使用不能对抗第三人；（3）版权转让一般没有期限的限制，可以约定期限，也可以是无限期的，而版权的使用则必须有一定的期限。

第二，版权转让的对象仅限于著作财产权。版权包括著作人身权和著作财产权。著作人身权是指作其作品享有的各种与人身相联系或者密不可分无直接财产内容的权利。著作人身权的实质是人身关系在版权上的具体反映，它独立于著作财产权而存在，即使在著作财产权被转让之后，作者也享有制止有损其声誉的歪曲、割裂或者其他更改、损害其作品的行为。著作人身权由作者终生享有，没有时间限制，即使作者死后，作者的著作人身权也依法由其继承人、受遗赠人或版权集体管理机构予以保护。所以，在版权转让过程中，著作人身权不能转让。如果在版权转让合同中有著作人身权转让的内容，应认定为无效条款。

第三，版权转让合同条款应当完备、明确。由于目前我国版权管理机构尚未出台版权转让合同的标准样式，在版权转让时往往由出版社提供自拟的格式合同或双方协商一致后临时草拟合同，这就要求合同的条款尤其是实质性条款一定要完备、明确，不能有任何漏洞，否则可能会引起争议甚至影响到合同的效力。比如：（1）转让的权利内容哪些要写明，受让人不得超越合同约定的权利范围使用作品；（2）对作品的使用方式应做出明确的规定，受让人不得以非合同约定的方式使用其作品；（3）合同应当明确约定转让的地域范围，因为在版权转让合同中，一个国家、一个地区甚至全世界都可以成为地域范围的界限，在不同的地域范围内版权人可以就相同的著作财产权转让给不同的受让人。从而更加充分地实现自己的经济权利，如果转让合同在地域范围的约定上不明确，双方很可能因此发生纠纷。

第四，转让合同应采用书面形式。版权转让合同事关重大，涉及的权利义务关系复杂，只有书面形式才能把双方的权利义务规定清楚，一旦发生纠纷也有据可查。

第五，代理签订版权转让合同后，为了避免发生重复转让等纠纷，最好到版权登记机构进行版权转让事项登记。

第二节　版权许可合同的代理

一、版权许可概述

(一) 版权许可的含义及特征

版权许可是指版权人将自己的作品以一定的方式、在一定的地域和期限内许可他人使用的行为。其特征有：

第一，版权许可使用并不改变版权的归属。

第二，被许可人的权利受制于合同的约定。

第三，被许可人对第三人侵犯自己的权益的行为一般不能以自己的名义起诉，除非版权人许可的是专有使用权。

第四，版权人利用许可使用合同将著作财产权中的一项或多项内容许可他人使用，同时向被许可人收取一定数额的版权使用费，以保障实现著作财产权。

(二) 版权许可与版权转让的区别

版权许可与版权转让存在以下几方面的区别：

第一，所有权是否转移不同。版权许可的对象是该版权的使用权，被许可人只有使用权无权处分版权；而版权的转让，则是版权的所有权的转移，所有权包括占有、使用、收益、处分的权利。

第二，是否需要签订合同的要求不同。《中华人民共和国著作权法实施条例》(以下简《著作权法实施条例》) 第二十三条规定："使用他人作品应当同版权人订立许可使用合同，许可使用的权利是专有使用权的，应当采取书面形式，但是报社、期刊社刊登作品除外。"而根据《著作权法》第二十五条规定第一款规定："转让本法第十条第一款第 (五) 项至第 (十七) 项规定的权利，应当订立书面合同。"

第三，能否提起侵权诉讼方面存在不同。版权的许可使用人对他人侵犯版权的行为无权提出侵权诉讼，提起侵权诉讼的权利仍由原版权人行使。版权转让导致原来的版权人权利转移而失去提起侵权诉讼的权利，而版权转让的受让人则享有因著作权被侵犯向人民法院提起诉讼的权利。

二、版权许可合同的内容

根据文学艺术作品的不同表现形式，著作权许可使用合同的种类也不同。常见的有：出版权许可使用合同；表演权许可使用合同；编辑权、改编权、翻译权许可使用合同；各类邻接权许可使用合同，如表演者权许可使用合同等。

（一）版权许可合同的主要条款

《著作权法》第二十四条根据著作权许可使用合同的性质和特点，规定合同的主要条款应当包括以下几个方面的内容：

第一，许可使用的权利种类，也就是许可使用作品的方式。在著作权许可使用合同中，必须明确规定著作权人授权被许可人以何种方式使用其作品。比如，授权翻译则应明确授权何种文字的翻译使用权。使用方式可以是一种，也可以是几种，但一定要明确约定。

第二，许可使用的权利是专有使用权或者非专有使用权。专有使用权是一种独占的和排他的权利，是指著作权人将许可使用的著作权授权给被许可人之后，在合同的有效期间内，既不能将上述权利再授权给第三人使用，自己也不能使用。非专有使用权是指著作权人将某一项或几项著作权许可他人使用之后，在合同的有效期内，还可以将同样的权利再许可第三人使用。专有使用权和非专有使用权有很大的区别。著作权法要求被许可人在与著作权人签订合同时必须明确约定许可使用的性质，旨在保障被许可人的正当利益。如果在合同中未明确约定许可使用权的性质，通常法律只能认为被许可人取得的是非专有使用权。

第三，许可使用的地域范围、期间。许可使用的地域范围是指被许可的著作权在地域上的效力。通常表现在作品的复制、发行范围、表演权或播放权及翻译权的范围等。许可使用的期间，是指被许可使用的著作权在时间上的效力，也就是作品使用的年限。我国著作权法修改后，对此类合同的有效期未作强制性的规定，所以可以认为许可合同的有效期应由著作权人和被许可人协商约定，但有效期间最长不能超过著作权人依法受到著作权法保护的有效期。

第四，付酬标准和办法。根据《著作权法》第二十七条的规定，使用作品的付酬标准可以由当事人约定，也可以按照国务院著作权行政管理部门会同有关部门制定的付酬标准支付报酬。当事人约定不明确的，按照国务院著作权行政管理部门会同有关部门制定的付酬标准支付报酬。如果作品重印，仍按约定的比例和办法向作者付酬。付酬办法是支付报酬的具体方式，比如，是现金支付，还是支票支付；是付人民币，还是付可兑换的某种国际硬通货。如果有具体要求，均应在合同中明确约定。

国家版权局在 2014 年制定了《使用文字作品支付报酬办法》（中华人民共和国国家版权局　中华人民共和国国家发展和改革委员会令第 11 号，以下简称《办法》），该办法明确了以纸介质出版方式使用文字作品支付报酬可以选择版税、基本稿酬加印数稿酬或者一次性付酬等方式。在数字或者网络环境下使用文字作品，除合同另有约定外，使用者可以参照该办法规定的付酬标准和付酬方式付酬。

（1）版税付酬方式。版税制是国际出版业通行的使用作品的支付方式，近年来我国也在逐渐实行。尤其是涉外版权贸易方面，版税制是最主要的付酬方式。版税实际上是版权作品使用人因为使用版权人的版权作品而支付给版权人的使用费或报酬。版税可以划分为出版版税、上演版税、录制版税、复制版税和公共借阅版税等种类，其中以出版版税为主要的适用方式。出版版税的计算方法是图书单价×图书印数或销量×版税率；戏剧、音乐、舞蹈等作品的上演版税，其计算方法是，票房总收入×版税率；录制版税的计算方法是，录制品单价×录制品发行数×版税率。版税率是用于计算版税数额的百分比，其高低一般取决于作品性质、作者名望、市场需求等因素，由作者或其代理人与出版者协商确定，在没有约定的情况下，适用国家规定的相关标准。复制版税和公共借阅版税多见于发达国家的著作权法规中，在我国没有相关规定。

根据《办法》规定，原创作品版税率标准为 3%~10%；演绎作品税率标准为 1%~7%。采用版税方式支付报酬的，著作权人可以与使用者在合同中约定，在交付作品时或者签订合同时由使用者向著作权人预付首次实际印数或者最低保底发行数的版税。首次出版发行数不足千册的，按千册支付版税，但在下次结算版税时对已经支付版税部分不再重复支付。版税制一般不适用于报刊发表作品的付酬方式。

（2）基本稿酬，是指使用者按作品的字数，以千字为单位向著作权人支付的报酬。基本稿酬标准为原创作品每千字 80~300 元，注释部分参照该标准执行；演绎作品中的改编每千字 20~100 元、汇编每千字 10~20 元、翻译每千字 50~

200 元，支付基本稿酬以千字为单位，不足千字部分按千字计算。支付报酬的字数按实有正文计算，即以排印的版面每行字数乘以全部实有的行数。

印数稿酬标准和计算方法为每印一千册，按基本稿酬的 1% 支付。不足一千册的，按一千册计算。作品重印时只支付印数稿酬，不再支付基本稿酬。采用基本稿酬加印数稿酬的付酬方式的，著作权人可以与使用者在合同中约定，在交付作品时由使用者支付基本稿酬的 30%～50%。除非合同另有约定，作品一经使用，使用者应当在 6 个月内付清全部稿酬。作品重印的，应在重印后 6 个月内付清印数稿酬。

基本稿酬加印数稿酬是指出版者按作品的字数，以千字为单位向作者支付一定报酬（即基本稿酬），再根据图书的印数，以千册为单位按基本稿酬的一定比例向著作权人支付报酬（即印数稿酬）的付酬方式。作品重印时只付印数稿酬，不再付基本稿酬。

（3）一次性付酬指出版者按作品的质量、篇幅、经济价值等情况计算出报酬，并一次向作者付清的方式。报刊刊登使用他人作品通常适用一次性付酬方式。《办法》第十二条规定，报刊刊载未发表的作品，除合同另有约定外，应当自刊载后 1 个月内按每千字不低于 100 元的标准向著作权人支付报酬。报刊刊载未发表的作品，不足五百字的按千字作半计算；超过五百字不足千字的按千字计算。印数稿酬，是指使用者根据图书的印数，以千册为单位按基本稿酬的一定比例向著作权人支付的报酬。

第五，违约责任。

违约责任是指合同一方或双方没有履行或不适当履行合同约定的义务后，依照法律的规定或者按照当事人的约定应当承担的法律责任。版权许可使用合同是对双方当事人有约束力的法律文件。双方在合同中确立的权利义务关系受法律保护，应当认真履行。但是，当事人一方或双方违反合同约定的情况经常发生。所以在双方签订版权许可使用合同时，应当在合同中明确约定违约后应承担的违约责任。违约责任的内容包括违约金、赔偿损失及赔偿金额的计算方法等。

第六，双方认为需要约定的其他内容。

除去上述五个方面的内容，还可以就双方认为必须列入的内容做出约定。比如，纠纷解决的办法，双方可以约定有关仲裁的条款。也就是说，双方约定或一方要求必须订立而被另一方接受的条款，都可以成为该项合同的主要条款。

（二）版权代理机构或版权代理人在代理版权许可事项时应该注意的问题

1. 签约中的有关问题

著作权法规定了版权许可合同应当具备的主要条款，但这并不是说当事人不得根据具体情况对内容有所调整。著作权法列举的合同内容只具有提示性和示范性，当事人完全可以自行约定，但合同内容不得违反法律的有关规定。

当事人在订立合同时，应当对授权许可使用作品的方式（作品载体）、权利种类、是否专有权、地域范围、期间、付酬标准和办法、违约责任、争议的解决办法、法律适用等条款协商一致，约定清楚，准确无误，避免约定不明，产生歧义。尽量使用国际通用的法律专业用语或约定俗成的词语。

在代理版权许可合同时需要注意"分许可"的问题。如果合同约定著作权人授予出版社为期若干年（不超过合同有效期）"分许可"权，以及收益的具体分成比例，被许可人就有权向其他使用人发放分许可。分许可方式在版权国际贸易中经常使用。

2. 新出现权利的版权保护

在信息技术飞速发展的今天，引进某项版权产品（如图书）后，有些电子出版社想将其制作成数字化制品，有些网络公司准备把它上网。由于出版社是图书版权的引进者，为了促进作品的广泛传播，把版权人享有的"数字化制品权""信息网络传播权"等权利落到实处，在事先未就这几项权利约定的情况下，出版社应与著作权人另行签订合同，取得著作权人就这些权利的授权后，再和新使用者签订合同。当然，出版社最好在版权引进时就同时取得行使这几项权利的授权。

3. 履约中的有关问题

在合同履行过程中，不履行和不适当履行合同规定的义务，都属于违约行为。当事人必须严格履行合同约定的各项义务，遵守支付预付版税的时间、出版时间、提交销售报告的时间、寄送样书时间，哪怕是很小的义务，只要是合同中约定的条款，就必须履行，否则不但构成违约，还影响其信誉和对外形象。这方面的问题在实践中很多。

出版社只能行使合同中著作权人明确授予的权利。未经著作权人同意，出版社不得行使合同中未明确许可、转让的权利，这些权利归著作权人享有。否则就是侵犯了著作权人的使用权，应当承担法律责任。

4. 违约责任与纠纷的解决

合同当事人任何一方不履行或不适当履行合同规定的义务，都应当承担违约责任。

一旦违约，就应该认真对待，及时采取补救措施，把损失和影响降到最低点。合同中订立违约责任，目的是促使当事人及时全面地履行合同，而不是简单地惩罚违约一方。当事人双方为防止纠纷发生，可以在合同中约定纠纷的解决办法。

（三）图书出版合同的主要内容

图书出版合同是版权许可合同的重要组成部分。图书出版合同的代理是也版权代理机构或版权代理人的主要业务，版权代理机构或版权代理人应该重视图书出版合同的拟订。通常，图书出版合同应该包括以下内容：

作者要按合同约定的日期交付书稿；书稿要按合同约定的方式去创作，达到合同约定的标准。同时，作者要担保交付的书稿是自己独立创作的，并且不存在侵权或违约的情况。作者如果违反这种担保义务，就可能对出版社承担损害赔偿责任。出版合同没有这种担保条款，在发生侵权的情况下，出版社往往会被认为有过错，从而应共同承担侵权责任。

出版社负责出版作者交来的书稿；有关出版的一切费用由出版社承担；出版社按合同约定的数额、日期和方式向作者支付报酬。出版社通过合同取得专有出版权。在合同有效期内，作者不得许可第三人以相同方式出版。根据《著作权法实施条例》第三十九条解释，专有出版权指"在合同有效期内和在合同约定地区内，以同种文字的原版、修订版和缩编本的方式出版图书的独占权利。"对专有出版权的地域、期间应有明确约定。如果没有专门约定，应认为只是中国大陆范围的出版权。

合同中如果没有特别约定，作者还保留表演、录音、摄制电影、播放、展览、改编、翻译或以其他任何方式使用其作品的权利。由于行使这些权利超出了推销或直接利用有关图书的范围，所以出版合同中不宜包括这些权利。如果出版社希望代理出版权以外的一些权利，比如翻译权，应与作者在出版合同中明确约定。

在代理出版合同时，代理人应考虑到如果图书发行后发生脱销现象，应如何处理。根据《著作权法》第三十一条规定，作者在发现作品脱销后，有权向出版社提出重印或再版的要求。关于脱销，《著作权法实施条例》第四十二条有专门的解释，即著作权人寄给图书出版者的两份订单在六个月内未能得到履行，就视为脱销。如果在一定期限内出版社仍未重印或再版，或者明确拒绝重印或再版，作者就有权终止合同。

作品出版后，作者一般都有权得到一些样书。作者可得样书及购买优惠价图书的数量，都应在合同中明确约定。对于个别成本较高的画册，大型工具书等图书，样书的数量可以规定得少一些或者不给作者样书，但不能由出版社单方面决定，而应由双方约定。

如果出版社与作者约定图书再版的，出版社在再版图书之前，应征询作者有无修改意见。如果作者能在规定的期限内完成修改工作，出版社应按照修改后的版本出版。因为作者总是希望能够出版反映最新发展水平的作品。如果在短时间内再版、重印，出版社也可以不向作者征询意见就再版、重印，但这也应当在合同中写明。同时，从我国的出版实践来看，大部分书稿都要经过出版社的编辑加工。然而，修改作品不免涉及著作权中的人身权。如果编辑不经作者许可就自己改动，就可能歪曲作品的原意。我国《著作权法》第三十三条规定，出版社如果要修改稿件，须经作者许可，并且在合同中写明。

在出版合同的约稿部分一般还规定出版社在收到书稿后应立即通知作者，并且在一定期间内审读完书稿，作出是否采用的决定。如果需要修改，应及时退还作者修改。如果超过这个期限仍然没有通知作者，作者可能认为出版社已决定采用，或认为出版社不准备采用，而将稿件给其他出版社，由此产生合同纠纷。因此，如果出版社不打算出版，应该及早通知作者，作者可以选择别的出版社出版。如果出版社主动约请作者创作的书稿经作者一再修改，仍然达不到出版水平，出版社也应该根据合同约定或有关规定支付适量的约稿费。

由于出版社单方原因致使书稿不能出版，在作者无法请求强制履行的情况下，出版社除应向作者支付全部应付报酬外，还应赔偿作者因未出书而受到的损害。此外，出版社在出版作品之后应将原稿退还给作者。从法律上讲，作品的原件，特别是美术作品原件，属于作者的个人财产。有的出版社由于保管不善，将作品原件损坏或者遗失。如果合同中没有免责条款，出版社应适当赔偿作者。赔偿的数额由双方协商，协商不成的，由司法机关裁判，其他例外情况都应在合同中明确约定。

第十七章　版权诉讼及其代理

第一节　版权诉讼概述

一、版权诉讼的概念

版权诉讼指当事人因为版权纠纷而依法向人民法院提起诉讼，人民法院依法解决版权及有关权益纠纷的活动。按照诉讼活动所依据的法律不同，通常将版权诉讼分为版权民事诉讼、版权行政诉讼和版权刑事诉讼。版权民事诉讼指平等主体的当事人之间因为版权权属、版权侵权、版权合同纠纷而依法向人民法院提起诉讼，人民法院依法解决版权及有关权益纠纷的活动。由于版权与专利权、商标权的不同之处在于版权自动产生，不会象专利权、商标权那样需要国家行政主管部门确认，因此版权行政诉讼案件一般不涉及行政确权案件，版权行政诉讼案件主要是指当事人不服版权行政机关因为其侵权或实施其他违反著作权法规定的行为而作出行政处罚的案件。版权刑事诉讼案件则是人民法院依法审理涉嫌构成侵犯知识产权犯罪的案件的活动。在版权诉讼中，版权民事诉讼是主要形式，因此，后面的论述以版权民事诉讼为主。

二、版权诉讼的特点

版权的特征决定了版权诉讼与其他民事诉讼有所不同，版权诉讼归纳起来有如下几个特点：

（一）版权诉讼案件类型多样

版权是一种比较复杂的知识产权，版权既包括人身权也包括财产权，版权人身权涉及发表权、署名权、修改权和保护作品完整权，版权财产权包括复制、表演、播放、展览、发行、摄制电视、录像及改编、翻译、注释、编辑、网络传播等多种权利。权利的多样化必然导致版权诉讼案件类型的多样化。

（二）版权诉讼案件专业性强

如前所述，版权是一种比较复杂的知识产权，版权中的人身权和财产权分别有多种权利形式，这些权利不仅对普通社会公众而言十分陌生，就是对权利人自己而言，也不一定十分了解。其次，版权的客体作品种类也是非常多，如文字作品、音乐作品、计算机软件等，每一种类型的作品都涉及一个特定的领域，具有很强的专业性和复杂性，这就使得对相关行为的定性难度加大。

（三）版权诉讼原告方举证比较困难

根据我国民事诉讼法的有关规定，"谁主张谁举证"，原告负有举证责任，在版权诉讼中，如果被告是编委会、出版社或者是主编，那么原告所要举证的证据就全都在被告处，原告或其代理人如果要调取证据，往往会遇到很多困难。造成诉讼难的客观因素是版权诉讼涉及的内容专业性强。版权来自于创作，创作是作者的智力劳动，但是版权产品的完成除了作者的创作外，还需要其他人的劳动付出，以图书这样的版权产品为例，图书除了体现作者的智力劳动外，还要经过审稿、编辑、装帧、校对、绘图等一套编辑出版程序才能形成图书这样的版权产品，图书这样的版权产品形成之后，还有发行、市场宣传、销售等诸多环节，这其中每一个环节都可能发生纠纷，由于这些环节对于普通作者而言十分陌生，如果发生纠纷，收集证据的难度较大。

三、版权诉讼的管辖法院

（一）版权诉讼的级别管辖

根据《最高人民法院关于审理著作权民事纠纷案件适用法律若干问题的解释》规定，著作权民事纠纷案件，由中级以上人民法院管辖，各高级人民法院根据本辖区的实际情况，可以确定若干基层人民法院管辖。

（二）版权诉讼的地域管辖

1. 版权诉讼地域管辖的一般原则

根据《民事诉讼法》中关于地域管辖的规定，版权民事诉讼，由被告住所地人民法院管辖。这就是通常所说的"原告就被告"的原则。

2. 版权侵权案件的管辖

我国《民事诉讼法》第二十九条规定：因侵权行为提起的诉讼，由侵权行为地或者被告住所地人民法院管辖。根据《最高人民法院关于审理版权民事纠纷案件适用法律若干问题的解释》第四条规定：因侵犯著作权行为提起的民事诉讼，由著作权法第四十六条、四十七条所规定侵权行为的实施地、侵权复制品储藏地或者查封扣押地、被告住所地人民法院管辖。侵权复制品储藏地，是指大量或者经营性储存、隐匿侵权复制品所在地；查封扣押地，是指海关、版权、工商等行政机关依法查封、扣押侵权复制品所在地。在版权诉讼中，原告及其代理人可根据版权诉讼这一程序上的特点，选择对自己最为方便和有利的人民法院起诉，以求取得较好的预期效果。

鉴于网络著作权侵权案件的特殊性，《最高人民法院关于审理涉及计算机网络著作权纠纷案件适用法律若干问题的解释》规定，网络著作权侵权纠纷案件由侵权行为地或者被告住所地人民法院管辖，其中，侵权行为地包括实施被诉侵权行为的网络服务器、计算机终端等设备所在地。对难以确定侵权行为地和被告住所地的，原告发现侵权内容的计算机终端等设备所在地可以视为侵权行为地。

3. 版权合同纠纷案件的管辖

根据《民事诉讼法》第二十三条规定，因合同纠纷提起的诉讼，由被告住所地或者合同履行地人民法院管辖。

四、版权诉讼证据

（一）版权诉讼的证据来源

根据《最高人民法院关于审理涉及计算机网络著作权纠纷案件适用法律若干问题的解释》规定，下列情况可以作为版权诉讼的证据来源：

第一，当事人提供的涉及著作权的底稿、原件、合法出版物、著作权登记证书、认证机构出具的证明、取得权利的合同等，可以作为证据。

第二，在作品或者制品上署名的自然人、法人或者其他组织视为著作权、与著作权有关权益的权利人，但有相反证明的除外。当事人自行或者委托他人以定购、现场交易等方式购买侵权复制品而取得的实物、发票等，可以作为证据。

第三，公证人员在未向涉嫌侵权的一方当事人表明身份的情况下，如实对另一方当事人以自行或者委托他人以定购、现场交易等方式购买侵权复制品而取得的实物、发票等证据和取证过程出具的公证书，应当作为证据使用，但有相反证据的除外。这是考虑到著作权和其他知识产权案件取证的难度，以及目前知识产权保护力度仍有不足的实际情况而作的规定。

(二) 举证责任的分担

1. 原告举证责任的分担

原告要打赢版权诉讼官司，需要三方面的证据支持：一是证明自己是权利人；二是证明被告确有侵权事实或违约事实；三是举证证明因权利被侵犯或违约所造成的损失。根据原告作为著作权人的不同情形，分别提供不同的证据支持自己的主张。

初始著作权人需要举证证明自己是权利人。举证涉及作品的底稿、原件、合法出版物、著作权登记证书、认证机构出具的证明。上述证据有其一即可。对于未发表的作品，侵权发生概率很低，因此，一般侵权诉讼的初始著作权人以已发表的署名作品即可证明。

受让著作权人需要举证证明自己是权利人，主要是以书面转让合同和受让的作品举证，前者证明转让的是何种权利；后者证明受让的作品实体即作品内容与表达，通常以合法出版物进行证明。

著作权专有使用权的使用人需要举证证明自己是该权利使用人，主要是以书面专有使用权许可合同和被许可使用的作品举证，前者证明许可的专有使用权是何种权利及被许可地域范围、期限等，后者证明被许可的作品实体即作品内容与表达，通常以合法出版物进行证明。

著作权继承人起诉的，应当提交已经继承或者正在继承的证据材料。

2. 被告举证责任的分担

根据《著作权法》等法律法规的有关规定，侵权人的未侵权抗辩，可以从三个方面举证，提出"相反证明"：一是权利人不是适格主体，即权利人不是真正的权利人；二是被告没有侵权事实；三是被告使用作品属于合理使用，不构成侵权。三者有其一即可。

第二节　版权侵权诉讼

一、侵权判定

（一）侵犯著作权的行为

侵犯著作权的行为，是指未经著作权人的同意，又无法律上的根据，不属于合理使用和法定许可擅自对享有著作权的作品进行利用或以其他非法手段行使著作权人专有权利的行为。

（二）侵犯著作权的行为种类

1. 侵害著作权人的人身权

侵害著作权人身权的行为有：（1）剽窃、抄袭他人作品的行为；（2）未经许可发表著作权人的作品；（3）未经合作者许可，将与他人合作的作品当成自己单独创作的作品发表；（4）没有参加创作，为谋取个人利益，在他人作品上署名；（5）歪曲篡改假冒他人作品。

2. 侵害著作权人的财产权

侵害著作权财产权的行为有：（1）擅自使用他人作品的行为；（2）擅自复制他人作品的行为；（3）制作出售假冒他人作品的行为；（4）擅自制作、转播他人作品的行为；（5）未按规定付酬的行为。

（三）侵犯著作权行为的具体表现

根据著作权法的规定，侵犯著作权的行为具体表现为：

第一，未经版权人许可，发表其作品的。发表权是作者在作品已经完成而尚未发表之时，决定是否将其公之于众的权利。它包括决定作品发表的时间、发表的地点及其发表的方式等权利。如果版权人不同意，其他人擅自将版权人不愿公开的作品公之于众或以其他方式违背版权人意愿而将作品发表的，都可构成侵权行为。对于这种侵权行为，如果版权人要求停止侵害，则已发表的作品应予以收回，侵权人要为此承担必要的民事责任。

第二，未经合作作者许可，将与他人合作创作的作品当作自己单独创作的作品发表的。按照著作权法的有关规定，合作创作的作品，其版权由合作作者共同享有。因此，合作作者中的每一个人都无权单独行使合作作品的版权。如果某一作者把合作作品当作自己单独创作的作品予以发表，就侵犯了合作者的发表权。但从实践看，对于某些可以分割使用的合作作品，版权人发表其单独创作的那一部分作品则不存在侵犯他人版权的问题。因为对于可分割的合作作品，作者所享有的权利仅限于自己独立创作的那一部分作品。只有在不可分割的合作作品中，版权才属于合作作者共同享有。未经其他合作人同意而把合作作品当作自己单独创作的作品发表，无异于将他人的劳动成果据为已有，侵犯了他人的版权。

第三，没有参加创作，为谋取个人名利，在他人作品上署名的。从法律规定的具体情况来看，它不包括职务作品和委托作品，而是针对一般自然人创作作品而言。从创作作品的过程来看，创作是直接产生文学艺术和科技作品的智力活动。因此，创作者要付出一定的创造性劳动，如果没有参加创作，或只是参加了一些创作活动的准备、组织及咨询服务性工作，都不能认为是参加了作品的创作，不能在他人的作品上署名，不得享有版权。

第四，歪曲、篡改他人作品的。在使用受版权法保护的作品时，不论采用何种方式，都必须按作品的本意进行使用，以保护作品的完整权。如果为了迎合某些低级趣味以招徕读者或观众，而在作品的改编、翻译、注释整理、编辑时或者将他人作品摄制成影视作品时，故意篡改和歪曲作品原意，或将作品用于有损于作者尊严的某些场合，都会造成侵权损害。

第五，未经版权人许可，以表演、播放、展览、发行、摄制电影、电视、录像或者改编、注释、编辑等方式使用作品的。对上述所列的作品使用方式，除了著作权法中规定可以不经版权人同意就可使用作品的一些例外情况以外，如果不经版权人同意就擅自使用上述任何一种权利，都构成侵权行为。根据法律规定，这一类侵权行为所涉及的一般是未发表的作品，而对于已经发表的作品，如果版权人未声明不许使用，法律允许不经许可就可以表演、录制、播放。但如果要将他人作品摄制成电影、电视、录像作品，则无论作品是否发表，均应取得版权人许可。

第六，使用他人作品，未按照规定支付报酬的。根据法律规定，获得报酬权是作者所享有的基本财产权利。除了依法不受保护的作品，超过版权保护期限和属于合理使用的作品外，使用他人作品，应按规定或者合同约定支付报酬。如果作品使用人不按规定或合同约定支付报酬，便会侵犯版权人的合法权益。

第七，未经表演者许可，从现场直播表演的。许可或禁止他人从现场直播表演者的表演是表演者所享有的一项基本权利，对其表演能否进行现场直播，其决定权在表演者。如果表演者出于某种考虑，如考虑现场演出的经济效益，其表演水平和直播的效果等，不想现场直播，其他任何人都无权进行现场直播。在此，如果违背表演者的意愿，或未经表演者的同意而将其表演进行现场直播，则会造成侵权损害。

第八，其他侵犯版权及与版权有关的权益的行为。从版权保护的实践看，侵犯版权及邻接权的行为复杂多样，在法律上用例示的方法将很难把这些纷繁复杂的情况一一列举清楚。而且，随着社会经济文化事业的不断发展繁荣，在版权保护中将会出现许多新情况、新问题，版权保护的范围会不断扩大，水平也将逐步提高。这一切，都决定了著作权法不可能将所有问题都包括进去。因此，在司法实践中，必须根据具体情况，由司法部门依具体情况酌定，其目的在于保护版权人的合法权益不受侵害。

二、版权侵权行为的民事责任

承担民事责任的主要方式有以下几种：停止侵害、消除影响、公开赔礼道歉、赔偿损失等。

（一）停止侵害

即责令不法侵权人停止正在进行的侵权行为，以制止违法行为的继续和受害人损失的进一步扩大。采用这一责任形式，无论侵权人主观上是否有过错，也不论其侵权行为是否出于恶意或善意，只要在客观上构成了侵权行为，造成了侵权后果，就必须立即停止侵害。

（二）消除影响

这是恢复名誉的一种方式即以公开传递信息的形式消除不良影响。在承担该项民事侵权责任时，必须本着被侵权人在多大范围内受到不良影响，就在多大范围内消除不良影响的宗旨，恢复名誉。扩大或缩小消除影响范围的做法都是不妥的。

（三）公开赔礼道歉

这是侵权人以公开的方式向被侵权人承认错误，表示道歉的一种承担民事侵权责任的方式。它不同于我们平常所说的道义上的赔礼道歉，必须依照法律规定，采用公开书面的形式向被侵权人公开赔礼道歉和消除影响，以正视听，从而达到教育侵权人，从精神上安慰被侵权人，使双方缓和、化解矛盾的目的。公开形式一般是采取在报刊上刊登声明或道歉的方式进行。

（四）赔偿损失

在版权侵害中，如果因侵害行为造成被侵权人的损失那么侵权人必须依照法律规定，补偿版权人因侵权所造成的损失，这里所指的赔偿损失包括财产上的损失和精神上的损失，其赔偿的损失额一般应按已经发生的实际损失来计算。根据《著作权法》第四十八条的规定，侵犯著作权或者与著作权有关的权利的，侵权人应当按照权利人的实际损失给予赔偿；权利人的实际损失，可以根据权利人因侵权所造成复制品发行减少量或者侵权复制品销售量与权利人发行该复制品单位利润乘积计算。发行减少量难以确定的，按照侵权复制品市场销售量确定。实际损失难以计算的，可以按照侵权人的违法所得给予赔偿。赔偿数额还应当包括权利人为制止侵权行为所支付的合理开支。权利人的实际损失或者侵权人的违法所得不能确定的，由人民法院根据侵权行为的情节，判决给予五十万元以下的赔偿。人民法院在确定具体赔偿数额时，应当考虑作品类型、合理使用费、侵权行为性质、后果等情节加以综合确定。